コーチング概論

編集　尾縣貢

広瀬健一

Introduction to sports coaching

みらい

執筆者一覧

編　者

尾縣貢／筑波大学

広瀬健一／帝京大学

執筆者（掲載順）

はじめに

　東京 2020 オリンピック・パラリンピック競技大会が閉会し 3 年、パリオリンピック・パラリンピックイヤーを迎えた本年は、スポーツに関する益々な関心が高まることが予想されます。「スポーツを通じて幸福で豊かな生活を営むことはすべての人々の権利」であるとスポーツ基本法に明記されているように、チャンピオンを目指すスポーツ選手だけでなく、今や世界中のすべての人がスポーツの価値を享受する時代に突入しています。このような潮流の中で、目まぐるしく変動する時代に合わせたコーチングが求められているのも確かです。昔の常識はすでに非常識となっていることも少なくありません。コーチは、知識や行動を常にアップデートし続けていく必要に迫られています。

　コーチングには多角的な視点や知識が要求されることを踏まえ、本書ではコーチが学ぶべき事柄をバランスよく配置しています。初学者とりわけ学生の方々が「知っておくべきこと」を網羅的に押さえ、理解を促すためにイラストを豊富に使用しています。それだけでなく、「健全なスポーツ活動を行うためには？」「競技力を適切に高めるためには？」といったコーチが常々知りたいと願っている、"どうすればよいか？"という問いに答える実践書となっています。本書でご紹介する実践と紐づいた知識は、必ず皆様のコーチングを支える武器になることでしょう。

　幸運なことに、新進気鋭の先生からベテランの先生まで、さまざまな専門分野でご活躍されている先生方にご執筆を快諾していただきました。それぞれ専門分野は異なっていますが、「よりよいコーチングに役立つ知見を紹介する」という共通理念が一本の矢のごとく貫いています。その貫かれた部分が、序章を含めた全 16 章に凝縮され、こうして皆様のお手元に届けられたことを嬉しく思っています。

　最後に、本書の出版にご尽力いただきました株式会社みらいの吉村寿夫氏ならびに海津あゆ美氏には執筆者一同を代表して心より感謝申し上げます。

2024 年 1 月

編者　尾縣貢・広瀬健一

もくじ

第6章　運動部活動と地域スポーツ

第7章　トレーニングのプロセスと評価

第8章　子どもへのコーチング

第9章　女性アスリートへのコーチング

第10章　コーチングにおける情報戦略

序章 コーチングの現在と展望

1 コーチングの場でのコーチや選手が抱える葛藤

スポーツ界のコーチ等による不祥事は、重大な社会問題になった。この危機的な状況を脱するために、国主導の対策がとられたが、未だ完全な解決をみていない。今、最も大切なことは、コーチ自らが学びを続けることである。

　2012年頃から高校運動部における体罰、日本代表チームにおける暴力行使などの問題が次々と明るみになり、スポーツ界の不祥事が重大な社会問題として注目されるようになった。2013年2月5日、当時の下村博文文部科学大臣は、これを「国のスポーツ史上最大の危機」とし、「スポーツ指導における暴力根絶へ向けてのメッセージ」を発し、「暴力を根絶すること」「新しい時代に相応しいスポーツの指導法を確立すること」を強く訴えた[1]。

　その直後に文部科学省[2]は、「スポーツ指導者の資質能力向上のための有識者会議」を設置し、「新しい時代にふさわしいコーチング」について検討した。そして、選手やスポーツそのものの未来に責任を負う社会的な活動であるということを常に意識して行われるコーチングを推奨した。なお、この有識者会議において、選手やチームの目標達成のための最大限のサポート活動を**コーチング**、すべての選手やチームに対してコーチングを行う人材を**コーチ**と定義された。

　また、同時に設置された「運動部活動の在り方に関する調査研究協力者会議」は、子どもたちのスポーツ障害を防ぎながら効果的な指導を実践するために、自身の経験等に頼るだけでなく、指導の内容や方法に関して、研究により理論づけられたもの、科学的根拠が得られたもの、新たに開発されたものなど、スポーツ医・科学の研究の成果を積極的に習得し、活用することを勧めている[3]。

　この「スポーツ界の危機」を迎える以前に、**スポーツ基本法**[4]では、「国がスポーツに関する諸科学を総合して、実際的及び基礎的な研究を推進し、これらの研究の成果を活用してスポーツに関する施策の効果的な推進を図ること」が謳われている。

　このように国レベルの方針が示されているのにもかかわらず、この問題は未だ根本的な解決をみてはいない。その背景にあるものは、数々の研究から得られた知見が体系化できていないこと、競技現場へのフィードバック体制が貧弱であること、研究から得られた知見を競技現場が軽視する場合があることなどである。

　この問題を解決するためには、研究をする側と現場にいる側が互いの理解を深めていき、信用できる有用な情報を共有していくことが必要であるが、そもそも大切なことはコーチ自身の学ぶ姿勢である。「学ぶことをやめたら、指導することもやめなければならない」という元フランスサッカーチーム監督のロジュ・ルメール氏の言葉のように、常に学び続け、経験則だけに基づいたコーチングから脱却することが求められる。この学びを後押しするために、気軽に参加ができる研修の場を増やしたり、有用な情報を理解しやすい内容にまとめた専門書の作成等を進めていくことは研究者側の使命であるといえる。

　こうして身につけた知識やスキルをコーチング現場で活用する実践を反復することにより、コーチとしての資質能力を高めていければ、近い将来、子どもたちのスポーツ活動の場面が学校から地域に拡大したときにも、地域のクラブ、スポーツ少年団、そして学校運動部等のすべての場が、子どもたちにとっても安全で充実したものになると考える。

2　学問としてコーチングを学ぶ意義

　コーチは、哲学や理念、人間力等からなる礎の上に、種々の科学的知識と実践経験を積み上げることにより成長を遂げていく。このうちの自然科学系の知識は、コーチングの有効なツールとなり得る。これをうまく活用するためには、コミュニケーションスキルも求められる。

　哲学と理念、人間力は、どのレベルの選手を対象としたコーチングにおいても必須の要素であり、言わば礎である。この礎の上に、**スポーツ医・科学**や**マネジメント**などの知識、そして根拠に裏づけられた実践経験を積み上げることにより、コーチの成長が期待できる。積み上げるべき専門的知識やスキルなどはコーチの種別、すなわちコーチングの対象の違いにより、少しずつ異なってくる[5]。地域のスポーツ少年団のコーチであれば、子どもたちが生涯にわたってスポーツに親しむことができるよう、スポーツの楽しみを伝え、発達段階に応じて特定のスポーツ種目に偏らないさまざまな動きを教えたり、ケガをしにくいトレーニング方法を展開することが求められる。ナショ

ナルチームのコーチであれば、選手や自身のグローバルな活躍を視野に入れ、その社会的影響力から多様な立場にあるコーチのロールモデルとなるよう努めることや、スポーツに関する最新の知見を収集し、国際社会で通用する人間性や言動、コーチングスキルなどを身につけることが大切になってくる。

このうち自然科学的なスポーツ科学の知識は、コーチングの成果を高めるためのツールとなり得る[6]。トレーニングを効率化するには、技術の重要なポイントを見極め、それを上達させる合目的・合理的トレーニング手段を選ぶ必要がある。また、そのスポーツに必要な体力要因を明確にしたうえで、トレーニング方法を考え、その強度や量を決めていかなければならない。その際、目指すべき合理的な動作を追究する際にはバイオメカニクスが役に立つ。また、体力トレーニングを計画し、安全に実施するときには、スポーツ生理学やスポーツ医学の知識が活きてくる。そしてトレーニング過程での効果の検証では測定評価の手法を用いることができる。

これらのツールを有効活用しようとすると、コーチ自身が考えていることをわかりやすく正確に伝えたり、選手が抱いている思考、感情などをうまく引き出すようなコミュニケーションスキルを持たなければならない。コーチングは、選手に対して一方的な指示を出したり、課題を解決する方法を与えるティーチングとは異なり、選手自らが考え、課題を解決する方法を選手自身が見つけ出すことをサポートするものであるので、選手が目標を達成するための学びを促すようなコミュニケーションをとることが求められるのである。

これらのコーチングのツールをうまく利活用することによって、コーチは根拠ある自信を持つことができ、スポーツ活動におけるゆとりにつながるであろう。このゆとりは、ジュニア期の選手を対象とするコーチングにおいて特に大切になってくる。休養日を定期的に設け、1日のトレーニングの時間も短くし、子どもたちの心身の負担を軽減して、いつもフレッシュな状態でスポーツに向かわせることで、スポーツ障害を減らし、トレーニング効果も大きくできる。これにより、短い時間で効果をあげ、できなかったことができるようになることで、選手には有能感が育ち、次の目標に向かう活動のエネルギーが生まれてくるのである[7]。

逆に、こういったコーチングに役立つツールやコミュニケーションスキルが貧弱な場合には、体罰などをツールとしてしまうことがある。そして体罰というツールを用いることがたまたま成功につながったときには、コーチは体罰を勝利への方程式に組み込んでしまう。次第にコーチは、体罰への依存心が強くなり、競技力向上のために躊躇なく使用することになる。すなわち、各々のコーチがとるコーチングスタイルは、学びと経験の積み重ねによって

大きな影響を受けるものといえる。

③ これからのコーチに求められること

　競技力と人間力を兼ね備えた「憧れられるアスリート」は、スポーツの魅力や価値を多くの人に伝えることができる。コーチは、自らのコーチングにより、「憧れられるアスリート」が育っていくことを目指したい。

　日本オリンピック委員会（Japanese Olympic Committee：JOC）では、2014 年ソチオリンピック競技大会から「人間力なくして、競技力向上なし」を日本選手団のスローガンに掲げて強化活動が推進されてきた[8]。このスローガンは、2016 年リオデジャネイロオリンピック競技大会、そして 2020 東京オリンピック競技大会にも引き継がれ、スポーツ活動における人間力の重視を訴え続けてきた。競技力と人間力を兼ね備えた「憧れられるアスリート」[9] の活躍は、スポーツの魅力や価値を多くの人に伝えることができ、スポーツの社会的な地位向上につながっていったり、スポーツへの参画者を増すといった好循環を生み出すのである。この循環を繰り返すことにより、スポーツ基本法の冒頭にあるように、スポーツを「世界共通の人類の文化」に昇華させることを目指すことができるといえる。

　コーチは、自らのコーチングにより、「憧れられる」選手が育っていくことを目指したい。そのためには、コーチには選手以上の人間力が備わっていることが求められるであろう。では、人間力を備えた目指すべきコーチ像とはどのようなものであろうか。国内トップレベルの競技力を有する運動部に所属する生徒が求めるコーチ像を検討した清野ほか[10] の研究報告では、「家族のような優しさを備え、選手と対等な存在でありながら厳しさを伴い、心理的安全性を共存できること、加えて、高度で多様な個別性への対応を実現し、時代の変化に伴い進化する指導力と、組織マネジメント力を兼ね備えている」コーチ像をあげている。

　このような優れたコーチは、選手の強化育成に対してのみに力を発揮するのではなく、競技団体のガバナンスの強化やコンプライアンスの遵守などの取り組みを推進するスポーツの運営の担い手にもなる。例えば、コーチがアンチ・ドーピングの精神を常に持ち続けることがスポーツの公平性を維持し、その価値を守ることにつながるのである。

　今後、コーチの活動の場は、さらに拡がっていくことが予想される[11]。幼少年期から中高齢者までのスポーツライフステージに応じて、対象者が楽

しみややりがいを享受できるコーチングが求められることになるだろう。例えば、レベルや目的意識の違う多様なランナーに、走ることの面白さ、そして無理なくパフォーマンスを高めるための技術やトレーニングを伝えるためには、適切なコーチングを展開できるコーチが必要になってくるといえる。

引用文献

1 ）下村博文「スポーツ指導における暴力根絶に向けて―文部科学大臣メッセージ―」2013 年
　　https://www.japan-sports.or.jp/Portals/0/data/koho_kyanpen/news/20130207daizinmessage.pdf
2 ）文部科学省「スポーツ指導者の資質能力向上のための有識者会議（タスクフォース）報告書」2013 年
　　https://www.mext.go.jp/b_menu/shingi/chousa/sports/017/toushin/__icsFiles/afieldfile/2014/06/12/1337250_01.pdf
3 ）文部科学省「運動部活動の在り方に関する調査研究報告書――人一人の生徒が輝く運動部活動を目指して―」2013 年
　　https://www.mext.go.jp/a_menu/sports/jyujitsu/__icsFiles/afieldfile/2013/05/27/1335529_1.pdf
4 ）文部科学省「スポーツ基本法」2011 年
　　https://www.mext.go.jp/a_menu/sports/kihonhou/attach/1307658.htm
5 ）前掲書 3 ）
6 ）尾縣貢「スポーツ科学からの暴力を用いない方法論の紹介」『体育学研究』第 60 巻 Report 号 2015 年
7 ）杉原隆『新版 運動指導の心理学 運動学習とモチベーションからの接近』大修館書店　2008 年
8 ）日本オリンピック委員会「JOC 将来構想―人へ、オリンピックの力―」2017 年
　　https://www.joc.or.jp/about/pdf/future_pamph.pdf
9 ）日本オリンピック委員会「JOC ビジョン 2064」2021 年
　　https://www.joc.or.jp/news/download.php?id=14087&fn=JOC+Vision+2064.pdf
10）清野隼・田丸尚稔・髙橋義雄「全国トップレベルの競技力を有する高等学校硬式野球部と駅伝部に求められる指導者像―所属する生徒へのフォーカスグループインタビューを基に―」『体育学研究』第 68 巻　2023 年　pp.191-208
11）尾縣貢「JAAF VISION 2017」日本陸上競技連盟編『陸上競技コーチングブック』大修館書店　2022 年　pp.1-9

東京オリンピック
―選手たちのもう1つの闘い―

筑波大学／尾縣 貢

世界的な新型コロナウイルス感染症（COVID-19）の流行により2020東京オリンピック・パラリンピックの1年延期が発表されたのが、オリンピック開幕4ヶ月前の2020年3月24日であった。その後、日本列島は一気に深い闇に包まれていき、スポーツは「不要不急」のものになっていった。外出自粛、学校閉鎖、飲食店の休業に伴い、ほとんどのスポーツイベントや競技会は中止・延期となった。選手はトレーニングすることもままならず、オリンピックを口にすることさえも憚られる日々が続いた。

当然ながら「オリンピック不要論」が拡がり、東京オリンピックへの向かい風は吹き続けた。そのような中でも選手は開催を信じ、希望を失わず、チャレンジを続けた。その頑張りを知っている人たちは、選手たちに心からの声援を送り、そして支え続けた。最も苦しかった時間を多くの人たちの支えを得て、闘い抜いた選手は精神的にも強くなったと思う。そして、そのときに生まれた「感謝」という感情は、選手にさらなる強さをもたらしたといえる。東京オリパラの舞台で多くの選手の口から出た「感謝」という言葉は、社交辞令ではなく心の底から湧き出たものであったと思う。

東京・晴海の選手村オープン直前の7月8日には、「オリンピック無観客」が決定した。その後、各国からの選手団を受け入れた。入村の段階になっても日本選手団総監督であった私の中には、「オリンピックは開催できるのか？」という不安は消えておらず、選手も同様な思いを心に隠していたといえる。しかし、そのような強ばった思いは次第に融けていった。選手村のボランティアの人たちが選手たちを名前で呼び、「頑張ってください」と口々に応援してくれた。また、競技サイトに向かうバスに向かって道端から応援してくれる多くの人たちにも励まされた。選手村を囲む多くの高層マンションの窓に掲げられた日の丸や万国旗の数が日々増えていくことは嬉しいことであった。

このような応援や支えが選手の背中を押し、「オリンピックはできる」「よいパフォーマンスを示そう」といったポジティブな気持ちが育っていったと思う。

日本選手団全体の競技成績は、金メダル数、メダル数、入賞者数などにおいて過去最高であった。どのような逆境においても、支えてくれる人たちの思いを力に変えて、トレーニングを続けてきた選手だからこそ、「感謝」という勝ち負けを超越した感情を持つことができ、オリンピックの舞台に立ったときで持てる力を出し切ることができたのだといえる。

8月8日、東京オリンピックの閉会式場であった国立競技場の聖火が消され、スクリーンには"ARIGATO"の文字が浮かび上がった。まさしく、選手やコーチ、そして多くの関係者の心を表したものであった。

コーチとは何か

なぜこの章を学ぶのですか？

　コーチという言葉は、「四輪馬車」を語源とし、選手を目的地（目標）まで確実に運ぶ役割を担っています。選手を望ましい結果に導くためにも、コーチ自身がその存在意義や役割について学ぶことはとても大切なことです。

第1章の学びのポイントは何ですか？

　本章では、コーチという存在とその役割について、コーチング哲学、理想的なコーチングについて考えていきます。本章で得た知識は、自身のコーチとしてのあり方を見つめ直したり、理想のコーチ像を確立したりするために役立つことが期待されます。

考えてみよう

1 コーチとは一体何をする（している）人なのだろうか。

2 あなたがコーチに任命されたら、どのようなコーチング哲学を持ってコーチングを行うだろうか。

1 コーチという存在とその役割

　「コーチ」という言葉は、「四輪馬車」に由来し、目的を持つ人を目標に確実に導く役割を指す。コーチは選手を目標に導き、支援や指導を提供する存在であり、コーチングにおいては幅広い役割が求められることから、学問的知識が役に立つ。

1 コーチという言葉からみたコーチ観

(1) コーチの語源

　コーチングという言葉はスポーツ界に限らず、一般企業・団体などの個人や組織の成長や目標達成を支援するプロセスとして広く活用されている。コーチング（coaching）の coach という言葉は、15世紀にハンガリーのコーチェ（Kocs）という村でつくられていた四輪馬車が語源で、その後英国において、馬車を意味するコーチ（coach）[1] に変化したとされている。19世紀初期の英国では、コーチは家庭教師を意味する言葉として用いられるようになり、スポーツの分野では、パブリックスクール[2] などで行われていたボートやクリケットにおいて指導を行う人の意味で用いられるようになった。

　目的地まで人を運ぶ役割を担った馬車という言葉から派生し、学業やスポーツで掲げる目標に対象者を導く人とそのプロセスを指す言葉になったのである。

(2) ティーチングとコーチング

　馬車は乗ってしまえば後は馬と御者に任せれば目的地に辿り着くことができるが、スポーツはそうではない。コーチと選手が目標達成に向かい互いに切磋琢磨しなければならない。

　技術・戦術的な指導や練習計画の立案はもちろんのこと生活面へのアドバイスなど、コーチがすべきことは多岐にわたる。しかし、コーチは選手に対して一方的に指示を与え、問われたことに対する答えを教えるだけではいけない。なぜなら、コーチが指示や答えを与えるだけでは選手が自分自身で考える力が養われないし、一方的な指導は選手の受動的な態度・姿勢を助長させてしまうからである。教える／教わるといった上下関係、スキルや知識の伝達に重点を置いたプロセスはティーチングと呼ばれる行為であって、コーチングとは違うのである（図1-1）。

　コーチングにおいてはコーチと選手の関係は対等であり、そのプロセスは一方的な指導や助言をして答えを与える（＝ティーチング）のではなく、常

[1]
「コーチ」と同様の意味を持つ言葉として「指導者」があげられる。本章においては、原則「コーチ」と表記し、文を引用する場合には引用元の表記を優先させた。

[2]　パブリックスクール
上流階級の子弟を対象としてジェントルマンの育成を目的とした寄宿舎性の学校。スポーツが奨励された19世紀中頃からは、新興勢力であるブルジョアジー（中産階級の市民）にも広がった。

図 1-1　コーチングとティーチングの違い

に選手の話を傾聴し、観察や問いかけなどを適宜織りまぜ、選手の内面にある答えを自発的に引き出すものである。選手が自ら出した答えに沿って行動することはモチベーションの維持にもつながる。コーチングとは目標達成するための支援をすることであるが、それは同時に**主体的で思考力のある選手**を育成することでもあるのだ。

2 コーチの役割

（1）求められる資質・能力

　コーチング場面において、コーチは選手のさまざまな要求に応える必要がある。その要求はその競技特有のスキルの習得についてかもしれないし、フィジカル強化や減量についてかもしれない。目標とする試合に向けた計画や戦略、心理面のサポート、疲労やケガからのリカバリーの相談など、コーチが選手に対して支援しなければならないことは多岐にわたる。

　しかし、経験豊富なコーチであっても選手からのすべての要求に自身の経験だけをもとに指導・判断することには限界がある。また、科学技術の発達はスポーツの世界にも大きな影響を与えている。効果が検証され、安全性の確保されたエビデンスに基づく科学的アプローチが日進月歩で次々と発表されてきており、選手やチームもそうしたエビデンスに基づく指導法に目を向けている。適切なコーチングのためには、経験（実践知）だけではなく、合理的で信頼性のある科学的な知見（理論知）も求められているのである。

（2）複合的なアプローチ

　現代のコーチングは単なる技術指導にとどまらず、体力トレーニング、動作解析、心理サポート、チームマネジメント、情報戦略などさまざまな側面から、選手の目標達成ためにそれぞれの専門領域の研究を基盤としたアプローチが試みられている（図 1-2）。このように、コーチングとは複合的な

アプローチなのである。

　専門領域の研究が充実することで、競技パフォーマンスが向上していることは事実であろう。一方で、同時に情報社会を生きる私たちは、さまざまな情報が溢れかえり、その真偽や必要性を見定めるのが難しくなっている。コーチとして必要な知識とは何か、選手にとって今必要な知識は何なのか、を見定める目を養うためにも、再度コーチングに関係するさまざまな領域の基礎知識を押さえることが大切である。そして可能ならば「日本コーチング学会」などの専門学会が公開している情報にアクセスし、最新の動向を確認することもコーチとしての資質向上の一助となるだろう。

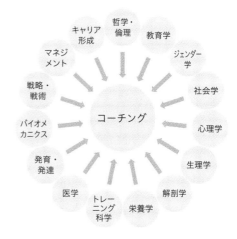

図 1-2　コーチングの複合的なアプローチの概念図

2　コーチング哲学を持つ

　コーチング哲学は、コーチが持つ価値観や信念に関連し、コーチング現場での経験によって形成される。コーチは誤ったコーチング哲学を持たないようにし、自覚的・批判的な態度を保ち、常に学び続けるべきである。

1　コーチング哲学とは

　実際のコーチング場面においては、コーチは自身の価値観や信念を定め、コーチングを行う必要がある。序章で紹介した「学ぶことをやめたら、指導することもやめなければならない」（ロジュ・ルメール 元フランスサッカーチーム監督）という言葉だけでなく「自分自身にこれでいいのかと問い続け、一生学び続ける」（山下泰裕 元全日本柔道連盟会長）という言葉からも、コーチの価値観や信念をうかがい知ることができる。このようなコーチングに対する価値観や信念のことを**コーチング哲学**と呼ぶ。

2　コーチング哲学の形成と必要性

　実際のコーチング現場では、選手 1 人に割ける時間と与えられる情報量

には限りがある。さらには、その選手に対して最善のコーチングを考える際には、対象者の年齢、性別、競技レベル、性格等を考慮に入れる必要がある。そのため、例えばＡ選手に対して最も効果的なコーチングを考えた場合、バイオメカニクス的視点を重視するのか、栄養学的視点を重視するのか、それとも他の種類の知識を選ぶべきか、そしてそれぞれに伝える知識量はどの程度にするべきか、というようにコーチは伝えるべき知識の種類と量を適切に見極める能力が要求される。選手が本当に欲しい知識を与えられなければ、選手は物足りなさを感じてしまうし、必要以上に選手に情報を与えると、選手は消化不良を起こしてしまう。このコーチに求められる能力は専門的な経験を積み重ねて、徐々に身につけていくのである。

ところが、指導現場においては、あなたを取り巻く人々（周りのコーチ、上司のコーチ、選手、選手の保護者など）の意見に振り回されてしまうこともある。指導方針が定まらないと選手を混乱させてしまうし、指導がうまく行かないときほど、自身を見失ってしまいがちである。なお、ここでは選手１人に対してのコーチングに関する内容であったが、球技の戦術練習の場面や、チームづくりの過程においても同じような状況に出くわすことがある。ここで問われているのはあなたのコーチング哲学である。もしあなたが確固たるコーチング哲学を持たずしてコーチングの現場に出してしまった場合、あなたのコーチングは日和見的で、不安定なものとなってしまう可能性がある。そのため、最後はコーチ自身の決断能力が求められるのである。

3 誤ったコーチング哲学を持たないために

コーチによってさまざまなコーチング哲学があり、それは不変的ではなく、可変的なものである。なぜなら、コーチング哲学はコーチの経験や、活動している環境に左右されるからである。このことは、「コーチング哲学とは旅のようなもの。コーチング哲学に絶対の答えはない。自分でコーチングを哲学する」（エディージョーンズ 元ラグビー日本代表監督）という言葉が示すとおりである。コーチング哲学はコーチング現場での困難を経て形成されていくものである（図1-3）。コーチング哲学を確立することで、練習のルール、プレースタイル、規律、規約、競争観、短期・長期の目標などの不安さを除くことが可能になる[1]。

１つのコーチング哲学を頑なに守ることはコーチング実践の軸となる一方で、別の価値観を受け入れなくなってしまうと、さまざまな問題の原因にもなり得る。序章で述べてあるように、体罰を勝利への方程式に組み込んでし

図 1-3　人生における出来事の指導哲学への影響

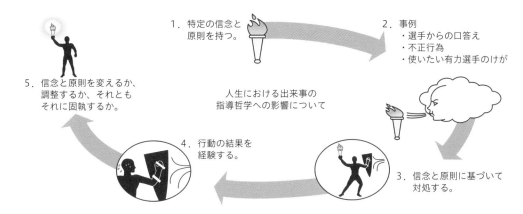

1. 特定の信念と原則を持つ。
2. 事例
　・選手からの口答え
　・不正行為
　・使いたい有力選手のけが
3. 信念と原則に基づいて対処する。
4. 行動の結果を経験する。
5. 信念と原則を変えるか、調整するか、それともそれに固執するか。

人生における出来事の指導哲学への影響について

出典　R. マートン（大森俊夫・山田茂監訳）『スポーツ・コーチング学』西村書店　2013 年　p.5
図中の「指導哲学」は本章における「コーチング哲学」と同意である。

まった場合、シゴキを正当化するようなコーチングや、「愛のムチ」という名の暴力が蔓延してしまうことになる。このような事態に陥らぬよう、コーチは常に自身のコーチングに対して自覚的・批判的な態度を取り、学び続ける必要がある。

3　健全な選手育成のために

　現代スポーツは 3D の問題を抱えている。3D は、①副作用問題、②フェア、アンフェア問題、③選手のロール（役割）モデルから派生する社会悪、の 3 つの問題に関連している。スポーツの価値を損なわないためにも、コーチは Anti-3D のコーチング哲学を持つ必要がある。

現代スポーツが抱える「3D」

　ドーピングによる競技力の向上は許されないことであり、国際大会で活躍する選手のドーピングスキャンダルがニュースで取り上げられることもある。また、最近では学生やスポーツ関係者の違法薬物の所持・使用や未成年飲酒に関するニュースも増えている。これらのドーピング（Doping）、ドラッグ・違法薬物（Drug）、未成年飲酒・飲酒問題（Drinking）は 3D と呼ばれている[2]。

　ドーピングは世界アンチ・ドーピング機構（WADA）が定める「世界アンチ・ドーピング規定」に違反した場合にドーピング規則違反となる。コー

＊3
選手の競技力向上のために、コーチがビタミン剤と偽って禁止薬物を選手に服用させる事案もかつて存在した。また、国家や為政者が推進する組織的ドーピングは未だ根絶されたとは言い難いのが現状である。

＊4
例えば、「うっかりドーピング」（禁止物質を含む薬やサプリメントをそれとは知らずに選手が使用してしまうこと）を防ぐために、コーチはチームドクターとの連携やスポーツファーマシスト（最新のアンチ・ドーピング規則に関する知識を有する薬剤師）への相談を適宜行う必要がある。

チが選手の競技力向上のためにドーピングを行わせることは言語道断であり＊3、むしろコーチは選手のドーピング規則違反を防ぐために、細心の注意を払う必要がある＊4。スポーツ倫理学においては、ドーピングはなぜ禁止されるのかという問いに対して、以下の3つの理由があげられている[3]。

①副作用問題
②フェア、アンフェア問題
③選手のロール（役割）モデルから派生する社会悪

　①に関しては、薬を用いたドーピングは、病気やケガをしていない健康な人間が使用することから、健康被害が懸念されるという理由である。②に関しては、スポーツの平等性や公平性に違反するという理由である。ドーピングを行った選手が他の選手よりも有利になり、アンフェアな競技状態が生まれる可能性があるためである。③に関しては、ドーピング行為がスポーツ選手に要求される社会的役割から逸脱してしまうことが禁止すべき理由としてあげられる。仮に国民や青少年の憧れの的であるトップ選手がドーピングに手を染めていたと知れば、多くの人々が幻滅することになる。最悪な事態としては、子どもたちが模倣し、ドーピングを行ってしまうことである。このように、選手の不正行為は健全な青少年の育成に明らかに悪影響を与えることから、禁止されるのである。

　3Dのうち、ドラッグ・違法薬物や未成年飲酒・飲酒問題は先にあげた①に関連して、過剰な薬物の摂取による副作用やアルコール依存症のような健康被害が発生してしまう可能性がある。さらには、未成年飲酒のように、アルコールに慣れていない若者の急性アルコール中毒のリスクも無視できない。また、ドラッグ・違法薬物や未成年飲酒・飲酒問題は、③の観点から望ましくない行為である。選手には、社会のロールモデルとしての使命や責任があり、子どもたちの模範的存在として振る舞うことが要求される。秘密裏に違法薬物に手を染めたり、お酒に酔った勢いでトラブルを引き起こしたりすることは、社会悪として許されるものではないのである。

2 Anti-3D を推進するために

　日本陸上競技連盟では、3Dから身を守るために、Anti-3Dというスローガンを掲げている[4]。欲望や不安は誰もが抱えるものだが、それを解消するために3Dの誘惑に負けてはならない。3Dに手を染めることは健全な選手

としての活躍とは真逆の行為であり、次のような結果を自ら招くことにほかならない。

　ドーピング違反が発覚すると、出場停止処分を受け、一定期間競技会に参加することができなくなる。それだけでなく、家族や仲間からの信頼、ライバル、サポーターからの期待などをすべて裏切ることになる。また、ドラッグ・違法薬物は、使用、譲渡、製造、少量の所持であっても刑事罰の対象となり、一度きりの使用でも依存症を発症し、精神や肉体を荒廃させるリスクがある。違法薬物の使用が明らかになれば、厳しい社会的制裁を受け、人生を棒に振る可能性もある。さらに、20 歳未満の飲酒は、健康な心身だけでなく、社会的な信頼を失う可能性がある。お酒は依存症に注意が必要な物質の中でも、最も身近で危険性が高いのである。

　3D による問題が発生した場合は、その影響は個人だけにとどまらない。部員の 3D による不祥事で、部活動の活動停止や廃部処分が課せられる可能性もある。3D をスポーツ界全体の問題として捉え、スポーツの価値を損なわないためにも、コーチは Anti-3D のコーチング哲学を持つ必要がある。3D を防止するために、定期的なミーティングや講習会を開催することは効果的だろう。しかし、選手への過度な干渉によってプライバシーや人権を無視した、行き過ぎた指導には注意が必要である。コーチは支援者として、選手に自己決定させるためのコーチングが要求されるのである。憧れられる選手になるためは、どのような行動が求められるかをコーチが選手に対して具体的に思い描かせることが Anti-3D の推進に有効だろう[5]。

＊ 5　Anti-3D & Our Dreams
日本陸上競技連盟が作成したドーピング、違法薬物、未成年飲酒防止の広報冊子。紹介されているトップ選手のコメントは参考になる。

4 理想的なコーチングを目指す

　理想的なコーチングでは、コーチは選手と信頼関係を築き、権力を濫用することなく、選手に主体性を促す役割を果たす。優れたコーチは、選手の競技力向上だけでなく、人間力の向上にも焦点をあてるべきで、オリンピズムの 3 つの本質的価値（卓越性、敬意／尊重、友情）の理念が指針となる。

1 コーチングスタイル

　コーチング哲学を持つことの重要性を指摘したが、ここでは、よりよいコーチングを行うための具体的な行動について紹介する。

　実際にあなたがグラウンドやコートに立って、選手やチームに対してコー

＊6
現段階では、人間力に
厳密な定義はなされて
いないが、内閣府が立
ち上げた人間力戦略研
究会の報告では、人間
力を「社会を構成し運
営するとともに、自立
した一人の人間として
力強く生きていくため
の総合的な力」と定義
している。
（人間力戦略研究会「人
間力戦略研究会報告
書」2003年　p.4
https://www5.cao.
go.jp/keizai1/2004/
ningenryoku/0410
houkoku.pdf）

また、モデル・コア・
カリキュラム（第2
章参照）においても、
人間力を「自分自身の
コーチングを形づくる
中心にあるもの（思考・
判断）」「プレーヤーや
社会との良好な関係を
築くために必要な資質
能力（態度・行動）」
として定めている。
（日本体育協会「平成
27年度コーチ育成の
ための『モデル・コア・
カリキュラム』作成事
業報告書」2016年
p.33
https://www.japan-
sports.or.jp/Portals
/0/data/ikusei/doc/
curriculum/
modelcore.pdf）

＊7
佐良土は「選手やコー
チ自身の人生をより善
い方向に導くことが可
能なコーチ」を「善い
コーチ」と呼び、単に
優れた技能や知識を
持った「よいコーチ」
とは区別される存在と
して紹介している。
（佐良土茂樹『コーチ
ングの哲学』青土社
2021年　p.305）

表 1-1 アスリート・センタード・コーチング（アスリートを主体としたコーチング）に求められること

* アスリートの人格を大切にする（尊重される主体がアスリート）
* アスリート本人のやりがいを大切にする（喜びや幸福感の主体がアスリート）
* アスリート自身に考えさせ、選択させる（考え行動する主体がアスリート）
* アスリート本人の「学び」を最適化する（学びの主体がアスリート）

出典 佐良土茂樹「コーチングの理念・哲学」平野裕一・土屋裕睦・荒井弘和編『グッドコーチになるためのココロエ』培風館　2019年　p.8をもとに筆者作成

チングを行っている場面をイメージしてもらいたい。あなたはどのようなスタイルでコーチングを行うだろうか。もしあなたが絶対服従の命令を発し、選手やチームを導くのであれば、それは命令スタイルと呼ばれる。もしあなたがコーチングに自信がない、または意欲がないという理由などから、選手やチームに任せっきりにするのであれば、それは従順スタイルと呼ばれる[5]。

　以上の2つのコーチングスタイルは、前者は独裁的であり、後者は傍観的である。理想的なコーチングスタイルは、協調スタイルと呼ばれるリーダーシップと見守る姿勢を適切に使い分けるコーチングスタイルである。この協調スタイルのコーチングでは、コーチは選手と信頼関係を築き、コーチの権力を濫用することなく、選手に主体性を持たせるように働きかけるのである。

　この協調スタイルのコーチングスタイルに関連して、最も望ましいコーチングスタイルとしてアスリート・センタード・コーチング（アスリートを主体としたコーチング）という考え方が広まっている。このスタイルの特徴は **表 1-1** にまとめられる。

　コーチは **表 1-1** で示した4点を心がけてコーチングを行うことにより、選手のことを最優先することと、自立した選手の育成を両立させることができるのである。

2 人間力を高めるためのコーチング

　序章にて紹介されていたように、選手は単に競技力が高いだけではなく、人間力を兼ね備えることによって、憧れられる選手になることができる。そのため、コーチは選手の競技力と人間力の2つの柱を同時に向上させるコーチングが社会的に求められている[＊6]。この人間力というワードに関して、日本オリンピック委員会（JOC）は「スポーツを通じ、オリンピズムを体現する人間力ある若者を育成するとともに競技力の向上に努める」[6]と述べているように、人間力をオリンピズムと関連させた力として位置づけている[＊7]。

表 1-2　オリンピズムの 3 つの本質的価値

用語	意味
卓越性	卓越性とは、スポーツであれ仕事であれ、ベストを尽くすことを意味する。重要なのは勝つことではなく、参加すること、進歩すること、肉体、意志、精神の健全な一体感を得ることである。
敬意／尊重	自分自身、自分の体、他者、規則や規定、スポーツ、環境への敬意／尊重が含まれる。
友情	友情は、オリンピック・ムーブメントの中心にある。友情は、スポーツが個々人の、また世界中の人々の相互理解に役立つことを教えてくれる。

　では、オリンピズムとはどのようなものなのだろうか。国際オリンピック委員会（IOC）はオリンピズムの 3 つの本質的価値を **表 1-2** のように説明している [7]。

　「オリンピズムを体現する人間力ある若者」を育成するために、コーチは 3 つの価値（卓越性、敬意／尊重、友情）を理解することが大切である。コーチングに際して、競技でベストを尽くすこと（卓越性）だけでなく、スポーツパーソンシップやフェアプレー（敬意／尊重）、文化・国籍などさまざまな差異を超えた友情（友情）の精神を選手に育ませることが必要となる。そのために、ライバルは敵ではないという考え方は重要である。例えば陸上競技のトラックレースの終盤、ゴール前のラストスパートで競争相手と競り合う場面においては、ライバルの存在によって自身の卓越性が最大限発揮され、ライバルがいない場合よりもよいタイムを出すことができるかもしれない。また、球技のような対戦型スポーツにおいては、そもそもライバルがいないとプレーすることができないのであり、ライバルの存在によって、はじめて自身の技能を発揮することができるのである。また、一生懸命練習した戦術の良し悪しは、ライバルの存在によってはじめて明らかになり、場合によってはライバルが自身やチームのさらなる能力を引き出してくれることもある。このように、ライバルは促進者・協力者 [8] であり、あなたの卓越性を引き出してくれるよき友として友情を深め、リスペクトすべき存在なのである。

　競技力と人間力、両者を高めるためのコーチングがスポーツの未来を支える原動力になるだろう。理想的なコーチになるために、また理想的なコーチングを行うために、これまで本章で述べてきたことを是非とも参考にしてほしい。

引用文献

1 ）R. マートン（大森俊夫・山田茂監訳）『スポーツ・コーチング学』西村書店　2013 年　pp.4-5
2 ）日本陸上競技連盟「Anti-3D」
　　https://www.jaaf.or.jp/pdf/about/resist/medical/jaaf_3d.pdf
3 ）近藤良亨『スポーツ倫理』不昧堂出版　2012 年　pp.33-35
4 ）日本陸上競技連盟「Anti-3D & Our Dreams」
　　https://cms.jaaf.or.jp/files/upload/202305/26_183611.pdf
5 ）前掲書 1）p.22
6 ）日本オリンピック委員会「JOC 将来構想―人へ、オリンピックの力―」2017 年　p.15
　　https://www.joc.or.jp/about/pdf/future_pamph.pdf
7 ）国際オリンピック委員会（日本オリンピック委員会訳）「オリンピック価値教育の基礎」2018 年　p.17
　　https://www.joc.or.jp/olympism/ovep/pdf/ovep2017.pdf
8 ）川谷茂樹『スポーツ倫理学講義』ナカニシヤ出版　2005 年　pp.167-169

参考文献

平野裕一・土屋裕睦・荒井弘和編『グッドコーチになるためのココロエ』培風館　2019 年
伊藤守『コーチングマネジメント』ディスカヴァー・トゥエンティワン　2002 年
Lyle J and Cushion C（ed.）*Sports coaching : professionalisation and practice.* Edinburgh, Churchill Livingstone, 2010.
河野一郎監修・勝田隆著『知的コーチングのすすめ』大修館書店　2002 年
久保正秋『コーチング論序説』不昧堂出版　1998 年
日本コーチング学会編『コーチング学への招待』大修館書店　2017 年
日本スポーツ協会『リファレンスブック』2019 年
関根正美・中里浩一・野井真吾・大石健二・鈴川一宏・小林正利編『大学体育・スポーツ学への招待』ナップ　2021 年
関岡康雄編『コーチと教師のためのスポーツ論 改訂版』道和書院　2006 年
友添秀則編『よくわかるスポーツ倫理学』ミネルヴァ書房　2017 年

学びの確認

①コーチングは、（　　　　　）で（　　　　　）のある選手を育成することを目的としている。その意味で、一方的な指導や助言をして答えを与える（　　　　　）とは異なる。

②コーチングは複合的なアプローチであり、適切なコーチングのためには、経験＝（　　　　　）だけではなく、合理的で信頼性のある科学的な知見＝（　　　　　）が求められる。

③最も望ましいコーチングスタイルはアスリート・（　　　　　）・コーチングである。そしてこれからのコーチングで求められているのは（　　　　　）と（　　　　　）を同時に向上させるコーチングである。

④コーチング哲学を持つことは、コーチングの実践においてどのように役立つだろうか。

なぜコーチは自分より優れた選手を育てられるのか？

帝京大学／広瀬健一

名選手＝名コーチ？

「名選手、名コーチにあらず」という言葉を一度は聞いたことがあるでしょう。これが意味するところは、現役時代にいかに優れた選手だったとしても、その人が必ずしも優れたコーチになるわけではない、ということです。私はこの言葉を聞くと、確かにその通りで、たとえその人が現役時代すごい選手だったとしても、自身の経験を選手に伝えることができなければ選手は育たないだろう。と思う一方で、いや、そうではない、自分がわかっていない領域、知らない領域について語ることは難しい、だから、優れていない選手は優れたコーチになることはできないのではないか、とも思うのです。実際、私は陸上競技（ハンマー投）を長年続けてきました。この種目であればそれなりにコーチングできる自信はありますが、他のスポーツ種目のコーチングを頼まれたら、正直まったく自信がありません。その理由は、私自身が知らない、やったことのない、そして、それは人に教えられると思うほど上手ではないと思うからです。

未知の領域を教えることの困難性

今でもふと思い出す出来事があります。10年ほど前、体操競技の団体チームをオリンピックで金メダルに導いた監督の講義を受ける機会がありました。私は、どうすれば優れた選手を育てられるのかについて、その極意や秘訣を知りたいと思い講義に臨みました。その監督が講義の最中におっしゃったことは、当時の私にとって意外なものでした。その発言を端的にまとめると、「そのやり方は実は私にはわからない」という主旨だったのです。その発言の理由として、その監督が現役だった数十年前と比較すると、日進月歩で技の難度が高まり、現役時代の技を教えたところでは、到底通用しない（点数が出ない）、ということや、選手のレベルが自分よりも高いことから、選手がどのような感覚で運動を行っているのかについて、想像できないレベルに達してしまっているからだということでした。

どんなすごい話が聞けるのかと期待した矢先の出来事だったので、そんな無責任な…！と拍子抜けしてしまったのでしたが、その監督の悟ったような表情が妙に清々しかったことに、私はある種の潔さを感じ取ったのでした。確かに、今後も間違いなく競技スポーツのレベルは向上の一途をたどることでしょう。そのため、いくら自分が優れた選手であったとしても、いずれ自分の実力以上の選手を育てなければいけないときが来ることが予想されるのです。

選手の可能性を引き出すコーチング

佐藤[1]は、自分より優れた選手を育てるためには、自身の個人的次元に留まる「経験知」に依るのではなく、客観的に検証された理論（出来事の合理的説明あるいは将来の予測可能性を持つ科学的な知識）の次元、つまり「理論知」を援用することの必要性を説いています。思い返してみると、その監督は、「選手が安全に高難度の技に挑戦できる練習器具が開発されたことで、選手は回転感覚や空中感覚を効率的に養うことができた」と競技力を高めるための効果的な練習方法について熱弁していたことが印象的でした。このように、「経験知」に「理論知」をいかに援用するかが、自分より優れた選手を育てるための鍵になってくるともいえます。とはいえ、その過程においては、「経験知」と「理論知」の絶妙なバランスが求められることは間違いないでしょう。コーチは理論と実践の狭間を往来しながら試行錯誤を繰り返し、終わりのない営みにチャレンジし続ける存在であるのかもしれません。

引用文献
1) 佐藤臣彦「コーチング概念の哲学的探求」『身体運動文化研究』第19巻第1号　2014年　pp.1-17

コーチの歴史と育成制度

なぜこの章を学ぶのですか？

世界や日本のコーチングの成り立ちや、コーチ育成制度が発展してきた過程について学ぶことは、現在のコーチが置かれている状況についてより深く理解し、これからのコーチングやコーチ育成のあり方について考えるうえで、とても大切なことです。

第 2 章の学びのポイントは何ですか？

本章では、スポーツの発展には欠かせないコーチの存在、コーチを育成するための取り組みについて学んでいきます。また、日本だけではなく世界の動向を学ぶことで、日本がどのように世界からコーチングやコーチ育成を学び、適応させ、そして発展させているのかについて考えることができるでしょう。

考えてみよう

① 人々がスポーツ活動を実施するうえで、なぜコーチが必要になったのだろうか。

② あなたのコーチとしての資質や能力を高めるには、何をどのように学ぶ必要があるだろうか。

1 コーチングの起源

　スポーツの発展にとって、いつの時代もコーチは欠かせない存在であった。世界各地で行われていた伝統的な祭典からプロリーグや世界規模のイベントまで、競技上の卓越性を追求するためにコーチの存在が重要視されてきた。また、コーチはレジャー活動や健康増進のための運動、青少年の育成活動など、多様なスポーツ場面で大きな役割を果たしている。

1 スポーツの発展とコーチング

(1) コーチの出現

　コーチングは、決して新しいものではない。前章で確認したように、19世紀に入るまでコーチという言葉は、スポーツの分野に用いられていなかったとしても、それ以前からコーチングは人類の歴史とともに存在してきた。

　「コーチ」たちは、例えば、ギリシャで行われていた古代オリンピックや古代ローマにおける闘技会、スコットランドのハイランドゲームス[*1]などの競技会に参加する者のトレーニングを支えていたとされている[1)]。また1660年のイングランドにおける王政復古後には、上流階級の人々が新たに余暇活動としてのスポーツ（乗馬やクリケット、ゴルフなど）に取り組み始め、これが後に近代スポーツにおける「コーチ」の出現につながったといわれている[2)]。

　次第にスポーツは欧米諸国において急速に拡大し、19世紀後半には、サッカー、ラグビー、テニスといった大衆スポーツが組織化され、1896年にはアテネで第1回近代オリンピックが開催された。このようなスポーツの発展とともに、コーチングは選手やチームのスポーツ体験に必要なものとして認識されるようになった。したがって、コーチという存在が出現した主な要因は、スポーツにおける勝利の可能性を最大限に高めるために、選手やチームが競技上の卓越性を追求したことにあるといえる。

(2) コーチングに対する需要の高まり

　それから100年にわたり、スポーツの発展の度合いは国や地域によってさまざまであるが、特定の大衆スポーツ（サッカー、バスケットボール、テニス、野球など）のプロ化と収益化、そして世界選手権やオリンピックにおける勝利の国威発揚への利用が競技力向上への追求を加速させ続けた。これらのことから、コーチは選手やチームの競技力向上にとって中心的な存在と

＊1　ハイランドゲームス
スコットランドのハイランド地方各地で行われる競技会。考古学的な記録は存在しないが、歴史学者の間では、スコットランド王のマルコム3世（1058年から1093年）が伝令役や護衛を選ぶために開催していた兵士の徒競走が起源であると考えられている。

して重要視されるようになった[3]。

　また1980年代には、プロスポーツがますます人気と収益性を高める一方で、エリート選手や富裕層だけでなく、子どもから大人まで、誰もがスポーツに参加する機会が求められるようになっていった。この変化の一要因となったのは、各国政府が市民を身体活動に参加させることによる健康増進に関心を持ったことにあるとされている[4]。そのような需要の高まりに伴い、特に青少年スポーツにおいて、ボランティアコーチが現れ始めた。

　さらに2000年以降、コーチングに影響を与えたのは、青少年スポーツにおける「プロ化」の加速であった。クラブや競技団体は、タレント性のある、すなわち将来スポーツでの成功が見込まれそうな子どもをできるだけ早い時期に発掘・育成するために多大な投資を行い、一方、保護者は子どもにより早い時期からさまざまスポーツ体験をさせるためにより多くの時間とお金を費やすようになっていった。これは、子どもの健全な心身の発達を促したいという願望による場合もあれば、プロ選手になる機会を最大化させるための計画による場合、あるいはその両方の場合もあると考えられている[5]。これらのことにより、特に主要スポーツ（サッカー、バスケットボール、テニス、ゴルフなど）において、新たなコーチの雇用機会が創出され、コーチングに対する需要がさらに高まった。

2 日本におけるコーチング

（1）学校を中心としたコーチング

　日本では、欧米諸国の影響を受けながらも、スポーツの発展や社会の変化とともに独自のコーチング文化が形成されてきた。その歴史は、相撲の親方や古武術の師範による指導を除いて考えると、明治時代初期（1868年から1872年頃）における近代スポーツの導入に端を発している。

　当初、スポーツは外国人教師や留学帰国者による遊びであったが、次第に学生同士が真剣に競い合うようになり、学校における学生の自治組織としての運動部が誕生したことで、学校を中心に発展していった。そして、1900年代に入ると、学校間の競争は、定期戦や大会を開催するまで白熱化し、優勝を目指すうえでコーチはタレント性のある選手の発掘と育成の中心的存在となった。この時期、コーチの大半は学校教育関係者であり、学生コーチもいたとされている[6]。

　このような状況下で、第二次世界大戦前の学校（主に大学）は、エリート選手の育成の場としても機能していた。実際、戦前に日本がオリンピックに

参加した際の選手団の多くは学生選手であった[7]。

（2）コーチが活躍する場の多様化

　戦後になると、学生選手の割合は一貫して減少していった。その背景には、エリート選手を育成する場所やスポーツをする場所の**多様化**が関連している。例えば、高度経済成長期（1955 年から 1973 年頃）における企業の発展や都市化の進展は、**企業スポーツ**の発展を促した。多くの企業が従業員の健康維持やスポーツ振興の観点から、運動部やスポーツクラブを設立し、各競技での全国大会が開催されるようになり、優勝を目指して多くの選手を雇用・支援するようになった。そうした選手を育成・指導するために、企業従業員としてのコーチが現れるようになった。

　一部の企業スポーツ（野球やサッカーなど）は、後に**プロスポーツ**へと発展し、スポーツの産業化を進展させるきっかけとなった。さらに、1980 年代には、民間のスポーツクラブ（水泳やテニス、ゴルフなど）による参入やレジャースポーツ（スキーやスノーボードなど）の需要の高まりもあり、人々がスポーツをする場所も多種多様化し、企業従業員としてのコーチのみならず、いわゆる**プロコーチ**が活躍をする場が拡大していった。

　他方で、1990 年代には、これまでの学校や企業中心のスポーツ組織から地域スポーツ組織の自立化を促す方向性が目指され、**生涯スポーツ**の重要性が謳われ始めた[8]。それまでも青少年の健全育成を目的としたスポーツ少年団は存在していたものの、新たに**総合型地域スポーツクラブ**[*2]が設立され、幅広い世代の人々に、各自の興味関心に応じて身近にスポーツに親しむことができる機会が提供されるようになった。また、近年では学校運動部活動の地域移行が進められ、その第一歩として、2023 年度からは、公立中学校における休日の運動部活動が段階的に地域に移行され始めている。そして、**スポーツ少年団**、**総合型地域スポーツクラブ**、**学校運動部活動**の三者が協働し、新たな地域スポーツ体制（**図 2-1**）が創造されようとしている。すなわち各々が持つ資源を最大限に活用し、青少年のニーズに合った競技・種目・活動場所の多様性をさらに高め、目的・志向・嗜好・技能などの組み合わせに応じてそれぞれの強みを活かして役割を分担することが目指される。これに伴い、選手の指導を担うコーチの確保が図られると同時に、現在、改めてコーチングの質が問い直されている。

＊2　総合型地域スポーツクラブ
1995 年より文部省（現文部科学省）が、地域における幅広い世代の人々が、各自の興味関心・競技レベルに合わせて、さまざまなスポーツにふれる機会と場所を提供することを目的に、日本における地域スポーツ振興政策の 1 つとしてスタートさせた。2021 年時点で、全国に約 3,600 のクラブが存在している。

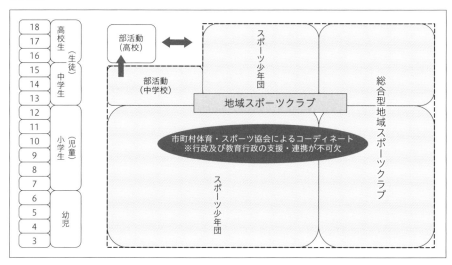

図 2-1 新たなスポーツ体制の在り方　日本スポーツ協会（2018）

出典　日本スポーツ協会総合企画委員会「提言『今後の地域スポーツ体制の在り方について―ジュニアスポーツを中心として―』」2018（平成30）年　p.6
https://www.japan-sports.or.jp/Portals/0/data0/about/pdf/20180606_Regarding_the_future_of_the_regional_sports_system.pdf

2 コーチの資質や能力を向上させるための取り組み

　コーチングの質を担保するために、世界各国において、コーチの専門職化が進められている。国際コーチングエクセレンス評議会は、コーチ育成のための明確なガイドラインを提供している。そのなかで日本は、独自に発展させてきたコーチ育成への取り組みに対して、国際基準を適用し、適応させてきた。そして、今や日本は世界のコーチ育成を牽引する存在となっている。

1 コーチ育成システムの改善に向けた国際動向

（1）コーチングの専門職化に向けた基盤構築

　前節で述べたように、1980年から2000年にかけて、コーチングの需要が世界的に高まるとともに、コーチに課せられる社会的責任と期待はより大きくなっていった。また、1990年代初頭には、コーチによる選手への身体的、精神的あるいは性的なハラスメントおよび児童保護などが問題視され始めた[9]。このような潮流から、コーチ育成システムの構築および改善がグローバルな課題となった。そこで、1997年に国際コーチングエクセレンス評議会[*3]（ International Council for Coaching Excellence：以下「ICCE」）

＊3　国際コーチングエクセレンス評議会
コーチングやコーチ育成を担う国際競技連盟、各国の機関、組織、個人がメンバーとして参加する非営利団体。コーチングに関連する研修やイベントの開催、政策の策定、研究活動などを実施している。

が、「コーチングの発展をグローバルに牽引し、支援する」という使命のもと設立され、それ以来、この課題に対して多大な貢献をしてきた。特に、2011 年に ICCE が夏季オリンピックスポーツ国際競技連盟およびイギリスのリーズベケット大学と共同で開発した「国際スポーツコーチングフレームワーク」[*4] (International Sport Coaching Framework：以下「ISCF」) は、世界各国におけるコーチングおよびコーチ育成の発展に大きな影響を与えた。

　ISCF は、コーチの育成および認定のための国際的基準を提供することを目的として作成された。例えば、ISCF では、コーチングを「特定のスポーツ活動に取り組む選手の発達段階に応じた改善かつ育成のプロセス（p.10）」と定義づけている。また、競技性の高いパフォーマンスコーチングであれ、比較的競技性の低い参加型コーチングであれ、コーチが果たすべき機能は、①ビジョンと戦略の設定、②環境の整備、③人間関係の構築、④練習での指導と競技会への準備、⑤現場に対する理解と対応、⑥学習と振り返りの 6 つに代表されるとしている（図 2-2）。また、これらの機能を果たしていくためには、「行動を導く価値、哲学、目的」を核とした「専門的知識」「対他者の知識」「対自己の知識」が必要であることが示されている。このように、

＊4 International Sport Coaching Framework Version 1.1
https://icce.ws/wp-content/uploads/2023/01/ISCF_1_aug_2012.pdf

図 2-2　コーチが果たすべき機能と備えるべき知識

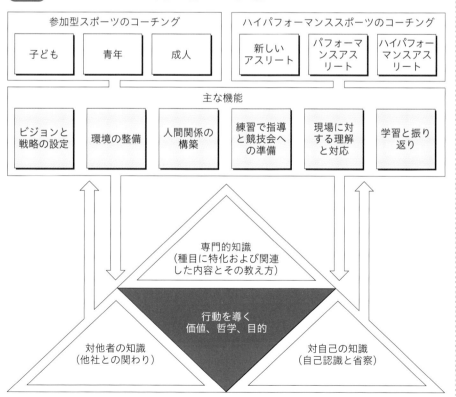

出典　国際スポーツコーチングフレームワーク[*4]を参考に筆者作成

ISCF は、国際的な共通言語および各国におけるシステムの計画・実施・評価のためのツールを提供した。他方で、ISCF は、国やスポーツの歴史的、文化的および組織的文脈によって異なるコーチングシステムを考慮した柔軟なフレームワークであることから、各国のコーチング関連機関の政策策定、コーチの育成および認定システムの構築に役に立っている。

（2）コーチの学びを支援するコーチデベロッパー

コーチの育成には、その育成を担う知識と技術を持った専門家が必要とされる。ICCE は、その専門家のことをコーチデベロッパーと称し、2014 年には「国際コーチデベロッパーフレームワーク」（International Coach Developer Framework：以下「ICDF」）を発表した。

ICDF では、従来の「知識伝達型のコーチ教育」から「コーチの資質・能力向上に向けた学びの支援」への変革の必要性が強調され、コーチの学びを支援する存在としてのコーチデベロッパーの役割、求められる資質や能力などが示された。さらに、同年には、日本体育大学が、2020 年東京オリンピック・パラリンピック競技大会に向けたスポーツを通じた国際貢献事業スポーツ・フォー・トゥモロー[5] の一環として、国際的に活躍できるコーチデベロッパー育成を主眼に置いた日本体育大学コーチデベロッパーアカデミー（NSSU Coach Developer Academy：以下「NCDA」）を設立した[6]。NCDA は、ICCE と協力をして、上述の ISCF および ICDF を適用しながら、合宿型・対面式での実践的学習・事前事後のオンライン学習・各組織でのスキル実践の 3 つにより構成されたブレンド型学習プログラムを開発し、コーチ育成分野の発展およびコーチデベロッパーのグローバルネットワーク構築に対して重要な役割を果たした。

2 日本のコーチ育成に関する取り組み

（1）日本におけるコーチ育成システム

日本におけるコーチ育成の主な担い手は、日本スポーツ協会、日本パラスポーツ協会、日本オリンピック委員会、国内競技連盟（日本陸上競技連盟、日本水泳連盟、日本体操協会など）、大学、専門学校など多岐にわたる。これらの機関の中で、日本スポーツ協会がコーチングシステム全体の中心的な役割を担っている。日本スポーツ協会は、中央競技団体や都道府県体育・スポーツ協会と連携し、公認スポーツ指導者育成の基本方針[7] に基づき、養成講習会を実施し、修了者を公認スポーツ指導者として認定している。

＊5　スポーツ・フォー・トゥモロー
2014 年から 2020 年までの 7 年間で開発途上国をはじめとする 100 カ国以上・1,000 万人以上を対象に、日本国政府が推進したスポーツを通じた国際貢献事業。スポーツを通じた国際協力および交流、国際スポーツ人材育成拠点の構築、国際的なアンチ・ドーピング推進体制の強化支援を 3 つの活動領域としていた。

＊6　日本体育大学コーチデベロッパーアカデミーは、7 年間で 42 か国 110 人の修了生を輩出した。

＊7　公認スポーツ指導者育成の基本方針
https://www.japan-sports.or.jp/coach/tabid1198.html#kihon_hoshin

表 2-1　公認スポーツ指導者（競技別指導者資格）

種類	役割	認定者数 （2022 年 10 月 1 日 現在）
スタートコーチ	地域スポーツクラブ・スポーツ少年団・学校運動部活動等において、上位資格者と協力して安全で効果的な活動を提供する方のための資格	11,749 名
コーチ 1	地域スポーツクラブ・スポーツ少年団・学校運動部活動等でのコーチングスタッフとして、基礎的な知識・技能に基づき、安全で効果的な活動を提供する方のための資格	119,500 名
コーチ 2	地域スポーツクラブ・スポーツ少年団・学校運動部活動等の監督やヘッドコーチ等の責任者として、安全で効果的な活動を提供するとともに、指導計画を構築、実行、評価し監督することと併せて、コーチ間の関わりおよび成長を支援する方のための資格	10,583 名
コーチ 3	トップリーグ・実業団等のコーチングスタッフとして、ブロック及び全国大会レベルでのプレーヤー・チームに対して競技力向上を目的としたコーチングを行う方のための資格	24,832 名
コーチ	トップリーグ・実業団・ナショナルチーム等のコーチングスタッフとして、国際大会レベルのプレーヤー・チームに対して競技力向上を目的としたコーチングを行う方のための資格	6,977 名
教師	クラブや商業・民間スポーツ施設等で幅広い年齢層の多様なスポーツライフスタイルを志向する会員や利用者に応じたコーチングを行うとともに、当該施設等の日常運営業務にあたる方のための資格	2,730 名
上級教師	クラブや商業・民間スポーツ施設等における実技指導の責任者・チーフを担うとともに、当該施設等の企画・経営業務にあたる方のための資格	982 名

出典　日本スポーツ協会ホームページ（https://www.japan-sports.or.jp/coach/tabid63.html）をもとに筆者作成

表 2-1 には、公認スポーツ指導者資格における競技別指導者資格の種類と役割、認定者数を示している[8]。資格を取得するための講習は、日本サッカー協会と日本バスケットボール協会を除けば[9]、日本スポーツ協会がスポーツ全般に関する共通科目を担当し、各中央競技団体はその競技に特化した専門科目を担当している。同様に、日本パラスポーツ協会は、パラスポーツにおけるコーチ育成を担っている。また日本オリンピック委員会は、オリンピックで活躍できる選手を育成・指導するワールドクラスのコーチを育成することを目的とした JOC ナショナルコーチアカデミー[10] を開講している。

　さらに、大学や専門学校も、上記の機関と協力しながらコーチの育成に取り組んでいる。具体的には、学生は日本スポーツ協会が実施している講習会と同じカリキュラムの授業を大学や専門学校で履修することで、資格取得に

＊8
2022 年 10 月時点で、競技別指導の有資格者総数は 177,353 人にのぼる。

＊9
競技別指導者資格のうち、サッカーとバスケットについては、日本サッカー協会と日本バスケットボール協会が、スポーツ全般に関する共通科目および競技に特化した専門科目の両方を提供している。

＊10 JOC ナショナルコーチアカデミー事業
https://www.joc.or.jp/training/ntc/nationalacademy.html

必要な講習や試験の一部またはすべてが免除されるシステムが存在している。

（2）コーチ育成のためのモデル・コア・カリキュラム

　1977年に創設されたこの日本体育協会（現日本スポーツ協会）公認スポーツ指導者制度は、現在の形に至るまでに3度の改定（1988年、2005年、2019年）を経ている。なかでも直近の改訂に大きな影響を与えたのが、2014年に日本体育協会によって着手された「コーチ育成のためのモデル・コア・カリキュラム作成事業」である。当時、コーチング現場において暴力を行使する事案が相次いで発生したことを契機とし、コーチ育成の内容や方法のあり方を改善する必要性が謳われた。そこで、日本体育協会を中心としたワーキングチームは、コーチ育成の過程において習得すべき資質や能力を明確化し、その習得に向けて学ぶべき内容および教育目標ガイドラインを「モデル・コア・カリキュラム」[*11] としてまとめた。

＊11　モデル・コア・カリキュラム
https://www.japan-sports.or.jp/coach/tabid1160.html

　モデル・コア・カリキュラムでは、グッドコーチ像およびグッドコーチに求められる資質能力を習得するために必要な内容を教育目標ガイドラインとして提示された（表2-2 表2-3）。従来のコーチ育成カリキュラムは、スポーツ医・科学や専門競技に関する知識・技能を学ぶことに重点が置かれていたのに対して、モデル・コア・カリキュラムでは、コーチの思考・判断や、その思考・判断を適切な形で表現する態度・行動を人間力として重要視し、科目間で縦断的に取り扱うように工夫された。また、これまでの研修では、講義を中心として、それぞれの学問分野の専門家が知識・技能をコーチに伝達する形式であったのに対して、モデル・コア・カリキュラムでは、前項に述べたISCFおよびICDFを適用し、受講者によるアウトプットを中心とした学び・振り返りを重視するアクティブ・ラーニングの手法を用いてコーチの主体的な学びを支援する形式へと変革された。

　2018年には、前項に述べたNCDAの修了生4人を含む9名の講師により、初めてのコーチデベロッパー養成講習が日本スポーツ協会主催で行われた[*12]。さらに、日本スポーツ協会は、大学や専門学校の教員がコーチを目指す学生の学びをより効果的に支援できるように、この講習の受講を促している。具体的には、2023年までに、この講習を修了したコーチデベロッパーがいない大学や専門学校は、日本スポーツ協会認証の免除科目を提供する資格を失うことになっている。また、日本体育大学および大阪体育大学が、モデル・コア・カリキュラムの試行を行い、得られた経験を日本各地にある大学と共有・展開をしており、広がりをみせている。先述の運動部活動の地域移行に伴い、選手指導の担い手が教員コーチからプロコーチ（パートタイムやボランティアを含む）へと徐々に移行することも予想されるため、これか

＊12
2022年時点で260名の修了生を輩出している。

表 2-2　グッドコーチ像　日本体育協会（2016）

人物像	キーワード
スポーツを愛し、その意義と価値を自覚し、尊重し、表現できる人	人が好き、スポーツが好き、スポーツと意義と価値の理解
グッドプレーヤーを育成することを通して、豊かなスポーツ文化の創造やスポーツの社会的価値を高めることができる人	プレーヤーやスポーツの未来に責任を持つ
プレーヤーの自立やパフォーマンスの向上を支援するために、常に自身を振り返りながら学び続けることができる人	課題解決、自立支援、プレーヤーのニーズ、充足、卓越した専門知識（スポーツ教養含）、内省、継続した自己研鑽
いかなる状況においても、前向きかつ直向きに取りくみながら、プレーヤーと共に成長することができる人	逆境・困難に打ち克つ力、ポジティブシンキング、真摯さ、継続性、同情・共感、対象に合わせたコーチング
プレーヤーの生涯を通じた人間的成長を長期的視点で支援することができる人	プレーヤーズ・ファースト、プレーヤーのキャリア形成・人間的成長、中長期的視点
いかなる暴力やハラスメントも行使・容認せず、プレーヤーの権利や尊厳、人格を尊重し、公平に接することができる人	暴力根絶、相互尊敬（リスペクト）、公平・公正さ
プレーヤーが、社会の一員であることを自覚し、模範となる態度・行動をとれるよう導くことができる人	社会の中の自己認識、社会規範・モラルの理解・遵守、暴力根絶意識のプレーヤーへの伝達
プレーヤーやプレーヤーを支援する関係者（アントラージュ）が、お互いに感謝・信頼し合い、かつ協力・協働・協調できる環境をつくることができる人	社会との関係・環境構築、チームプレー、感謝・信頼、協力・協働・協調

出典　平成 27 年度コーチ育成のための「モデル・コア・カリキュラム」の作成事業報告書　p.35
https://www.japan-sports.or.jp/Portals/0/data/ikusei/doc/curriculum/modelcore.pdf

表 2-3　グッドコーチに求められる資質能力　日本体育協会（2016）

思考・判断：自分自身のコーチングを形づくる中心にあるもの
態度・行動：プレーヤーや社会との良好な関係を築くために必要な資質能力
スポーツ知識・技能：スポーツ指導を行ううえで必要となるスポーツ科学の知識・技能

人間力	思考・判断		スポーツの意義と価値の理解、コーチングの理念・哲学（人が好き、スポーツが好き、スポーツの意義と価値の理解、プレーヤーやスポーツの未来に責任を持つ、社会規範、スポーツの高潔性）
	態度・行動	対自分力	学び続ける姿勢（自己研鑽）、前向きな思考・行動、くじけない心、課題発見力、課題解決、自己統制、内省、社会規範
		対他者力（人、社会）	基本的人権の尊重、相互理解、プレーヤーズ・ファースト、暴力・ハラスメントの根絶、コミュニケーションスキル、マネジメントスキル、目標設定、協力・協調・協働、長期的視点、関係構築力
知識・技能	スポーツ知識・技能	共通	あらゆるコーチング現場に共通するスポーツ科学
		専門	個々のコーチング現場別（競技別、年代別、レベル別、障がいの有無など）に求められる専門知識・技能

出典　平成 27 年度コーチ育成のための「モデル・コア・カリキュラム」の作成事業報告書　p.33
https://www.japan-sports.or.jp/Portals/0/data/ikusei/doc/curriculum/modelcore.pdf

らコーチ育成およびその効果検証の重要性がさらに高まるだろう。

引用文献

1) Lara-Bercial S, Bales J and North J. Coaching Around the World: On Becoming a Profession. In: Resende R and Gomes AR (eds.) *Coaching for Human Development and Performance in Sports*. Springer, Cham, 2020, pp. 93-121
2) MacLean M and Pritchard I. History for Coaches. In: *Introduction to Sports Coaching* (2nd). Abingdon, Routledge, 2013, pp. 83-97
3) Holt R. *Sport and the British: A modern history*. Oxford, Oxford University Press. 1990.
4) 前掲書 1）
5) Ginsburg RD, Durant S and Baltzel A. *Whose game is it anyway?*. Chicago, Mariner Books. 2006.
6) 日下裕弘「日本スポーツ文化の源流」『茨城大学教養部紀要』第 30 巻　1996 年
7) 中澤篤史『そろそろ、部活のこれからを話しませんか―未来のための部活講義―』大月書店　2017 年
8) 菊幸一「我が国のスポーツプロモーション」『公認スポーツ指導者養成テキストⅡ』日本体育協会　2005 年 pp.21-31
9) 前掲書 2）

学びの確認

①コーチは、スポーツにおける（　　　　）の可能性を最大限に高めるために、選手やチームが競技上の（　　　　）を追求したことで必要とされ始め、スポーツの発展や社会の変化とともに、（　　　　　）のための運動や青少年の健全な（　　　）の発達を促す育成活動などにも欠かせない存在となった。

②日本では、スポーツは（　　　）を中心として発展し、コーチの大半は教育関係者や学生であったが、次第に（　　　）スポーツや（　　　）スポーツの台頭により、コーチが求められる場所は多様化していった。

③国際スポーツコーチングフレームワークは、国際的な（　　　　）および各国におけるシステムの計画・実施・（　　　）のためのツールを提供しており、各国のコーチング関連機関の（　　　）策定や、コーチ育成および（　　　）システムの構築に役に立っている。

④日本国内における学校運動部活動が地域に移行するにあたって、現場に立つコーチに対してどのような支援制度を整える必要があるだろうか。

　　▶（例）現場に立つコーチの継続的な学びを支援するためのコーチデベロッパーを各市区町村体育・スポーツ協会に派遣する制度を整える必要がある。

コーチはどのようにして学び、発達し続けるのか？

東洋大学／水島 淳

　第2章2節では、コーチの学びを支える制度や育成プログラムについて学びました。「学び」という言葉を聞くと、そのようなフォーマルな学習機会を思い浮かべる人も多いでしょう。なかには日本スポーツ協会が実施しているコーチ資格講習会に参加し、修了すれば、もう「学び終えた」と思う人もいるかもしれません。しかし、実際には、コーチの学びが終わるわけではありません。例えば、あなたが中学校の運動部活動コーチになったとしましょう。仮に22から60歳までの38年間、週当たり平日4日2時間程度、学校休業日1日3時間程度のコーチングを行った場合、少なくとも生涯に2万時間以上は現場で過ごすことになります。また直接選手とは関わらないタスク（練習や試合計画の作成など）を含めると、資格講習会への参加と比較して、実に多くの時間をコーチングに費やしていることがわかります。そのようななか、あなたはコーチとして、さまざまな選手や他のコーチ、保護者や他のステークホルダーと関わりながら、日々新たな知識・スキル・ノウハウを獲得していきます。すなわち、「学び」とは、必ずしもフォーマルな学習機会だけに生じるものではなく、コーチとしての日常とともにあるものなのです。

　ここでは、コーチとしての学びにとって重要なポイントを2つ紹介したいと思います。

1．自らのコーチングを振り返る

　専門性の発達には、「10年ルール」と呼ばれるものが存在します[1]。これは、いわゆる専門家と呼ばれる域に達するためには、10年以上にわたり1万時間以上の実践経験を積む必要があるというものです。ただし、単にコーチング現場に立ち、同じような実践を繰り返すだけで専門性の向上が保証されるということを意味しているのではありません。コーチとしての専門性を高めるためには、コーチが自らの経験（過去および現在）と向き合い、自分なりに解釈し、認知や行動の変化を起こす（あるいは起こさない）という振り返りを通じて、コーチング経験を実践知に変換する必要があるのです。また、なかには選手の行動やパフォーマンス、練習計画などについて振り返ることはあるものの、自らのコーチング行動や見方や考え方についてはあまり振り返ったことがない人もいるかもしれません。これを機に、練習や試合計画を立てる際、実際のコーチング中、練習や試合の後、あるいは数ヶ月毎、シーズン毎に、自らのコーチングについて振り返る時間を積極的につくってみてはいかがでしょうか。

2．他のコーチやメンターと学ぶ

　コーチング経験の振り返りは、他者の力を借りることによってより効果的になるとされています。もちろん選手から直接フィードバックを得ることは最も直接的な手段だといえますが、実践を振り返る際に、本音で語り合えて、自分と異なる視点から助言をしてくれるような他のコーチやメンターの存在はとても貴重です。他のコーチやメンターと関わることで、自らのコーチングの改善に向けて、批判的な指摘を得ることや、効果的な実践例などを学ぶことができるでしょう。また、コーチ仲間との勉強会などを通じて、コーチングに関する意見交換や発表を行うことで、自らのコーチングに対する振り返りやコーチとしてのアイデンティティの確立が促進される可能性もあるといえます。また、多くのコーチが1人で自校・クラブを指導されているなか、そのような他者とのつながり自体が、時にその孤独感を和らげたり、心の支えになったりすることもあるかもしれません。

　最後に、みなさんのあらゆる日常経験（本書を読むことを含む）が、コーチとしての学びにつながることを祈念しております。

引用文献
1) Ericsson KA, Krampe RT and Et Tesch-Romer C. The role of deliberate practice in the acquisition of expert performance. *Psychological Review*, 3, 1993, pp.363-406

第3章 コーチングの倫理学
―暴力の「生じやすさ」の自覚から―

なぜこの章を学ぶのですか？

　本章の学びは、私たちが暴力等の不適切な行為に手を染めることなく、倫理的にコーチングを遂行するためにあります。

第3章の学びのポイントは何ですか？

　本章の学びのポイントは、コーチングにおける暴力の「生じやすさ」を自覚し、その地点からあるべきコーチングを考えることです。暴力等の不適切行為を他人事として捉えるのではなく、「自分も不意に暴力に手を染めてしまうかもしれない」という自覚が本章の学びの出発点となります。

考えてみよう

暴力はコーチングにおいてなぜ生じるのだろうか。

自身はどのようなコーチになりたいだろうか。また、そのためには、どのような学びや心がけが必要になるだろうか。

1 コーチングにおける倫理的諸問題

　　コーチングの現場では、暴力や暴言、セクシュアル・ハラスメントといった諸種の不適切行為が発生してきた。こうした状況を受け、日本スポーツ協会等の諸団体は、不適切行為への対応やそれらの予防・啓発のための諸活動を推進してきた。しかしながら、コーチングにおける不適切行為はなくなっていない。

1 「問題」としてのコーチング

　　2013 年 4 月、日本体育協会（現日本スポーツ協会）・日本オリンピック委員会・日本障害者スポーツ協会・全国高等学校体育連盟・日本中学校体育連盟は、「スポーツ界における暴力行為根絶宣言」を採択し、暴力と決別する意志を以下のように表明した。

　　　殴る、蹴る、突き飛ばすなどの身体的制裁、言葉や態度による人格の否定、脅迫、威圧、いじめや嫌がらせ、さらに、セクシュアルハラスメントなど、これらの暴力行為は、スポーツの価値を否定し、スポーツそのものを危機にさらす。(中略)暴力行為はたとえどのような理由であれ、それ自体許されないものであり、スポーツのあらゆる場から根絶されなければならない[1]。

　　「スポーツ界における暴力行為根絶宣言」が採択された背景には、コーチングにおける暴力が社会問題化した当時の状況がある。2012 年 12 月 23 日、桜宮高校バスケットボール部に所属していた 1 人の高校生が顧問教諭による執拗な暴力を苦に自ら命を絶った。同年の 12 月 25 日には、柔道女子日本代表選手ら 15 人が当時の代表監督の暴言・暴力の実態を日本オリンピック委員会に告発した。これらの暴力事案はメディアで大々的に取り上げられ、コーチング現場に潜在していた問題状況は白日のもとに晒された。

　　もっとも、暴力等の不適切行為は、上記の時期に局所的に発生したのではない。暴力等の不適切行為は、それまでにも、コーチングの現場で発生してきた[2]。そして現在でも、暴力等の不適切行為は根絶されていない。暴力等の不適切行為はいまなお解決すべき課題であり続け、コーチングはスポーツにおいて倫理的諸問題が現出する 1 つの現場となっている。

＊1　スポーツ界における暴力行為根絶宣言
https://www.japan-sports.or.jp/Portals/0/data/boryoku/bouryokukonzetsusengen(yoko).pdf

＊2
例えば、以下の文献を参照。
・村本宗太郎「運動部活動時の『体罰』判例に見る体罰の特徴とその要因に関する研究」『日本スポーツ法学会年報』第 23 巻　2016 年 pp.136-161
・南部さおり『反体罰宣言―日本体育大学が超本気で取り組んだ命の授業―』春陽堂書店　2019 年 pp.1-335

2 スポーツ・ハラスメント

「スポーツ界における暴力行為根絶宣言」の10年後（2023年）、同宣言を採択した諸団体は、「だれもが安全・安心にスポーツを楽しめる社会の実現」を目指した「NO！スポハラ」を開始した[1]。「NO！スポハラ」とは、スポーツにおける不適切行為への対応とその予防・啓発を推進する活動である。

（1）不適切行為への対応

「NO！スポハラ」活動では、スポーツ・ハラスメント（以下、「スポハラ」）を、「安全・安心にスポーツを楽しむことを害する行為」と定義し、「暴力」「暴言」「パワー・ハラスメント」「セクシュアル・ハラスメント（以下、「セクハラ」）」「差別的指導」の5つに類型化している（表3-1）[2]。

表3-1 主な「スポハラ」について

暴力	肉体的、精神的に傷つけるような不当な力を他者の身体に対して及ぼすこと
暴言	他人を傷つけるような言葉や乱暴な言葉のこと
パワー・ハラスメント	立場の優位性を利用して、指導の範囲を超えて行う嫌がらせであり、結果として、肉体的、精神的な苦痛を与えたり、スポーツを行う環境を悪化させたりすること
セクシュアル・ハラスメント	性的な行為や言葉によって、相手に不快感を与えること
差別的指導	合理的な理由なく分け隔てすることであり、「年齢、性別、性的指向や性自認、障がいの有無、国籍、文化、言語、民族、人種、宗教などの特徴を理由に、相手の扱いに差をつけたり、相手をあざ笑ったり・侮辱する、さらには集団から排除する、あるいは関わりを否定する言動」等

出典 日本スポーツ協会ホームページをもとに筆者作成

「NO！スポハラ」のホームページでは、諸種のスポハラに対する処分結果やスポハラに関する相談窓口が紹介されている。同ホームページでは、例えば、選手を膝立ちさせ顔面を平手打ちした暴力事例や小学生の選手に対して「死んだら」と発言した暴言事例、スポーツマッサージと称して選手の身体を不必要に触ったセクハラ事例などに対する処分結果が列記されている。また、同ホームページには、地域のスポーツ少年団や総合型クラブ、中学校・高校・大学の部活動、トップアスリートに応じた相談窓口の案内がある[*3]。

（2）予防・啓発のための活動

「NO！スポハラ」は、スポハラを予防・啓発するための活動も行っている。「NO！スポハラ」のホームページには、スポハラに関するセミナーの案内

＊3 不適切行為への対応
「NO！スポハラ」ホームページ
https://www.japan-sports.or.jp/spohara/soudan_syobun/

やスポハラについて解説した動画が掲載されている*4。詳細は、側註の二次元コードより参照されたい。

　もとより、スポハラに対する予防・啓発の活動は、「NO！スポハラ」の枠内だけで行われてきたのではない。桜宮高校や柔道女子日本代表の暴力事案が社会問題となった翌年、コーチング・イノベーション推進事業（2014 年・2015 年）が発足し、コーチ育成のための「モデル・コア・カリキュラム」が作成された 3)。「モデル・コア・カリキュラム」とは、グッドコーチに求められる資質・能力を明確化し、それらを習得するための学習内容を体系化したカリキュラムである*5。

　昨今でも、日本スポーツ協会は、暴力根絶に向けた取り組みを継続しており、コーチのみならず、選手や保護者に向けた情報発信を行っている。例えば、2023 年に発表された「ケーススタディから考えるグッドコーチング―グッドプレーヤーのさらなる育成をめざして―」では、グッドコーチやプレーヤーズセンタードに関する考え方が整理されているほか、コーチング実践において留意すべき事項とそのチェックポイントがまとめられている*6。

3 スポハラの現状

　ここまで確認してきたとおり、日本スポーツ協会等の諸団体は、スポハラへの事後の対応のみならず事前の予防・啓発を行ってきた。とりわけ、桜宮高校や柔道女子日本代表の暴力事案が社会問題となった 2012 年以降は、スポハラに対する諸活動が本格化した時期であったといえる。

　だが、コーチングにおけるスポハラは、いまなおなくなっていない。国際的な人権組織である Human Rights Watch は、2020 年に「数えきれないほど叩かれて―日本のスポーツにおける子どもの虐待―」という報告書を発表した。同報告書では、日本のスポーツ現場にはびこる暴力や暴言、性虐待などの実態が公表されている 4)。また、2022 年には、日本スポーツ協会の「スポーツにおける暴力行為等相談窓口」の相談件数が過去最多となった 5)。この結果はスポハラに対する認知が広まってきたことの帰結とも読めるが、コーチングにおいて不適切行為がなくなっていない事実に変わりはない。

　さらに、2021 年に発表された調査研究では、調査対象者のコーチの44.94％が過去 5 年間に暴力、暴言、威圧、しごき、セクハラのいずれかの行為を行ったことが明らかにされた 6)。なお、この研究の調査対象者は、日本スポーツ協会の公認スポーツ指導者である。日本スポーツ協会は、「スポーツの価値やスポーツの未来への責任を自覚し、プレーヤーズセンタードの考

＊4　スポーツ・ハラスメントの予防・啓発「NO！スポハラ」ホームページ
https://www.japan-sports.or.jp/spohara/event/

＊5
https://www.japan-sports.or.jp/Portals/0/data/ikusei/doc/Develop/2.MCC.pdf

「モデル・コア・カリキュラム」や「グッドコーチ像」については、本書第 2 章で説明されている。詳細は第 2 章を参照されたい。

＊6　ケーススタディから考えるグッドコーチング
この資料では、「プレーヤーズセンタード」について次のように説明されている。『「プレーヤーズセンタード」とは、「プレーヤーを取り巻くアントラージュ（指導者や保護者などのすべての関係者）自身も、それぞれの Well-being（良好・幸福な状態）を目指しながら、プレーヤーをサポートしていくという考え方」』である。
https://www.japan-sports.or.jp/Portals/0/data/ikusei/doc/casestudy_good-coaching_workbook_2023-04.pdf

えかたのもとに暴力やハラスメントなどあらゆる反倫理的行為を排除し、常に自らも学び続けながらプレーヤーの成長を支援することを通して、豊かなスポーツ文化の創造やスポーツの社会的価値を高めることに貢献できる者」[7]を公認スポーツ指導者に認定すると掲げ、「モデル・コア・カリキュラム」に基づきコーチ育成を行ってきた。だが、実際には、日本スポーツ協会が認定した公認スポーツ指導者でさえスポハラに手を染めている現状にある。

2 コーチングにおける暴力

　暴力は許されざる行為である。けれども、コーチングの文脈において暴力は、「指導の一環」として肯定的に解釈されやすい。暴力は、コーチが選手の「あり方」を変容させようとする局面においてコーチングと親和的な結節点を持つ。また、コーチングの実践には、上記の局面を誘発する内在的／外在的要因が潜在している。

1 学問の対象としての暴力―スポハラキャンペーンとは別の視点から―

（1）スポハラの発生原因に関する包括的説明

　日本スポーツ協会等の諸団体は、スポハラの対応・予防・啓発に注力してきた。しかしながら、スポハラは、いまなおなくなっていない。なぜこれほどまでに、スポハラはスポーツの場で生じやすいのだろうか。

　「NO！スポハラ」や「ケーススタディから考えるグッドコーチング―グッドプレーヤーのさらなる育成をめざして―」では、スポハラの発生原因について包括的な説明がなされている。「NO！スポハラ」のホームページでは、スポハラは、勝利至上主義や集団主義、許容・受容、権力関係、負の連鎖、指導者の知識不足、指導者への依存といった諸要因が重なり合い、発生するものと説明されている[8]。また、「ケーススタディから考えるグッドコーチング―グッドプレーヤーのさらなる育成をめざして―」によると、暴力等の不適切行為は、「機会（不正行為ができる環境）」「動機・プレッシャー（不正行為をする心情）」「正当化（不正行為を是認する心情）」という不正のトライアングルが成立することで発生しやすくなるという[9]。

（2）スポハラの発生原因に関する本質的理解に向けて

　上記の説明は、スポハラの発生原因を全般的に示しているかにみえる。だが、上記の説明は、その包括性ゆえにスポハラの発生原因を単純化してしまっ

ている。のちに詳述するが、勝利至上主義や集団主義は、「主義」の問題としてのみ片づけられるものではない。これらは、コーチングの「構造」に関わる問題でもある。また、不正のトライアングルとして紹介される「機会」「動機・プレッシャー」「正当化」の３つは、スポハラのみならず、おおよそ他の行為にも該当するような要件である。そのため、不正のトライアングルという枠組みでは、個々の不適切行為に特有の発生原因を理解することはできない。例えば、セクハラの発生・容認の背景にはスポーツ環境における特殊なジェンダー構造が潜在するといわれており [10]、セクハラの発生原因は勝利追求の過程で生じる暴力と同列に語りうるものではない[*7]。

　スポハラの原因を探るためには、諸種の不適切行為に照準をあわせ、それらの発生機序について考察した先行研究の知見を仔細に読み解く作業が不可欠である。そこで以下では、コーチングにおける暴力の問題に照準をあわせ、これに関する学問的成果を参照する。以後、本章では、コーチングと暴力の密接な関係を描き出し、その地点からコーチングの倫理を模索していく。

2 コーチングにおける暴力の問題性と特殊性

（1）コーチングにおける暴力の問題性：暴力の違法性とリスク

　暴力は法的に認められていない。人が人を殴ったり蹴ったりすれば暴行罪になりえ、それによりケガを負わせれば傷害罪にもなる。また、体罰等の暴力は、学校教育法 11 条 [11] で禁止されている。文部科学省によると、次のような行為は体罰に該当し、適正な懲戒権の範疇を超えた違反行為となる。すなわち、「身体に対する侵害を内容とするもの（殴る、蹴る等）、児童生徒に肉体的苦痛を与えるようなもの（正座・直立等特定の姿勢を長時間にわたって保持させる等）に当たると判断された場合は、体罰に該当する」[12]。

　暴力は、違法であるだけでなく、リスクを伴う行為でもある。2014 年に発表された「『体罰』に反対する声明」[13] では、行動分析学の立場から体罰のリスクが示されている。同声明によると、体罰は、強い苦痛刺激をもたらすばかりではなく、不安や恐怖、怒りなどの情動反応を高め、抑うつや場面回避・対人回避といった社会的な混乱を招くことがあるという。同声明は、動機づけの観点からも体罰に対する批判を展開しており、体罰等の苦痛刺激の常態化は学び手の自発性を弱体化するリスクがあることを指摘している。

（2）コーチングにおける暴力の特殊性：暴力の肯定的解釈

　けれども、暴力はコーチングの文脈において「指導の一環」としてみなさ

＊ 7
本書第 4 章では、コーチングにおけるセクハラやスポーツ現場にはびこるホモフォビア・トランスフォビアなどの問題状況が整理されている。これらの問題は、深刻な人権侵害に関わるものでありながらも、問題として可視化されにくい性質を持っている。コーチ（を目指す人）は、自らがジェンダーやセクシュアリティについて偏った認識を抱いていないかを積極的に省察する必要がある。その際、第 4 章の内容は、重要な手がかりとなるはずである。

れやすい。体罰事例を分析した伊東の研究[14]は、突発的に手をあげてしまうコーチや体罰が許されない行為であると認識していないコーチは比較的少ない一方で、「指導の一環」として体罰を行使するコーチが一定数存在することを明らかにしている。また、高等学校の運動部活動でフィールドワークを行った庄形の研究[15]によると、調査対象者のコーチは、暴力が望ましくないものであることを認識していた一方で、試合での厳しさを乗り越えるためには必要であると考えていたという。

　暴力を肯定的に捉える認識は、選手の側にも存在する。暴力を肯定的に捉える認識は、とりわけ、暴力を受けたことのない者よりも、受けたことのある者のほうが顕著になる。桜宮高校で痛ましい事件が生じた翌年（2013年）、全国大学体育連合は、体罰に関する大規模調査を大学生に対して行った[16]。調査結果では、「運動部活動中の体罰・暴力は必要か」という質問に対して、暴力を受けたことのない者の40.2%が暴力は必要であると回答した一方で、暴力を受けたことのある者の57.8%が暴力は必要であると回答したことが示された。

＊8
実際、先に参照した全国大学体育連合の調査結果では、暴力を受けて「技術が向上した」と感じている者の割合は22.5%にとどまったのに対して、「精神的に強くなった」と感じている者の割合は58.4%にものぼった。また、長谷川の研究では、「不良行為的な志向を持つ者」に対する暴力や「勝利を目指すための鍛錬」としての暴力は肯定的に受容されやすいことが示されている。
（全国大学体育連合「運動部活動における体罰・暴力に関する調査報告書」
https://daitairen.or.jp/2013/wp-content/uploads/2015/01/f2cb4f9e1c5f5e1021e44042438f44ab.pdf
長谷川誠「運動部活動経験者の体罰意識に関する試論―なぜ、かれらは体罰を肯定するのか―」『佛教大学教育学部学会紀要』第22巻2022年　pp.163-172）

3　コーチングにおける暴力の「生じやすさ」―コーチングの表と裏―

　前項で参照した諸研究の成果は、暴力は不適切だけれど必要という認識がコーチングの文脈で生じやすいことを示している。この点に鑑みると、「NO！スポハラ」のホームページで示されていた「許容・受容」や「負の連鎖」は、たしかに暴力の発生原因の1つであるといえそうである。

　とはいえ問題は、「暴力は不適切だけれど必要」という認識が、なぜコーチングにおいて生じるのかという点にある。とりわけ、「暴力は必要」という認識は、コーチングのどのような局面で生じうるのだろうか。また、「暴力は必要」という局面はなぜコーチングにおいて生み出されやすいのだろうか。

　暴力に関する先行研究は、主に2つの観点から上記の問いに回答してきた。1つは、コーチングと暴力の結節点に関する観点であり、いま1つは、暴力を誘発する構造的要因に関する観点である。なお、暴力を誘発する構造的要因には、コーチングの内在的要因と外在的要因がある。

（1）コーチングと暴力の結節点

　暴力を振るうことでスポーツの技術が上達するとは考え難い。コーチングと暴力には親和性など存在しないように思える。だが、高尾の研究[17]によると、技術の上達とは別次元で、コーチングと暴力には親和的な結節点が存

在するという。

　コーチングには、大別して、諸技術の「やり方」に関する働きかけと、選手の「あり方」に関わる働きかけがある。前者の「やり方」に関する働きかけとは、選手に技術や戦術を教えたり、それらの上達を促したりする働きかけである。一方、後者の「あり方」に関わる働きかけとは、選手の考え方やスポーツへの向き合い方そのものを変容させようとする働きかけである。

　フォーメーションプレーのコーチング場面を想定してみよう。例えば、指導者がフォーメーションプレーの動き方やそれに関連する諸技術を指導することは、「やり方」に関する働きかけであるといえる。対して、自身がフォーメーションの基点となることに自信を持てない選手や個人技に拘泥する選手の意識を向け変えようとすることは、選手の「あり方」に関わる働きかけであるといえる。

　髙尾によると、コーチングと暴力が結節点を持つのは、とりわけ、選手の「あり方」に関わる働きかけにおいてである。つまり、コーチが選手を現状の「あり方」から超越させようとする局面において、コーチングと暴力は親和的に結びつきやすいのである*8*9。

（2）コーチングに内在する暴力の誘発要因

　もちろん、暴力とコーチングに親和的な結節点があるからといって、すべてのコーチング現場で暴力が生じるわけではない。だが、コーチングの現場には、暴力の発生を後押しするいくつかの要因が存在する。まずは、コーチングに内在する暴力の誘発要因について見ていく。

❶コーチングにおける目標追求の両義性

　コーチングの実践では、なんらかの目標のもと、選手やチームが「よりよくなること」が目指される。勝利や成長といった諸目標を追求することは、コーチングの本質的な要件である。

　その反面、コーチングにおいて目標を追求することは、コーチを暴力の行使へ接近させる根本的契機でもある。松田の研究[18]によると、「よりよくなること」を目指すことは、原理的に、選手やチームの現状を否定する力と表裏一体の関係にあり、暴力の発生を隠れた次元で下支えしているという。なぜなら、「よりよくなること」を目指すコーチングの理念は、コーチや選手の向上心を喚起する一方で、そうなっていない現状への焦りや不安なども同時に惹起するからである。そのとき、よりよくなっていかない選手やチームの「あり方」は乗り越えられるべき現状となりえ、暴力はそうした現状を打破するための力としてコーチングにおいて生じやすくなる*10。

*9
コーチが選手を現状の「あり方」から超越させようとすることそれ自体は、コーチングにおいて不適切な働きかけではない。問題は、その手段として暴力を用いることである。暴力は荒々しい力であり、その帰結は予測不可能性に満ちている。暴力によって選手の「あり方」を変容させようとすることは、スポーツを嫌いにさせてしまうことや生きることへの意欲を消失させてしまう危険性を有する。コーチングにおいて暴力は、決して万能の手段ではない。したがって、コーチは、暴力以外の方法で選手を現状の「あり方」から超越させる方途を模索する必要がある。

*10
したがって、暴力の根本原因を「勝利至上主義」に求めることは必ずしも妥当ではない。暴力の根本原因は、コーチその人のイズム（主義）にのみあるのではなく、目標追求を本質とするコーチングの構造そのものにすでに潜在している。

＊11
私たちはここで、桜宮高校の暴力事件の詳細を確認しておく必要がある。キャプテンを務めた高校生は、自死を決意する前に顧問教諭へ手紙を出そうとしていた。その内容は、顧問教諭の指導に納得がいかない旨をまとめたものであった。しかし、その提出を差し止めたのは、ほかならぬチームメイトであった。この事態からうかがえるように、スポーツチームにおける集団性の強化は、暴力の温床へと転化しやすい。なお、前出の長谷川の研究では、「集団行動から逸脱した行為をする者」に対する暴力は許容されやすいことが示されている。
（朝日新聞（岡本玄ほか）『桜宮高暴力事件が遺したもの―「スポーツと暴力」はどうなった―』朝日新聞社2017年 pp.1-38）

＊12
ジャーナリストの島沢の著書では、過熱化する保護者の問題だけではなく、保護者が置かれた複雑な状況も報告されている。島沢の報告を受けとめるならば、暴力を黙認する保護者の問題性を指摘するのみならず、保護者の置かれた複雑な状況を解き明かす研究が俟たれるだろう。
（島沢優子『スポーツ毒親―暴力・性虐待になぜわが子を差し出すのか―』文藝春秋2022年 pp.1-223）なお、本書第8章では、子どものスポーツ活動における保護者の重要性やコーチと保護者が信頼関係を築くうえでのポイントが示されている。

❷スポーツにおける集団形成の両義性

　スポーツ集団が特定の目標へ向かう際には、選手たちがコーチを尊敬し、選手同士が固い絆で結ばれることは望ましいことであると考えられる。しかしその反面、コーチへの尊敬や選手同士の連帯が強固になることは暴力の温床にもなる。先に参照した松田の研究[19]によると、選手たちはコーチを尊敬するにつれてコーチから振るわれる暴力を批判しにくくなり、仲間同士の連帯は暴力への異議申立てを困難にさせるという。つまり、コーチと選手の「タテ」のつながりと選手同士の「ヨコ」の結束は、スポーツ集団に一体感を与える一方で、暴力の発生や温存と表裏一体の関係にあるということである[*11]。

（3）コーチングに外在する暴力の誘発要因

　コーチングにおける暴力の誘発要因は、コーチと選手の関係性の外部にも潜んでいる。ここではコーチを取り巻く保護者や他のコーチとの関係性を取り上げる。

❶コーチ―保護者関係における暴力の誘発要因

　コーチングの現場においてコーチが関わっているのは、選手たちだけではない。ことに、運動部活動やユーススポーツでは、コーチは選手たちの保護者とも関係している。

　上野は、人間的な成長や勝利などの成果を期待する保護者の存在が暴力を助長する要因になりうると指摘する[20]。上野の調査によると、保護者が現場にいる状況で暴力が振るわれることは少なくなく、暴力は保護者からの黙認を受けて正当化される場合があるという。実際、桜宮高校の暴力事件では、生徒が亡くなったにもかかわらず、顧問教諭を擁護する声が保護者たちからあがっていた[21]。こうした事例は桜宮高校の事件以外にも存在しており[22]、保護者もまた、暴力の発生や容認を後押しするステークホルダーとなりうる[*12]。

❷コーチ―コーチ関係における暴力の誘発要因

　あるコーチが選手やチームを勝利へ導こうとするとき、同時に、他のコーチたちもまた選手やチームを勝利へ導こうとしている。これは、コーチングにおいてありふれた前提である。だが、こうしたありふれた前提は、暴力を助長する要因でもある。

　坂本の研究[23]によると、コーチングの現場では、選手を「勝たせたい」という想いが、他のコーチとの競争関係のうちで、自身が他のコーチに「勝ちたい」という欲望にすり替わることがあるという。坂本は、「選手を勝たせたい」という「目的」が「コーチ自身が勝ちたい」という欲望に変貌することで、暴力や暴言がコーチングにおいて生じやすくなると指摘する。というのも、「コーチ自身が勝ちたい」という欲望のもとでは、選手はコーチの

欲望を叶えるための「手段」となり、コーチの思惑に合致しない選手は暴力や暴言の対象になってしまうからである。暴力に至るまでコーチングが過熱化する背景には、他のコーチとのライバル的関係において生じるコーチングの「目的」と「手段」の転倒がある。

3　コーチング倫理の探求

　コーチが暴力の「生じやすさ」を自覚することは、コーチングを倫理的に実践するための出発点である。そのうえで、コーチがグッドコーチになるためは、科学的な「理論知」を学ぶことに加え、コーチングの場で柔軟かつ倫理的に行為することのできる「実践知」を養う必要がある。さらに、選手とコーチが良好な関係を築くうえでは、「選手」と「コーチ」という役割を超えた、人としてのつながりが求められる。

1　コーチング倫理の零度―暴力の「生じやすさ」の自覚から―

　ここまで参照してきた諸研究が示すのは、コーチングにおける暴力の「生じやすさ」である。暴力は、コーチが選手を現状の「あり方」から超越させようとする局面においてコーチングと結節点を持つ。ことにコーチングの実践では、上記の局面が生み出されやすい。目標追求を本質とするコーチングの構造やスポーツ集団における結束の強化は、暴力の発生や温存を促す内在的要因となる。また、保護者や他のコーチとの関係性は、コーチを暴力の行使へ駆り立てる外在的要因になりうる。コーチングの実践は、本来的にも構造的にも、暴力の発生と隣り合わせの文脈にある。

　では、私たちは、コーチングにおける暴力を甘受するほかないのだろうか。答えは否である。私たちは、前節で確認したとおり、暴力が許されざる行為であることを忘れてはならない。

　ここまで取り上げてきた諸研究の成果は、いわば、「黄色信号」として受け取られるべきものである。運転者は、「黄色信号」を適正に察知しなければ、然るべきタイミングでブレーキを踏むことはできない。これと同様に、コーチ（を目指す人）もまた、暴力の「生じやすさ」がどこに潜んでいるのかを自覚していなければ、然るべき局面で暴力を抑止することはできないはずである。したがって、コーチ（を目指す人）が暴力の「生じやすさ」を自覚することは、コーチングを倫理的に実践するための出発点となる。

2 コーチがグッドコーチになるために

コーチングの実践には、コーチを暴力の行使へ近づける諸種の要因が潜んでいる。だからこそコーチ（を目指す人）は、コーチングにおける暴力の「生じやすさ」を自覚し、グッドコーチになるべく「不断の自己研鑽」[24]を重ねていく必要がある。

では、グッドコーチとはどのような人物を指すのだろうか。また、コーチがグッドコーチになるためには、どのような研鑽が求められるのだろうか。コーチング倫理に関する研究動向では、理論知と実践知の見地から、コーチがグッドコーチになるための条件が示されている。

(1)「グッドコーチ」とはなにか

大工は建築の「専門職」である。とりわけ、建築に関する豊富な知識とすぐれた技術の持ち主は、「よい人工（good carpenter）」であるといえる。では、コーチの場合はどうだろうか。大工と同様に、専門的な知識と技術に秀でたコーチが「グッドコーチ（good coach）」と呼ばれるべきだろうか。

Loland の研究[25]によると、グッドコーチとは、特定の知識や技術に精通する専門職（specialist）であるというよりは、さまざまな知識や知恵を複合的に携えた総合職（generalist）であるという。つまり、グッドコーチとは、専門的な知識や指導理論を知っているだけではなく、その時々の状況に即して合理的かつ倫理的に行為できるコーチのことを指す。たしかに、競技に関する知識や理論に乏しいコーチはグッドコーチであるとはいい難い一方で、それらに縛られて柔軟性を欠くコーチもまたグッドコーチであるとはいえない。コーチがグッドコーチになるためには、客観的な「理論知」に加え、コーチングの場で柔軟かつ倫理的に行為することのできる「実践知」が求められる。

(2) コーチングにおける理論知：自己批判のツールとしてのスポーツ科学

理論知（theoretical knowledge）とは、人間の主観性に左右されない、一般的な自然法則に関する知である[26]。スポーツの場合には、スポーツ科学[*13]の知が理論知に該当する。なお、スポーツ科学の知は、コーチング現場では役に立たないといわれることがある。実際、スポーツ科学の知は、一般的な法則的知識であるため、個々の選手の特性や個別的な文脈にうまくあてはまるとはかぎらない。しかしそれゆえに、スポーツ科学の知は、コーチ

＊13
ここで「スポーツ科学」とは、観察や実験に基づき法則的な知識を産出する経験科学の領域を指す。したがって、以下の説明において「スポーツ科学」とは、測定評価学やバイオメカニクス、運動生理学やスポーツ心理学などの諸科学を念頭に置いている。本書においては、とりわけ、第7章・第9章・第11章・第12章・第13章・第14章の内容が「スポーツ科学」に該当し、第10章ではそうした情報をコーチングに取り入れるための基本的視点が示されている。

が自らの判断や行為を客観的に省察するための媒介となる。

　コーチが正しい判断や行為を意識することは大切である。しかしながら、コーチングの実践では、コーチの判断や行為は、コーチの意識以外の諸要因によって左右されやすい。Lyle と Cushion によると、コーチの判断や行為は、意識以前の無意識の次元で、暗黙の慣習やコーチングの置かれた文脈によって常にすでに方向づけられているという[27]。このことは、コーチ自身の意識的な省察だけでは、正しい判断や行為を導くことは困難であることを示している。

　コーチが自らの判断や行為の妥当性を高めていくためには、正しいコーチングを意識するだけではなく、客観的なスポーツ科学の知を参照する必要がある。スポーツ科学の知は、コーチが暗黙の慣習やコーチングの置かれた文脈から距離をとり、自らの主観とは別の角度から現実を捉えるための手がかりとなるからである。スポーツ科学の知は、コーチが自らの判断や行為を吟味するための自己批判のツールとなりえ、独断や無知ゆえの暴力を回避するうえでも有効になる[28]。コーチにとってスポーツ科学の知は、コーチングの安全性や倫理性を確保するための支えとなる。

（3）コーチングにおける実践知：コーチにとってのトレーニングの必要性

　コーチングは、即興のアートである。コーチングを効果的かつ倫理的に遂行するための"How-to-coach"といったマニュアルは存在しない。コーチングは、時間的な制約のある不確実な状況で実践されるものだからである。こうしたことから、Standal と Hemmestad は、コーチがコーチングを効果的かつ倫理的に遂行するためには、理論知の獲得に加え、実践知の涵養が不可欠であると指摘する[29]。

　実践知（practical wisdom）とは、直面する諸状況に即して、合理的かつ倫理的に行為することのできる思慮深さを指す。実践知は、客観的な知の体系ではなく、能力や人柄といったその人の器量に帰属する知恵である。Standal らによると、実践知のあるコーチは、あらかじめ用意された理論にコーチングをはめ込むのではなく、一般的な理論と個別的な状況の均衡のうちで道徳的に行為することができるという。

　興味深いことに、Standal らは、コーチングにおける実践知は、実践知のあるコーチと行動をともにすることや実践知のあるコーチングを積み重ねることによってしか体得することはできないと論じている。この指摘は、一見するとパラドキシカルであるが、スポーツの技能の習得過程に重ね合わせると理解しやすい。スポーツの技術書を読み込んだだけで、スポーツの諸技術

をマスターできる人はいないだろう。スポーツの諸技術は、実践の場で正しく何度も実践されることで、実践の場で正しく使える技能となる。同様に、コーチングにおける実践知もまた、実践の場で正しく何度も実践されることで、実践の場で正しく発揮される知恵となる。

　したがって、コーチの実践知は、日々の修養と習慣においてのみ体得されうる。その意味で、コーチがグッドコーチのあり方を意識したり、グッドコーチに関する研修会を受講したりするだけでは、コーチはグッドコーチになることはできない。選手が日々の練習に打ち込むのと同様に、コーチもまた、日頃から合理的かつ倫理的なコーチングを積み重ね、実践知を養うトレーニングを反復する必要がある。

3　コーチと選手の倫理的関係—コーチング以前のコーチング倫理—

　本章では、コーチ（を目指す人）がグッドコーチになるための諸条件を確認してきた。それらは、コーチ（を目指す人）が「コーチ」という役割を全うするうえで大切にすべきことがらであるといえる。

　その一方で、コーチング倫理に関する先行研究には、「コーチ」と「選手」というコーチング上の役割を超えて、両者の倫理的関係を模索する動向がある。この研究動向の要諦は、コーチングが人と人の関係性においてなされることを私たちに再認識させる点にある。

　HardmanとJonesの研究[30]によると、選手とコーチの倫理的関係は、人格（person）という視野から探求されるべきであるという。選手とコーチは、「選手」と「コーチ」という役割である以前に、一人ひとりの人格だからである。選手は、目標追求のための「手段」や「駒」では決してない。コーチ（を目指す人）は、選手が固有の希望や不安を有した唯一無二の人格であることを忘れてはならない。それと同時に、自らもまた、選手に多大な影響をもたらす、ひとりの人格であることを自覚する必要がある。選手は、コーチングの場面のみならず、日々のコーチの生き方からさまざまなことを感じ、学び、受け取るからである。選手とコーチが良好な関係を築くうえでは、「選手」と「コーチ」という役割を超えた、人格同士のつながりが重要となる。

　むろん、選手とコーチの人格的なつながりは、オートマティックに築かれるものではない。コーチングの文脈ではむしろ、選手の人格以外の部分に意識が注がれやすい。コーチは、コーチングの多くの場面において、プレーやふるまいから選手のことを理解する。そのため、コーチによる選手の理解は、視覚から得られる情報に依拠しやすく、「コーチの視点から見た選手の一側

面」に偏ることが少なくない。

　髙尾の研究[31]によると、コーチが選手と人格的なつながりを築くためには、選手のプレーやふるまいを「見る」だけではなく、選手の言葉を「聴く」ことが不可欠であるという。選手は、言葉を発することで、自らの人格を自らで表現することができるからであり、コーチは、選手の言葉を受けとめることにより、プレーやふるまいを超えて選手の人格に触れることができるからである。コーチと選手の人格的なつながりは、両者が顔を合わせ、正面から言葉を交わす局面においてこそ可能になる。

　以上のことがらは素朴であるように思えるが、案外、コーチングの場面ではおろそかにされやすいのではないだろうか。コーチは、最後にいつ、向かい合って選手と言葉を交わしたのかを自らに問いかけてみる必要がある。きちんと顔を見て、正面から言葉を交わすことは、コーチングが人と人の関係性においてなされるための最低限かつ最大の条件なのである。

引用文献

1 ）日本スポーツ協会ホームページ「NO！スポハラ」
　　https://www.japan-sports.or.jp/spohara/
2 ）日本スポーツ協会ホームページ「不適切指導への対応（相談・処分）」
　　https://www.japan-sports.or.jp/spohara/soudan_syobun/#cont01
3 ）日本体育協会「平成 26 年度コーチ育成のための『モデル・コア・カリキュラム』の作成事業報告書」
　　https://www.japan-sports.or.jp/Portals/0/data/ikusei/doc/curriculum/model_core_2014.pdf
4 ）ヒューマンライツウォッチホームページ「数えきれないほど叩かれて―日本のスポーツにおける子どもの虐待―」
　　https://www.hrw.org/sites/default/files/media_2020/07/japan0720jp_web.pdf
5 ）日本スポーツ協会ホームページ「暴力根絶に向けた取り組み」
　　https://www.japan-sports.or.jp/cleansport/tabid1355.html
6 ）上野耕平「スポーツ指導者による体罰を助長する状況要因」『香川大学教育学部研究報告』第 5 巻　2021 年　pp.21-27
7 ）日本スポーツ協会「ケーススタディから考えるグッドコーチング―グッドプレーヤーのさらなる育成をめざして―」
　　https://www.japan-sports.or.jp/Portals/0/data/ikusei/doc/casestudy_good-coaching_workbook_2023-04.pdf
8 ）日本スポーツ協会ホームページ「不適切指導への対応（相談・処分）」
　　https://www.japan-sports.or.jp/spohara/soudan_syobun/#cont01
9 ）前掲書7)
10）熊安貴美江「ハラスメント・暴力・スポーツ―セクシュアル・ハラスメントの可視化が目指すもの―」『現代スポーツ評論』第 33 号　2015 年　pp.60-72
11）文部科学省ホームページ「学校教育法（昭和 22 年 3 月 29 日法律第 26 号）
　　https://www.mext.go.jp/b_menu/hakusho/html/others/detail/1317990.htm
12）文部科学省ホームページ「体罰の禁止及び児童生徒理解に基づく指導の徹底について（通知）」
　　https://www.mext.go.jp/a_menu/shotou/seitoshidou/1331907.htm
13）日本行動分析学会「『体罰』に反対する声明」
　　https://j-aba.jp/data/seimei2014.pdf
14）伊東卓「運動部活動の指導における体罰に関する報道事例の分析」菅原哲郎・望月浩一郎ほか編『スポーツにおける真の勝利―暴力に頼らない指導―』エイデル研究所　2013 年　pp.30-40
15）庄形篤「運動部活動における体罰受容のメカニズム―A 高等学校女子ハンドボール部の事例―」『スポーツ人類學研究』15　2013 年　pp.97-122

16) 全国大学体育連合「運動部活動における体罰・暴力に関する調査報告書」
https://daitairen.or.jp/2013/wp-content/uploads/2015/01/f2cb4f9e1c5f5e1021e44042438f44ab.pdf
17) 髙尾尚平「超越へ向けた暴力―スポーツの指導と暴力の交点―」『体育・スポーツ哲学研究』第 40 巻第 1 号
2018 年 pp.35-52
18) 松田太希『体罰・暴力・いじめ スポーツと学校の社会哲学』青弓社 2019 年 pp.55-81
19) 同上書 pp.82-104
20) 前掲書 6) pp.21-27
21) 朝日新聞（岡本玄・阿部峻介・尾崎文康・河合博司・多知川節子・中小路徹）『桜宮高暴力事件が遺したもの―「ス
ポーツと暴力」はどうなった―』朝日新聞社 2017 年 pp.3-4
22) 南部さおり『反体罰宣言―日本体育大学が超本気で取り組んだ命の授業―』春陽堂書店 2019 年 p.166.
23) 坂本拓弥「運動部活動における指導者の欲望論試論―『コーチング回路』概念の批判的検討を通して―」『体育・
スポーツ哲学研究』第 40 巻第 2 号 2018 年 pp.105-117
24) 内山治樹「コーチの本質」『体育学研究』第 58 巻第 2 号 2013 年 p.690
25) Loland S. *The normative aims of coaching: The good coach as an enlightened generalist.* The ethics
of sports coaching. In: Hardman Alun R and Jones C (eds.) 2011, pp.15-22
26) Standal Øyvind F and Hemmestad Liv B. *Becoming a good coach: Coaching and phronesis.* The ethics
of sports coaching. In: Hardman Alun R and Jones C (eds.) 2011, p.47
27) Lyle J and Cushion C. *Coaching Philosophy* Sport coaching concepts: a framework for coaching
practice. In: Lyle J and Cushion C (eds.) 2017, pp.239-240
28) 髙尾尚平「暴力指導の超克へ向けたスポーツ科学の定位」『体育学研究』第 65 巻 2020 年 pp.153-169
29) 前掲書 26) pp.45-55
30) Hardman Alun R and Jones C. *The ethics of sports coaching.* In: Hardman Alun R and Jones C (eds.)
2011, pp.80-81
31) 髙尾尚平「スポーツ指導と暴力克服の倫理―他者としての選手との関係をめぐって―」『体育・スポーツ哲学研究』
第 41 巻第 2 号 2019 年 pp.115-132

学びの確認

①スポーツ・ハラスメントとは、（　　　　　　　　）にスポーツを楽しむことを害す
る行為である。（　　　　）、暴言、パワー・ハラスメント、セクシュアル・ハラス
メント、（　　　　　　　　）の 5 つは、スポーツ・ハラスメントに該当する。

②体罰は、（　　　　　　　　）で禁止されている。文部科学省によると、次のよ
うな行為は体罰に該当し、適正な懲戒権の範疇を超えた違反行為となる。すなわち、
「（　　　　　　　　）を内容とするもの（殴る、蹴る等）、児童生徒に（　　　　
　　　）を与えるようなもの（正座・直立等特定の姿勢を長時間にわたって保
持させる等）に当たると判断された場合は、体罰に該当する」。

③コーチがグッドコーチになるためには、客観的な（　　　　　　）に加え、コーチン
グの場で柔軟かつ倫理的に行為することのできる（　　　　　　）が求められる。

④コーチングではなぜ暴力が生じやすいのかをまとめ、自身がコーチになった際には
どのようなことを大切にしてコーチングを実践したいかを述べてみよう。

著者あとがき
─本章を読みなおす─

日本福祉大学／髙尾尚平

コーチングの倫理学：医療行為との類推から

本章では、コーチングにおける暴力の「生じやすさ」を強調してきました。本章の内容に対しては、戸惑いを覚えた読者もいたはずです。また、「理論知」や「実践知」といった諸概念に対して、難しさを感じた人もいたことでしょう。そこで、本章の内容を身近に感じてもらうべく、医療行為との類推から本章を読みなおしてみたいと思います。

医療行為は、患者の命を救いうる立派な仕事です。その反面、実際の医療行為は、リスクと常に隣り合わせです。医師は、自らの行為が患者の命を奪いうるものであることを自覚する必要があります。そのうえで、医師には、高度な医学的知識（理論知）が求められます。医学的知識に精通していない（自称）医師には、怖くて身を委ねることはできません。その一方で、医学的知識にだけ堪能で、臨床経験のない医師にも、安心して身を預けることはできないでしょう。豊富な理論知に加え、臨床からはぐくまれた実践知のある医師こそが頼りになるはずです。そして、医師と患者の人としてのつながりは、なににもまして重要です。患者は、「医師の理論知や実践知」に身を委ねるのではなく、「医師その人」に身を委ねるからです。実績や経験に定評があっても、カルテやレントゲンばかりを眺め、目を見て話を聴いてくれない医師には全幅の信頼を寄せることはできません。

本章で参照してきたコーチングの倫理は、大上段に構えた理念などではなく、上記のような当たり前のことを示しています。コーチ（を目指す人）は、まず以て、コーチングにおける暴力の「生じやすさ」を自覚しておくべきです。この点への自覚に乏しいコーチは、不意に手をあげてしまうかもしれません。また、不適切な行為を働いていても、そのこと自体に気づけない可能性もあります。コーチ（を目指す人）は、上記の自覚のもと、理論知を学び、たしか

な実践知を体得していく必要があります。そして、コーチングが人と人の関係性においてなされる以上、コーチは、人間相互の人格的なつながりを蔑ろにしてはいけません。「顔を見て、言葉を交わす」という当たり前のことが、なによりもまず大切です。

コーチングをめぐるコミュニティの問題

ここまで、医療行為との類推から本章の内容を読みなおしてきました。本章で参照してきた諸研究の成果は、他方で、コーチングにおけるコミュニティの重要性を示唆しています。

本章では、コーチングにおける実践知の涵養が一朝一夕ではないことを確認しました。このことは、コーチングの厳しさを教えるものである一方で、私たちを勇気づけるものでもあります。実践知の涵養が一朝一夕ではないということは、最初から完璧にコーチングを行える人はいないということを示唆しているからです。コーチ（を目指す人）は、一歩ずつ階段を上っていけばよいのです。

実践知の修養に時間を要する以上、コーチにとっては、その修養期間の過ごし方が重要になります。コーチ（を目指す人）がグッドコーチと時間を共にすれば、そのコーチがグッドコーチになる可能性は高まります。反対に、「殴ってでも強くしなければならない！」という価値観のコーチと時間を共にすれば、そのコーチは暴力を辞さないコーチングを体得する恐れがあります。また、保護者などの周囲の人間が暴力等の不適切指導を助長・容認すれば、そうした指導を是とするコーチが育つでしょう。

したがって、コーチングを望ましいものにしていくためには、共に考え、改め、学びつづけていけるようなコミュニティが重要になります。選手の成長と同様に、コーチの成長にも時間の幅が必要です。その時間において出会うすべての人が、コーチングの善し悪しを左右する「当事者」なのです。

コーチングにおける ジェンダー

なぜこの章を学ぶのですか？

　選手との信頼関係を築いたり、安心して競技に取り組める環境をつくったりするうえで、選手一人ひとりの人格が尊重されることはとても重要です。そのためには、ジェンダーやセクシュアリティに関する偏見にとらわれない視点を身につけることが不可欠です。

第4章の学びのポイントは何ですか？

　本章では、ジェンダーという概念に関する基本的な要点をおさえたうえで、スポーツとジェンダーをめぐる諸問題について、背景にある歴史を紐解きながら考えます。
　本章で得た知識や視点は、「男／女」という枠組みを相対化し、選手の多様性に向き合うような実践に役立つことが期待されます。

考えてみよう

① 政治、経済、社会のほとんどの領域とは異なり、なぜスポーツは男女を分けて行われるのだろうか。

② ジェンダーの視点にたったコーチングとはどのようなものだろうか。また、こうした視点からあなたがこれまでに経験した部活動や体育の授業を振り返ってみよう。

1 ジェンダーについて学ぶ意味

ジェンダーとは、社会的な次元の性差と、それをつくり出す「人間を性別により 2 つに分ける見方」である。ジェンダー平等や性の多様性が謳われる現代社会にあって、ジェンダーに関する知識と視点を身につけることは、これからのコーチにとって不可欠である。

1 なぜジェンダーの知識と視点が必要なのか

　将来、さまざまな形でスポーツの指導に携わりたいと考えているみなさんは、選手や生徒が自分の力を最大限発揮できる環境をつくりたいと考えていることだろう。そして、自身の言動で相手が傷つき、苦しむことを望まないだろう。しかし、実際には指導者による暴力やハラスメントが後を絶たない。スポーツの楽しさを伝えるはずの学校体育が体育嫌いを生み出してしまうことも問題となっている。こうした事態を生む要因の 1 つに、ジェンダーやセクシュアリティに関する指導者の偏見や誤った知識、無関心がある。さらに、その背景にはスポーツが男性中心の価値観や制度に支えられてきた領域であることが深く関係している[1]。ジェンダー平等や多様性の尊重が謳われるようになった現代社会において、時代の要請に応えながら豊かなスポーツ文化を築いていくために、ジェンダーに関する知識と視点を身につけることはスポーツに関わるすべての人々にとって欠かせないこととなっている。

2 ジェンダー、セックス、セクシュアリティ

　一般的には、性に関わる現象のうち、社会的・文化的な次元のものをジェンダーといい、生物学的な次元のセックスと区別して用いられることが多い。また、セクシュアリティとは、性的指向（誰に対して性的な魅力を感じるか）や性自認（自分の性別をどう認識しているか）などを含めた、性のあり方全体を意味する概念である[*1]。ジェンダーという概念が登場する以前は、「女／男らしい」ふるまいや、「男性は仕事、女性は家庭」といった男女の社会的役割の違いは、両者の生物学的な違いに基づく自然で不変的な現象であるとされていた。しかし、こうした男女差は「女／男らしさ」に関する社会の中の主流な考え方によって形作られるものであり、国や時代によってそのあり方は異なっている。このように、社会的な性差とそれを支えるものの見方

*1
性に関わる現象のうち「セクシュアリティ」の概念が示す範囲には明確な定義があるわけではなく、「性的指向」に限定して用いられる場合もある。

＊2 DSDs
(Differences of sex development)
染色体や性腺、外性器などの発達に関する、「女性・男性ならばこのような構造のはず」という固定観念とは異なる女性・男性のさまざまな身体の状態のこと。

＊3
男女の身体を根本的に異なるものと捉える世界観は近代の西洋において顕著である一方で、それ以前は男女の性器の違い等には特別な関心が払われていなかった。前者を「ツーセックス・モデル」、後者を「ワンセックス・モデル」と呼ぶ。このように、身体の差異をどのように意味づけするかは、時代や文化によって異なっている。

は自然でも不変でもなく、変えることができることを示した点に、ジェンダーという概念の強みがある。例えば、以前は「男性のスポーツ」とされていたサッカーやレスリングで女性の活躍が目立つようになったことは、ジェンダーに関する社会の考え方が変化した結果であると同時に、そうした変化を促す要因にもなっている。

　それでは、生物学的な性差はジェンダーからは独立していて、不変なのだろうか。実はそうともいえない。性に関わる身体的な要素には外性器、内性器、性腺、染色体、ホルモンなどがあるが、これらの組み合わせは固定化されているわけではなく、女性にも男性にもさまざまな身体の状態がある。DSDs（身体の性のさまざまな発達）＊2 を持つ人々に対する、「男でも女でもない性」という誤った認識が広まっている背景には、「男女の身体は全く異なる２つのタイプであるはずだ」という、社会的に形成された考え方＊3 がある。女性と男性が存在しているということと、２種類の全く異なるタイプの身体のみが存在しているということは、同じではない。このように、ジェンダーとセックスは互いに複雑に絡み合っていて、しばしば混同されながら、相互に影響し合っている。以上を踏まえて、本章では伊藤に倣って、ジェンダーを「人間を性別により２つに分ける見方」2) と定義しておこう。

2 ジェンダーからみるスポーツの「しくみ」

　近代スポーツは男性の身体を基準として形成され、男女を明確に分けて競技することで競争の公平性を確保してきた。一方で、こうしたスポーツの競技原理は、「人間を性別により２つに分ける見方」に根拠を与える場として機能も果たしてきた。しかし、性別確認検査の失敗やトランスジェンダーの選手の「女子競技」への参加資格をめぐる問題によって、こうしたスポーツのシステムは再考を迫られている。

1 男性文化としてのスポーツ

　私たちがよく知る、個人やチームが共通のルールのもとで勝利を目指して競い合う身体競技としてのスポーツは、近代スポーツと呼ばれ、19 世紀後半の英国で誕生し、その後急速に全世界に広がった。現在よりも暴力的で無秩序だったそれ以前のスポーツは、パブリックスクールでの人格教育に取り込まれる過程で洗練され、勇気、忍耐、自制、規律、フェアプレイの精神、リーダシップといった、当時の男性に求められた資質を獲得する最良の

手段であるとみなされるようになったのだった[4]。

　ただし、当時のパブリックスクールは男子校であり、社会で活躍することが期待されたのも男性であった。対照的に女性に対しては競争的なスポーツは身体的にも精神的にもふさわしくないとされた[5]。なぜなら、この時代は男女の身体的な「違い」が男性中心の社会のあり方の正しさを証明する根拠としても用いられており、そこで女性に求められた資質は子どもを生み育てる母としての優秀さと、その範囲内で健康を保つことだったからである。このように、近代スポーツは初めから男性の身体を前提に形成され、その卓越性、つまり心身の男らしさを競う文化として発達した[5]。

2 男女別の競技システム

　その後、スポーツへの女性の参加は長い時間をかけてゆっくりと進んだ。1896 年にアテネで開催された最初の近代オリンピック[6]では 0％だった女子選手の比率が初めて 30％に達したのは、100 年後の 1996 年である。2012 年のロンドン大会からすべての競技に女性が参加できるようになり[7]、2021 年の東京大会では男女比率が 52：48 とほぼ同水準になった（**図 4-1**）。

　こうしたスポーツでの女性の参加拡大は、男女の競技を分離したうえで「女子競技」を振興することで促進された。ただし、男性の身体を基準とした競技原理そのものには変更が加えられなかったので、スポーツにおいては男性

図 4-1　夏季オリンピック大会の実施競技数と参加選手数の男女比較

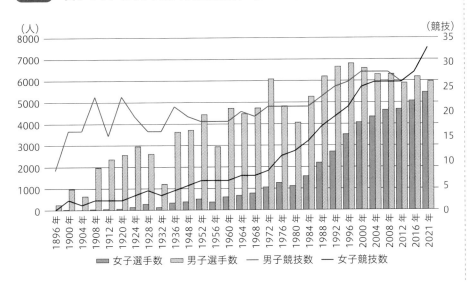

出典　IOC. Factsheet, The Games of the Olympiad, 2021; IOC. Factsheet, Women in the Olympic Movement, 2023. をもとに筆者作成

---

[4]
こうした風潮は「アスレティシズム」と呼ばれ、特にフットボール（のちのサッカーやラグビー）やボートなどの集団競技が重視された。

[5]
当初から女性にも開かれていたテニスや水泳などの種目には、①個人でプレーする、②直接相手を打ち負かさない、③身体接触がない等の特徴があり、「男らしい」とされたスポーツとは対照的であった。

[6]　近代オリンピック
現在のオリンピックはフランス人貴族のピエール・ド・クーベルタンの提唱によって始まった。古代ギリシアで紀元前 8 世紀から千年以上にわたって開催されたオリンピックと区別するために、「近代オリンピック」と呼ばれる。

[7]
競技とはサッカーや柔道などのこと。各競技を細かくみると、男子のみ（レスリングのグレコローマンスタイルなど）や女子のみ（体操競技の中の新体操など）でしか実施されない種目もある。

の方が優れているという見方は維持された。なぜなら、トップ層同士の競技レベルを比較すれば、ほとんどの種目で男性が女性を上回るからである。世界の高収入アスリートの上位50人中49人が男性[3]で、メディアに登場するスポーツ関係者も8割以上が男性であること[4]は、こうした見方の結果でもあり、原因でもある。

3 スポーツがつくり出すジェンダー

　ここで、一見不変に思えるセックスもまたジェンダーの影響を受けていることを思い出してほしい。男女2つのカテゴリーを明確に分離することで、最高値（世界記録やトップリーグなど）や平均値の男女差が強調される一方で、男女の重なりや個人差は見えにくくなる。例えば、100m走でトップクラスの女性はほとんどの男性よりも速く走るが、男女別に競技することで実際に女性が男性に先着する可能性はあらかじめ排除されている。そして、こうした競技システムは、個人差の幅が大きくなる地域の大会や運動会にも適用されている。ジェンダーが「人間を性別により2つに分ける見方」であるならば、スポーツはまさにこうした見方に根拠を与える場として機能してきたといえる。

　問題なのは、男女の区分とそれに伴う比較の視点が、男女間の優劣のイメージと結びつきやすいことだ。來田は、スポーツでは「ジェンダーにもとづく差別や不平等が容認されやすい」と指摘したうえで、それが社会全体のジェンダー観に与える影響について、次のよう指摘している。

　　　スポーツでの優劣は、直ちに人間としての優劣に置換されるわけではない。そのシンプルな道理への感性が、勝利を至上の価値とする風潮の中では鈍りがちになる。さらに、女らしさや男らしさといった過去の価値観や規範を変えるには長い時間がかかり、その影響から無縁でいることも難しい[5]。

　このように、スポーツは不変の事実としての男女差を可視化しているというよりは、まさにスポーツを通じてこうした「事実」が構築されているという側面がある。岡田は、そもそも男性優位の基準で設計されたスポーツにおけるパフォーマンスを理由に男女差や男女の身体的能力差を語るのは、原因と結果を入れ替えただけの根拠のない試みであると指摘している[6]。

4 スポーツと「性の境界」

　男女を明確に分離した競技のシステムは、特に「女性にとっての」公平性を確保する観点から支持されてきたが、実際には性別確認検査によって一部の女性を排除することで維持されてきた。この検査は、女子競技の公平性を守るために「女性に扮した男性」を見つけ出すことを名目として、オリンピックでは 1968 年から 1998 年まですべての女子選手に対して実施され、2000 年以降も部分的に継続された。より正確な判定をするために検査の方法[*8]は何度も変更されたが、身体的な要素による「完全な」性別判定はそもそも不可能だったし、競技力への影響に関する検証も不十分だった。結局、検査で失格となったのは「女性に扮した男性」ではなく、DSDs を持つ女性たちである。オリンピックの華やかな舞台の裏で、彼女たちはある日突然自身の性別を疑われ、中には秘密裏に引退を強要されるケースもあった[7]。

　2011 年からは直接的な性別判定ではなく、体内のテストステロン値[*9]を基準に「女子競技への参加資格の有無」を判定するようになったが、テストステロン値は男女とも個人差が大きく（**図 4-2**）、競技力との因果関係に関する科学的な検証もまだ不十分である[8]。2019 年には、スポーツ仲裁裁判

図 4-2 男女エリートアスリートにおける血清テストステロン値の分布

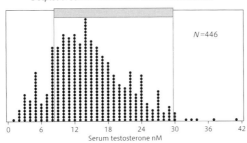

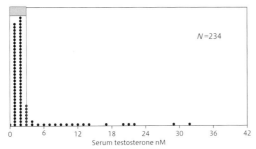

出典　Healy ML, Gibney J, Pentecost C, Wheeler MJ and Sonksen PH. Endocrine profiles in 693 elite athletes in the postcompetition setting. *Clinical Endocrinology*, 81(2), 2014, p.297
上が男子選手、下が女子選手。男女の平均値や中央値には大きな違いがある一方で、個人差も大きく、男女の分布は重なっている。

＊8
検査方法は染色体検査（1968-91 年）→PCR 法（1991-2011 年）→高アンドロゲン症検査（2011 年 -）と変化した。

＊9　テストステロン値
血清中のテストステロン（いわゆる男性ホルモン）の量。テストステロン値が高くても身体の細胞の全部または一部がそれに反応しない場合は、女性に生まれ育つ（アンドロゲン不応症）。

所（CAS）が、テストステロン値によって競技大会への出場を制限する規定を不服とした陸上中距離のキャスター・セメンヤの訴えに対して、規定は「選手間の公平性」を確保するために必要であるという判断を示す一方で、ルール自体は差別的であるとも指摘している[9]。このように、スポーツにおいて最も重要な価値の1つである競技の公平性は、一部の女性の排除を必須条件とする差別的なルールによって保たれているのである。

　他方、「男子競技」では基本的にこうした問題は存在しない。スポーツに有利に働く身体的特徴には、体格や酸素運搬能力などのさまざまな要素がある中で、テストステロン値だけがことさらに公平性をめぐる議論の対象とされるなぜだろうか。身体的な差異に関するさまざまな要素の中で、性にかかわるとみなされた要素のみを特別視することは、女性のスポーツ能力は低いはずであるという前提に立っている点で、まさにジェンダーの問題なのである。

　さらに、性の多様性の尊重が謳われる中で、近年はトランスジェンダー[*10]の選手の参加資格に関する議論も盛んになってきた。DSDs を持つ女性の参加を制限することが、女性の身体に関する固定観念から生まれた女性差別であるのに対して、トランスジェンダーの参加に関する議論は、スポーツにおける性別二元性そのものの限界を示している。そしてここでも、議論されているのは主に性自認が女性である MtF[*11] の選手が「女子競技」に参加することの是非である。これについては、2022 年にワールドアスレティックスや国際水泳連盟が相次いで方針を発表したが、暫定的措置としながらもいくつかの競技ではトランスジェンダーと DSDs を持つ女性の選手の参加基準を従来よりも厳しく設定しており、さらなる議論を呼んでいる。

＊10　トランスジェンダー
出生時に割り当てられた性別に違和を感じる人、性自認が男女2つのカテゴリーに収まらない人、社会的に期待される性役割やジェンダー表象に収まらない人などの総称。

＊11　MtF（Male to Female）
トランスジェンダーのうち、生まれたときに割り当てられた性別が男性で、性自認が女性の人。また、FtM は生まれたときに割り当てられた性別が女性で性自認が男性の人。

3　ジェンダー・センシティブなコーチになろう

　スポーツに携わる人々に求められるのは、スポーツとジェンダーの問題に関する知識を持ったうえで、必要以上に男女の区分と比較にとらわれないような実践を重ねることである。そして、従来「いないこと」にされてきた LGBTQ+[*12] の人々を含めた多様な性のあり方に対する想像力を持つことで、より多くの人々が尊厳を感じられる場へとスポーツを発展させていくことが期待されている。

ジェンダーの問題に自覚的であること

　以上のように、男女を分けて競技する近代スポーツのシステムは女性のス

ポーツ参加を促進した一方で、さまざまな問題を抱えている。とはいえ、スポーツという文化は現代社会の価値観に深く浸透しているし、すでにその文化を内面化した人々の自己実現の場となっていることからも、一気に別のかたちに置き換わることは考えにくい。岡田は、こうした現実を踏まえて「少なくともこのスポーツという文化のもつジェンダー特性（男性優位）を、スポーツに関わるすべての人々が最低限知識として知っておくことが重要」[10]であると指摘している。ここでいう「最低限」とは、これまでにみた歴史的な背景を知ることに加えて、日常のスポーツ空間の「当たり前」について立ち止まって考えられるようなジェンダーの視点を身につけることである。

　例えば、大学で運動部に所属している学生は所属していない学生よりも、体育・スポーツ系学部の学生は他学部の学生よりも、セクシュアル・ハラスメントに対して寛容な傾向を示すことがわかっている[11]。また、運動部における指導者の性的言動や仲間同士の「ノリ」を多く経験した学生ほど、自身も運動部顧問になることを志望する傾向があることも明らかになっている[12]。高峰が指摘するように、これらは「スポーツ環境に特有の権力構造や価値観、慣習」を反映したものであると考えられる。

　セクシュアリティに対する態度に関しても、特に体育専攻の男子学生にホモフォビア（同性愛嫌悪）やトランスフォビアが強くみられることが報告されている[13]。また体育・スポーツ関連学部の学生を対象とした別の調査では、女性では 51.3％ が身近に性的マイノリティがいると回答したのに対して、男性ではわずか 16.8％ であった。これらの事実は、いかに男性のスポーツ空間では性の多様性が不可視化されているかを物語っている。

　そして重要なのは、それゆえにこうしたスポーツ空間が、たくさんの生徒や選手にとってネガティブに経験されているという事実である。大学生約979 人を対象とした調査によれば、2 ～ 3 割の学生が小学校〜高校時代までの体育を「嫌い」だったと答えており、しかもその割合は本人のセクシュアリティによって大きな差があった（図4-3）。スポーツの指導者は、スポーツ指導の現場では固定的なジェンダー観が受け入れられやすいことを理解し、自身もそうしたジェンダー観を再生産しないように注意を払いたい。

　さらに一歩進んで、コーチや教師などの指導者が、必要以上に男女の区分と比較にとらわれないような実践を積み重ねることも重要だ。しかも、これは今すぐにでも可能だし、その結果として男女別の競技原理の変更に対する想像力も養われるだろう。例えば、女子バスケットボールチームの練習に恒常的に参加する経験を通じて、男性アスリートが女性アスリートに対してもつイメージが本質的に変化し、同じアスリートとして敬意を抱くようになったという研究結果がある[14]。また、近年のオリンピックで導入が進んでい

＊12　LGBTQ ＋
L（レズビアン）、G（ゲイ）、B（バイセクシュアル）、T（トランスジェンダー）、Q（クイア）、Q（クエスチョニング）の頭文字、および、これら以外の多様な性のあり方を包括的に表す「＋」をあわせた語で、性的マイノリティの総称として用いられる。

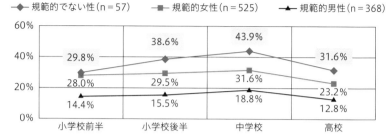

図 4-3 体育の授業が「嫌いだった」と回答した学生の割合

「今まで受けてきた体育の授業は好きでしたか？」

※数値は「嫌い」「どちらかといえば嫌い」の合計

出典　リーフレット「沈黙する『体育嫌い』の声を聴く―セクシュアリティの視点から―」PEGP 研究プロジェクト
2022 年
https://sites.google.com/view/pegp/ 報告書リーフレット

る男女混合種目[*13] を見て、ゲームとしての新たな魅力を感じた人も少なく
ないだろう。

2　性のあり方の多様性とスポーツ

　必要以上に「男女別」にこだわらない態度は、性の多様性を尊重する観点
からもとても重要だ。例えば、体育の授業などでは男女別の練習や男女を基
準としたグループ編成、「女子は得点 2 倍」などのルール設定が行われるこ
とがある。しかし、これはトランスジェンダーなどの生徒に対して、本人の
同意を得ずに突然性自認の表明を求めることを意味してもいる。年齢や競技
レベルによっても条件は異なるが、できる限り性別を基準としない方法を検
討し、授業や練習に男女別要素が含まれる可能性がある場合は事前にそのこ
とを周知することが必要だ。

　また、「ゲイはきもい」や「おとこおんな」といったセクシュアリティに
関する侮辱やジョークを指導者が口にしたり、選手や生徒同士の発言を黙認
したりすることも、問題となっている。こうした現状を踏まえて日本スポー
ツ協会がまとめた「体育・スポーツにおける多様な性のあり方ガイドライ
ン」[*14] では、指導者をはじめとしたスポーツに携わる人々が知っておくべ
きこととして、「①性には多様性があることを知る、②性の多様性を尊重する、
③ LGBTQ ＋や性の多様性に関する正しい知識や情報を自ら得る努力をす
る、④指導者自身がジェンダー・性自認・性的指向に関する考え方・発言に
自省的である、⑤本人が「どうしてほしいのか」の希望を聞き、それを尊重
する、⑥アスリート自身が相談できる場所や情報を提供できるようにしてお
く、⑦カミングアウトを受けた場合には、自分自身の判断だけで行動を起こ

＊ 13
馬術やラケットスポー
ツの男女ダブルス種目
に加えて、近年は陸上
競技や競泳、トライア
スロンの男女混合リ
レー種目が相次いで導
入されている。

＊ 14　体育・スポー
ツにおける多様な性の
あり方ガイドライン
このガイドラインは、
用語や概念の整理から、
LGBTQ ＋の人々が抱
える具体的な困難、指
導者の対応のヒントな
どが、最新の研究をふ
まえて簡潔にまとめら
れているので、是非一
読してほしい。

さず、本人の意向を聞く。アウティング*15 になることもあるので注意する、⑧相談を受けた場合に、病院に行くことや診断書の提出を安易に求めない」の８つのポイントが示されている。

　ところで、上記のガイドラインによれば、東京 2020 大会で LGBTQ+ であることを公表した 186 人のうち、日本の選手は１人もおらず、また公認スポーツ指導者約１万人を対象とした調査では、約 72％が身近に当事者が「いない・いなかった」と答えている[15]。これらは、日本のスポーツ界では未だに LGBTQ+ の人々が「いないこと」にされていることを示しており、前述の体育系学部の学生の状況とも一致する。

＊ 15　アウティング
本人の許可なく性別や性的指向を第三者に伝えたり、不特定多数に暴露したりすること。

3　スポーツとジェンダーの未来

　このように、これまでのスポーツの歴史においては、女性や、主流の「女／男らしさ」に合致しない人々の身体や経験が顧みられることが非常に少なかった。男女の枠組みを相対化することと、第９章で学ぶような性差を考慮した取り組みとは、従来顧みられることの少なかった「健常者男性」以外の多様な身体や経験に目を向け、尊重するという点で共通している。

　來田は、これまでもスポーツではさまざまな身体的差異がある中でも公平に競い合えるようにルールが見直され続けてきたと指摘したうえで、「誰もがその機会（人間としての成長や仲間を作る機会）を与えられる社会にするため、ルールづくりに挑戦し、そして多様性を認めていくということができればいいのではないか」と述べている[16]。これまでのスポーツのあり方が問われている今だからこそ、スポーツの指導者の日々の実践が、すべての人にひらかれたスポーツと社会の実現につながっているのである。

引用文献

１）飯田貴子「スポーツとジェンダー・セクシュアリティ」飯田貴子・熊安貴美江・來田享子編著『よくわかるスポーツとジェンダー』ミネルヴァ書房　2018 年　p.3
２）伊藤公雄『ジェンダーの社会学』放送大学教育振興会　2008 年　p.28
３）2023 THE WORLD'S HIGHEST-PAID ATHLETES
　　https://www.forbes.com/lists/athletes/?sh=537e6b045b7e
４）日本スポーツとジェンダー学会編『データでみるスポーツとジェンダー』八千代出版　pp.119-120
５）來田享子「オリンピックとジェンダー―世界初の女性スポーツ組織設立から 100 年目の到達点と課題―」笹川スポーツ財団ホームページ　2022 年
　　https://www.ssf.or.jp/ssf_eyes/history/tokyo2020_column/index.html
６）岡田桂「男女平等なスポーツは実現可能か―男性文化としてのスポーツとジェンダー―」田島良輝・神田賢治編著『スポーツの「あたりまえ」を疑え！―スポーツへの多面的アプローチ―』晃洋書房　2019 年　p.22
７）N. ベズニエ、S. ブロウネル、T. F. カーター（川島浩平・石井昌幸・窪田暁・松岡秀明訳）『スポーツ人類学―グロー

　　バリゼーションと身体―』共和国　2020 年　pp.225-231
8 ）ヨ・ヘイル「DSDs―体の性の様々な発達（性分化疾患／インターセックス）とキャスター・セメンヤ排除と見世物小屋の分裂―」『ジェンダー法研究』第 7 号　2020 年　pp.136-138
9 ）「セメンヤの訴え認めず」『朝日新聞』2019 年 5 月 2 日　p.10
10）前掲書 6 ）p.22
11）前掲書 4 ）pp.136-137
12）三上純「体育教師の固定的なジェンダー観と運動部活動文化の関連について―運動部活動経験が体育教師志望に与える影響の分析から―」『スポーツ社会学研究』第 31 巻第 2 号
13）三上純・井谷惠子「教員養成課程の学生における性的マイノリティに関する知識と意識についての研究」『スポーツとジェンダー研究』第 16 号　2018 年
14）宮下充正監修、E. J. スタウロウスキー編著（井上則子・山田ゆかり監訳）『女性・スポーツ大事典』西村書店　2019 年　pp.53-56
15）日本スポーツ協会「体育・スポーツにおける多様な性のあり方ガイドライン」第 4 版　2023 年　p.12
16）NHK クローズアップ現代 2023 年 7 月 31 日放送「熱戦が続くサッカー女子 W 杯　密着！選手が発信する“多様な性”」
　　　https://www.nhk.or.jp/gendai/articles/4809/

参考文献

井谷惠子「スポーツにおけるジェンダー構造の現状を見る」飯田貴子・井谷惠子編『スポーツ・ジェンダー学への招待』明石書店　2000 年
井谷惠子・三上純・関めぐみ・井谷聡子「カリキュラムの多層性からみた「体育嫌い」のジェンダー・ポリティクス」『スポーツとジェンダー研究』第 22 巻　2022 年
Healy ML, Gibney J, Pentecost C, Wheeler MJ and Sonksen PH. Endocrine profiles in 693 elite athletes in the postcompetition setting. *Clinical Endocrinology*, 81（2）, 2014, pp.294-305

学びの確認

①一般的に、性に関わる現象のうち社会的・文化的な次元のものを（　　　　　　　　）という。かつては「女／男らしさ」や男女の違いは両者の（　　　　　　）な違いに基づく不変的な現象であると考えられてきたが、実際には社会の変化に伴って（　　　　）している。

②男女の競技を（　　　　　）することで、（　　　　　）のスポーツ参加が促進された一方で、スポーツでは男性の方が（　　　　　　　　）という見方は維持された。その結果、生まれつきの身体的状況を理由に参加が認められない女性たちを生み続けてきた。

③スポーツ指導者は、スポーツ指導の現場では固定的な（　　　　　　　　）が受け入れやすいことを理解したうえで、自身がそれを（　　　　　　）しないように注意を払う必要がある。そのためには必要以上に（　　　　　　）にとらわれない実践を重ねることも重要だ。

④ジェンダー・センシティブなコーチとはどのようなコーチだろうか。

オルタナティブなスポーツと多様な「面白さ」

………………………………………………………… 京都先端科学大学／鈴木楓太

スポーツのオルタナティブ

　男性の身体が優位になるような主流のスポーツとは異なる「スポーツ」とは、どのようなものだろうか。ジェンダーだけでなく、アダプテッド・スポーツ論や、勝利至上主義を批判する観点などからも、こうしたオルタナティブな（代わりになる）スポーツのかたちを模索する理論や実践が蓄積されてきた。例えば、近代スポーツとは異なる価値体系を有する民族スポーツが注目されている。そこで問われる身体の能力は筋力と同一ではなく、バランス力や痛みへの耐性など、必ずしもジェンダー差が明確にならないものも多い[1]。また、時間や距離を指標とする競技の中にも、長距離遠泳のように男女差が小さく、男女を通じた最高記録の一部を女性が保持しているものがある。

　こうしたスポーツの「多様性」は今に始まったことではなく、歴史的にずっと存在してきたが、主流の近代スポーツの特権的地位を相対化するには至っていない。サッカーや野球と比べてこれらの競技が「ホンモノ」ではなく、どこか例外的な事例だと感じるとしたら、それはなぜなのだろうか。

男女の報酬の違いはレベル差の反映？

　2019 年、ワールドカップ連覇などの実績を誇るサッカーの女子アメリカ代表チームが、成績では劣る男子代表チームの報酬の方が圧倒的に高い状況の変更を求めて、米国サッカー連盟を提訴した。2022 年、同連盟が男女の代表に対して同等の報酬を支払うことを決定したことは、スポーツにおける男女の経済格差是正の観点から注目を集めた。一方で、相対的に「レベルが高い」男子選手が高い報酬を得ることは仕方のない≒自然なことであるという意見も少なくない。ファンは本能的により迫力のあるプレーを好み、その需要にメディアやスポンサーが応え、その結果として市場規模の男女差が維持されることは、ジェンダー平等とは別の問題だという

わけだ。

　しかし、そもそもスポーツを見る側の「面白い」という感覚の本質が、パワーやスピードが体現する「迫力」にあるという前提は、どれほど確かなのだろうか。メディアへの露出や選手の知名度、賞金額等を基準とした場合、バレーボールや卓球、現在のゴルフやかつてのマラソンなどのように、女子種目が男子より高い人気を獲得しているスポーツも珍しくない。いずれも現行のルールでトップ選手同士が競った場合、男子が勝利することがほぼ確実であるにもかかわらず、である。これは、ゲーム自体の魅力や有名選手の存在、物語性や偶発性など、私たちがスポーツに感じる「面白さ」にはさまざまな要素があることの表れだろう。

複数の「スポーツ」にむかって

　2017 年にオーストラリアで開催された Nitro Athletics では、陸上競技の新たなエンターテインメント性をテーマに、パラ種目や男女混合種目などさまざまな競技形態が盛り込まれたチーム対抗戦が 3 日間にわたり展開された。その中の男女混合 4×100 m リレーは、各チーム男女 2 名ずつが出場し、走順は性別で固定されていなかった。授業でこのレースの映像を見た学生の感想からは、男女の身体能力差よりも、順位が目まぐるしく変動する「ゲームとしての面白さ」が強く印象に残ったことがうかがえる。

　このように、私たちがスポーツに感じる興奮や面白さは、実際には単に「迫力」に還元されない豊かさを有している。オルタナティブなスポーツの広がりによって、人々が持つこうした感受性がさらに刺激されることで、男性優位の身体文化としての近代スポーツも、豊かなスポーツ文化の中の 1 つのパターンとして相対化されるかもしれない。

引用文献
1) 岡田桂「男女平等なスポーツは実現可能か―男性文化としてのスポーツとジェンダー――」田島良輝・神野賢治編著『スポーツの「あたりまえ」を疑え！―スポーツへの多面的アプローチ―』晃洋書房　2019 年　pp.20-21

アスリートキャリア

なぜこの章を学ぶのですか？

　よりよいパフォーマンスを追求し、生活の中心を「競技」におくことができる期間は、長い人生のごく一部でしかありません。アスリートのパフォーマンス面だけでなく、キャリア全体、人生全体を豊かなものとするために、どのようなコーチングが求められるでしょうか。一緒に考えてみましょう。

第 5 章の学びのポイントは何ですか？

　本章では、アスリートとしてキャリアを形成するにあたってのリスクを知り、そのリスクをマネジメントするために必要となる考え方や指導方法について学びを深めます。
　アスリートが豊かな人生を送るために、コーチに求められる態度、考え方、支援方法などを理解することに役立ちます。

考えてみよう

1 アスリートのキャリア形成上のリスクとは、どのようなものがあるだろうか。

2 アスリートが人生全体を豊かにすることを支援するには、コーチはどのような考え方に立つべきだろうか。

3 アスリートの人生全体を豊かにするためには、アスリート自身にはどのような姿勢・態度が求められるだろうか。

1 アスリートのキャリア問題の現状

　人生の中でアスリートとして競技に打ち込める時期は限られていることを自覚し、常に自身のキャリアを考えることが大切である。アスリートのキャリアにおけるトランジションには、予期できるものとそうではないものがあり、競技人生の引退につながることもある。

1 アスリートのキャリア問題

（1）アスリートのセカンドキャリア

　競技スポーツを行っている者であれば、プロ・アマを問わず、またその理由に違いはあっても、誰もがいつかは競技スポーツから身をひく。そして一般的には、競技人生よりも引退後の人生のほうが長い。

　誰もがいずれ訪れる競技を中心とした生活の終焉を頭では理解しているが、その後の自分自身の生活について計画を練っている者は稀ではないだろうか。引退後の自身の境遇や将来の見通しを想像し不安を抱いていても、その不安を解消するための行動を現役時からする人はまだまだ少なく感じられる。

　自身の積み上げてきた力を賭して目の前の試合や目標だけに集中して邁進する。そうしたアスリートの姿は時として多くの人に感動を与えることもあろう。それは間違いなくスポーツの魅力であり、アスリートだからこそ実現できる価値や社会への貢献といえる。しかしそれは、そのアスリートの引退後のキャリアや生涯にわたる幸福を保証してくれるものではない。アスリートとして結果を残していても引退後、特定の競技スポーツに集中していたことによる社会経験の不足、ビジネスマナー・スキルの未熟さなどが指摘されることもあるし、スポーツ経験を活かせる受け皿となる就職先もなく、金銭的・精神的に問題を抱え込むケースも少なくない。

　アスリートとしてのキャリアが終わっても人生は続く。新たなキャリア（進路の変更、就職、起業など）に向けてスタートしなければならない。試合などに向けて計画をし、練習を重ね、戦略を練ることと同様に、人生の新たなステージに向けての準備が必要なのである。それは競技生活の節目を迎えたら考え、準備し始めるのでは遅い。むしろ、競技生活は自分の長い人生の一部と捉え、自分の人生全体を幸福なものにするという観点から競技引退後のキャリアについて常に考えることが大切なのである。

（2）キャリア支援の問題とその対応

アスリートのうちキャリア形成に困難を抱えたアスリートがどの程度いるのかを把握することは難しい*1。キャリア形成の困難の程度も競技種目、レベル、年齢、学校や職場でのステータス、家庭環境等によって多様であることは間違いなく、その調査の趣旨や対象者によって結果は多少なりとも違ってくるであろう。

ここでは、2019 年度「アスリートのキャリアに関する実態調査結果まとめ」（スポーツ庁）からアスリートたちのキャリアに関する意見を拾ってみる 1)。アスリートは「競技の続け方の選択肢が少なかった」「引退後を見据え得た会社選びのアドバイスが欲しかった」「大学段階でアスリートの先輩の話が聞きたかった」「人生とキャリアを考えるきっかけがなかった」などと考えており、アスリートにとってキャリア全体や人生と向き合うためのきっかけやロールモデルとなるような先達の情報が少ないことがうかがえる。

アスリートが所属する競技団体や大学においても、アスリートのキャリア形成全体をサポートする体制はまだまだ不十分なようだ。競技団体・日本トップリーグ連携機構加盟チームのうち、アスリートのキャリア支援を行っているのは 44.9％と半分以下、学生アスリートに特化したキャリア支援を行っていると回答した大学も 27.0％と少なかった。現状ではアスリートのキャリア問題に対して社会的な認知も低く、組織的・制度的なサポート環境の整備もまだまだ緒についたばかりであるといえる。

2 キャリア・トランジション

（1）キャリア・トランジションとは何か

そもそもキャリア（career）とは、古代フランス語や中世ラテン語の起源を持つ英語で、元々は競馬場や競技場のコースやトラックを指す言葉だった。その後、「人がたどる行路や経歴、遍歴」という意味に広がり、特に「特別な訓練を要する職業」や「生涯の仕事」「職業上の成功や出世」を意味するようになった。キャリアは一時的な状態ではなく、時間的な継続性が重要であり、アスリートのような特定の競技に向けた長期的な訓練を必要とする職業もまた、キャリアの一例といえる。

アスリートに限らず、キャリアを考えるうえで欠かせないのがトランジション（transition：移行）という考え方である。トランジションとは、ある状態から別の状態へと移る＝移行することを意味する英語である。

アスリートにとってのトランジションとは、スポーツを始めるとき、競技

＊1
そもそも「アスリートであること」の定義もさまざまであり、それゆえ「アスリート」の数を正確に把握すること自体が難しいというのが現状である。

レベルのステージが変わるとき（アマチュアレベルからプロフェッショナルレベル、など）、引退するときなど、向き合って対処すべき新たな要求が生じる変化の時期を意味する。トランジションは、成長に伴って発生するジュニアレベルからシニアレベルへの移行といった標準的なものと、突然訪れ準備ができないケガや公式戦出場メンバーからの落選など、非標準的なものに分類することができる。

（2）標準的なキャリア・トランジションと非標準的なキャリア・トランジション

　標準的なトランジションは、人の成長や教育制度（環境）などの変化に関わるものなので、それゆえに移行過程はイメージしやすい。国や地域によってもだいたい同じで、アスリートキャリアはほとんどの場合、家庭や地元のクラブ、幼稚園や学校の体育などで始まり、ジュニアレベル（小学生期）、ジュニアユースレベル（中学生期）、ユースレベル（高校生期）、シニアレベル（高校卒業後〜）と段階的に移行が進む。

　アスリートがキャリアを通じて経験する非標準的なトランジションは、その性質上、予測不可能であり、アスリートによって異なる。ケガ、妊娠、出産・育児（つまり親になること）、転居、落選や降格、体重区分の変更、経済的困難、指導者の交代、病気など、その種類は多岐にわたり、トランジションを迫られる日時にいたっては見当もつかない。

　非標準的なトランジションは、ライフイベントとしてはポジティブな出来事である結婚や妊娠、出産・育児もあれば、ケガや病気、スポンサー契約の打ち切り、戦力外通告といったネガティブな出来事まで幅がある。しかし、アスリートにとっては計画的な対処が難しいトランジション・イベントであることに違いはない（図 5-1）。

図 5-1　アスリートのトランジションのイメージ

	小学生期	中学生期	高校生期	高校卒業後
標準的なトランジション 発達段階に伴う	ジュニアレベル	ジュニアユースレベル	ユースレベル	シニアレベル
非標準的なトランジション 予期しない ライフステージの変更に伴う	引っ越し	ケガ　落選	コーチ交代	大学進学

2 アスリートのキャリア・プランニング

　現役の頃からアスリートが自身のキャリアをライフスパンで捉え、競技引退後の生活も含めて長期的な計画を立てると、競技パフォーマンスによい影響を与えることが示唆されている。キャリア・プランニングでは競技者以外の自分の可能性を探るための振り返りが大切になる。

1 キャリア・プランニングの必要性

　競技において結果を残すには、目標の設定とその目標を実現させるための計画が必要である。目標もなく、ただ漠然と練習を進めていてはモチベーションも高まることなく、技術や記録の向上も望めないであろう。アスリートのキャリア・プランニングにおいてもそれは同じである。自分自身の競技生活はもちろんのこと、その後の人生までを見据えて具体的にキャリア・プランニングをする必要がある。特にアスリートの競技生活は短いことが多いため、競技生活において最大限の成果を得るためのキャリア・プランを立てると同時に、競技引退後の生活を含む長期活動計画を立てることが求められる。

　「○○大会に出場したい」「強豪チームに入りたい」「日本代表になりたい」「引退後はクラブチームの指導者になりたい」など、目標は人それぞれであろう。自分自身の将来像を明確に思い描くことができたなら、それをどのようにして実現するかについて具体的に考えていく。実際にキャリア・プランニングに取り組むことで今の自分に必要な能力やスキルのほか、プランの意義や課題が見えてくるのであり、それはモチベーションの向上にもつながる。

　また、キャリア・プランを立てる際には、アスリートは、家族や指導者、チームメイトやメンター[*2] といった関係者にサポートを求めることが望ましい。将来のことを考えることは楽しいことだけではない。考えれば考えるほど不安や疑問が生じることもある。また現実味のない計画を立てていてはいつまでも目標が達成できないばかりか挫折を繰り返すことにもなる。そうした状況に陥らないように、あなたの内面まで理解してくれる人たちに相談したうえでキャリア・プランニングを実践していただきたい。

*2　メンター
メンター (Mentor) とは、「よき指導者」「優れた助言者」「恩師」などを意味し、仕事はもちろんのことキャリアや人生の手本となってアドバイスや支援をしてくれる者をいう。

2 キャリア・プランニングの効果

　アバティ大学のスポーツ心理学者デビッド・ラバレーは、オーストラリア

のナショナルラグビーリーグ、3 シーズンにわたる 632 選手のキャリア・トランジションと、引退前のキャリア・プランニングやサポートの利用状況等の関係を調査した [2]。その結果、引退前のキャリア・プランニングへの取り組みが高いほど、プレー可能なとき（すなわち、負傷、出場停止、休養中ではないとき）の試合出場時間、チームとの契約年数、キャリア在籍期間が長くなることがわかった。また、引退前のキャリア・プランニングは、キャリア・トランジションをサポートする実務家が経験豊かであること、アスリート自身がキャリア・サポートを利用する回数を増やすことによってその質を高めることができ、結果として競技パフォーマンスに影響を及ぼすことが明らかになった。

またアメリカのスポーツ心理学者であるアルバート・プティパらが著した『スポーツ選手のためのキャリアプランニング』[3] には、以下の記述がある。

適切な長期的活動計画をたてることが、選手たちに良い影響を与える。プティパたちが相談を受け、助言した一流のスポーツ選手たちは、［引退時期、引退後を含む長期的な（※引用者注、以下同）］活動計画を立てた後に、自身の［競技］成績が向上したことに驚きを示している。

これらの研究が示すポイントは、アスリートが自身のキャリアをライフスパンで捉え、競技引退後の生活も含めて長期的な計画を立てることこそが、アスリートとしての成功の可能性を高めるという点にある。ここから、アスリートと優れたアスリートを育てる指導者（コーチ）のとるべき行動が導かれる。

3　キャリア・トランジションとアスリート・アイデンティティ

アスリートのキャリア・トランジションを考える際の重要な概念としてアスリート・アイデンティティがある。アスリート・アイデンティティとは、「個人がアスリートの役割に共感する度合い」のことである [4]。自分がアスリートであると感じる程度によって、キャリア・トランジションに伴う心理的あるいは社会的影響の度合いが異なってくるといわれている [5]。

個人としてのアイデンティティを、アスリートであることに過剰に依存するべきではない。アスリート・アイデンティティが強ければ強いほど、予期せぬトランジション（ケガ、落選、戦力外通告など）がその人に与える社会的・心理的影響が大きくなると考えられる（図 5-2）。その際の不安や喪失

図 5-2 アイデンティティ・クライシス

感（アスリート・アイデンティティ・クライシス）を最小限に食い止めることはもとより、現役期間中の成功可能性を高めるためにも、長期活動計画の策定に取り組み、競技活動の質を高めることが期待される。

　他方、コーチはこの前提を理解したうえで、どのように選手指導にコミットすべきだろうか。絶対に避けるべきことは、競技活動のみに専念させることである。アスリートを周囲から切り離し、一般社会と隔絶した環境に閉じ込めて指導することは、ケガや引退といった非標準的なトランジションに遭った際のアスリートとしてのアイデンティティを過剰に毀損し、不安や絶望、焦燥といった負の感情を助長する。さらにスポーツのみへの専心は、コーチとして最も避けたい事態、すなわちコーチの指導がアスリートのパフォーマンスや成長・成功の可能性を減退させてしまうという悲劇を招く。コーチはこのことを肝に命じておくべきである。

4 競技以外での自分の可能性を探す

（1）自分自身の振り返りとロールモデル、メンター

　キャリア・プランニングに取り組もうというとき、何から手をつければよいだろうか。一般的には自己のキャリアを棚卸すること、すなわち、競技生活を振り返ることから始めるとよいだろう。多くのアスリートは競技の成果を残すこと、あるいは稼業として成立させることに情熱だけでなく、時間もお金も注ぎ込んできたはずだ。そうして身につけてきたさまざまな力の中には、競技以外の場面や社会でも大いに活用できるものが数多く潜んでいる。それを言語化することや視覚化することによって自覚し、競技以外の社会生活に意識的に転用・応用できるようになれば、それはアスリートの強みになるだろう。強みが自覚できれば、自覚している弱みがあったとしても、そこから受けるネガティブな影響を減らし、克服することもできるようになると

期待される。

　ここでは、ロールモデルやメンターの存在も重要である。アスリートとしても人間としても尊敬し、真似して生きてみたいという人がアスリート自身やコーチの周りにいるだろうか。そうした存在がいるならばその人はロールモデルになり得る。その人がキャリア・トランジションを経験し、アスリート以外の生活を送っているならば、その移行の過程もまたモデルとして参考になるかもしれない。さらにその人との関係が近く、真剣に相談にのってくれるような間柄であれば、それはもうメンターということになる。ロールモデルやメンターを活用し、自分の強みや弱みを客観的に把握することで、競技以外での自分の可能性に目を向けることができる。

（2）競技団体が行っているプログラム

　現役中から競技以外の自分の可能性をイメージして、行動していくことが大切である。例えば、日本陸上競技連盟では競技とキャリアの両面で最高の自分を引き出す技術を学ぶ「ライフスキルトレーニング」というプログラムを展開している[*3]。

　ライフスキルトレーニングは競技力向上だけではなく、競技以外の人生においても可能性を最大限に生かすことを目的に、自分の思考や状態を自分自身で認識し、常に最善の選択を行えるように自分をコントロールするためのトレーニングである。このトレーニングを通して「自分の最高を引き出す技術」を身につけることができるようになるとされる。こうしたプログラムを利用することも、競技以外の世界における自分の可能性を自覚するための 1 つの手段といえるだろう。

*3　ライフスキルトレーニング
日本陸上競技連盟「ライフスキルトレーニングプログラム」
https://www.jaaf.or.jp/lst/

3　アスリートのデュアルキャリアにコーチはどう向き合うか

　アスリートである自分とアスリート以外の自分という二重のキャリア、つまりデュアルキャリアを捉えておくことが重要である。アスリートのデュアルキャリアの実現は、コーチとアスリートの相互理解によって成り立つ。競技だけでなく、将来のキャリアを見据えたトレーニングとサポートが、アスリートの成長と成功につながる。

1　デュアルキャリアの重要性

　アスリートは、アスリートである前に 1 人の個人であり、自立した人間で

ある。アスリートを1人の個人として捉えると、アスリートとしてのキャリア期間だけでなく、ライフスパンでのアスリートの成長や幸福を常に優先すべきことがわかるだろう。また、アスリートとしてのキャリアだけに目が行きがちになるが、成長や発達にも精神面や社会面、学業や職業訓練面、財政基盤などさまざまな側面があり、そうした諸側面のトランジションも含みこんだ包括的なコーチングを考えなければならなくなるだろう（図5-3）。

　包括的なコーチングを考えると、コーチにとっても必然的に、アスリート個人の人生の目標に寄り添い、幸福を高めるためのビジョンを共有し、長期活動計画の策定・実行に伴走することが最も合理的になる。競技活動をともにしていれば、アスリートの資質や性格を熟知したうえで、コーチだからこその適切なアドバイスを提供できるはずだ。スポーツに賭けてきた1人の人間として、スポーツを通じて人生を豊かにするモデルを提示することこそ、本当のコーチに求められる姿勢や態度、コミットの方針といえるだろう。

　以上の理解に基づくと、現代社会におけるアスリートのキャリア形成は、デュアルキャリア（図5-4）という前提に立っていることになる。日本スポーツ振興センターはデュアルキャリアを「人生や生涯のひとつの軸を『キャリ

図5-3　アスリートのキャリアをライフスパンで捉えるモデル

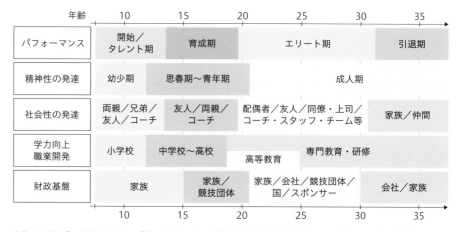

出典　日本スポーツ振興センター「デュアルキャリアに関する調査研究」報告書　2013年　p.23を一部改変

図5-4　アスリートのデュアルキャリア

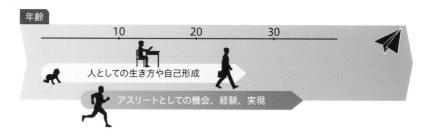

ア』と捉え、そこにアスリートとしての『キャリア』というもうひとつの軸を加えた『二重性』を示す概念」としている[6]。

　アスリートというキャリアは、一個人の人生（キャリア）における一部分、一側面、一時期の期間限定的なものである。しかし、アスリートとしてのキャリアを人生の中のある一定期間の一部分に過ぎないからといって軽視すべきではない。なぜならアスリートとしての機会や経験はその人の生き方や自己形成に多大な影響を与えているからである。それゆえに「保護者や指導者をはじめとするアスリートをとりまくすべての人々が、アスリートとしてのキャリア形成プロセスと人としてのキャリア形成プロセスが重なる時期（デュアルキャリア）に関するさまざまな要素や転換期を考慮し理解を深め、それぞれが適切なタイミングで適切な支援を提供できるように協力していくことが必要」[7]なのである。

　日本で古くから美徳とされる「文武両道／文武不岐（学業と競技の両立）」は、故なきことではない。しかしそれはアスリートだけが担うべき美徳ではなく、周囲の関係者皆が理解し、支えて残すべき貴重な文化なのである。

2 デュアルキャリアを支援する制度と組織

　デュアルキャリアはアスリート本人と直近の家族やコーチだけが取り組む課題ではない。多くのアスリートが競技界で活躍し、また競技界を引退した後も幸せな人生を送るためには、社会全体でアスリートを取り巻く環境を整えていくことが望ましい。日本では、ようやく競技団体や民間企業においてアスリートのデュアルキャリアを推進する制度や組織が整えられてきた。

　日本オリンピック委員会(JOC)が提供するアスナビ[*4]は「企業と現役トップアスリートをマッチングする、JOC の就職支援制度」である。「安心して競技に取り組める環境を望むトップアスリート」と、アスリートを採用し応援することで、社内に新たな活力が生まれることなどを期待する企業との間に「Win-Win の関係」を築くことを目的に、2010 年からスタートしている。現在は引退に伴うトランジションを支援する「アスナビ NEXT」というサービスも加わった。ライフスパンでのキャリアデザインを進めることで、現役中の成功確率が高まるのだから、現役中から利用するのが合理的だろう。

　また、このような事業を展開する民間組織も、インターネットで検索すればいくらでも出てくる[*5]。市場が競争的になり、産業として成立することはよいことだが、なかには、強引な手口でアスリート本人が希望していない職種や業態、企業とのマッチングを進めてしまうところがないわけではない。

＊4　アスナビ
日本オリンピック委員会「アスナビ」
https://www.joc.or.jp/about/athnavi/

＊5
元阪神タイガースの投手だった奥村武博（公認会計士）らによって設立された一般社団法人アスリートデュアルキャリア推進機構や、15 年以上も大学生アスリートの就職支援を手掛ける人材紹介業株式会社アスリートプランニングなども有力な支援組織になる。どちらもアスリートが競技にコミットすることを通じて培われた力の一般社会での転用をサポートする。

したがって、アスリートとコーチには、優良なサポート事業者を見極めることも、求められてくるだろう。

引用文献

1 ）スポーツ庁「アスリートのキャリアに関する実態調査結果まとめ」2019 年
　　https://www.mext.go.jp/sports/content/20200508-spt_sposeisy-300001067_2.pdf
2 ）Lavallee D. Engagement in Sport Career Transition Planning Enhances Performance, *Journal of Loss and Trauma*, 24(1), 2019, pp.1-8
　　DOI: 10.1080/15325024.2018.1516916
3 ）A. プティパ、D. シャンペーン、J. チャルトラン、S. デニッシュ、S. マーフィー（田中ウルヴェ京・重野弘三郎訳）『スポーツ選手のためのキャリアプランニング』大修館書店　2005 年
4 ）Brewer BW, Van Raalte JL. and Linder DE. 'Athletic identity: Hercules' muscles or Achilles heel?', *International Journal of Sport Psychology*, 24(2), 1993, pp. 237-254
5 ）Caroline Heaney. The athlete's journey: transitions through sport. The Open University OpenLearn course, 2020.
　　https://www.open.edu/openlearn/education-development/ education/the-athletes-journey-transitions-through-sport/ content-section-overview
6 ）野口順子「コラム：デュアルキャリアという考え方」日本スポーツ振興センターウェブページ
　　https://pathway.jpnsport.go.jp/lifestyle/column01.html
7 ）同上書

学びの確認

①アスリートに限らず、キャリアを考えるうえで欠かせないのが（　　　　　　　　　　　　　　）という考え方であり、成長に伴って発生するジュニアレベルからシニアレベルへの移行といった（　　　　　　　　　　　　　　）と、突然訪れるために準備ができないケガや落選など、（　　　　　　　　　　　　　）に分類することができる。

②アスリートとしても人間としても尊敬し、真似して生きてみたいという人を（　　　　　　　　　　）として参考にしたり、（　　　　　　　　）として相談にのってもらうとよい。

③アスリートを全人格的に理解し、アスリートとしてのキャリア期間だけでなく、ライフスパンでのアスリートの成長や幸福を常に優先する立場からコーチとしてアスリートの指導に携わる際、絶対に避けるべきことは、（　　　　　　　　　　　　　）ことである。

④コーチはなぜ、アスリートのライフスパンでのキャリア・プランニングに伴走するべきなのだろうか。

映画『コーチ・カーター』と『ダブル・ゴール・コーチ』

京都先端科学大学／束原文郎

■ 貧困から脱出するためのスポーツ

映画『コーチ・カーター』は、カリフォルニア州リッチモンドという貧困地区の高校バスケットボールチームに、OBでもあるケン・カーターが外部コーチとして赴任し、半端者の集団だった高校生を一人前の学生アスリート（student athlete）に育て上げる物語だ。

卒業率50％、進学率わずか数％という超問題校のコーチとなったケン・カーターは、部員全員を卒業させ大学に入れるという目標を設定する。そのために、授業に全部出席する、GPA（成績平均点）は2.3を保つ、遠征時はネクタイとジャケットを着用する……。当時の生徒や保護者ばかりでなく、同校に勤務する教員たちからも疎まれるような項目を連ねた契約書を生徒一人ひとりと取り交わし、その代わりバスケを教えてやる、「Losing stops now.（今後は連戦連勝だ）」とした。バスケで勝たせるだけでは大学から声がかかったとしても奨学金を取得できない。奨学金が得られなければ貧困世帯出身の生徒たちは結局大学に入学できなくなってしまう。大学教育を通じて貧困から抜け出すためには、学業と競技の両立がどうしても必要だったのだ。

■ ユーススポーツコーチングの哲学兼指南書

名門UCLAの男性バスケットボールチームを率いたジム・トンプソンがキャリアを通じて得た理論と手法をわかりやすくまとめた好著『ダブル・ゴール・コーチ』は、このコーチ・カーターの取り組みに、哲学的な根拠を与えるものだ。

ダブル・ゴール・コーチングとは、競技における（スコアボード上の）勝利と、競技活動に一生懸命取り組むことによって仲間や努力の大切さを学び、豊かな人生を獲得することの両方を目標とするスポーツ指導法のこと。核となる考え方に「競技に敬意を払う」というものがある。子どもたちは競技を通じて人生において大切なことを学び得る。その競技を大切にしないこと、競技と競技に関わる関係者を軽んじることは、自分の人生を大事にしないことと同義である。

この本のよいところは、そうした抽象的な哲学を実践の中でどのように具現化するか、キーワードや標語、時にはミーティング時のコーチ用の台本まで示して、丁寧に解説しているところだ。例えば「競技に敬意を払う」ためには、「ROOTS（ルーツ）」を大切にする。ROOTSとは、Rules（ルール）、Opponents（対戦相手）、Officials（審判）、Teammates（チームメイト）、Self（自分自身）であって、このすべてに敬意を払うことが競技に敬意を払うことになる、という。

また、プレイヤーとしてうまくなりたいと願う子どもたちに対し、熟達のキーワードは「ELMツリー」で覚えよ、という伝え方を紹介する。ELMツリーとは、Effort（努力。一時的な勝敗にこだわりすぎず、常に一生懸命取り組むこと）、Learning（学習。向上心を保ち、自らを高める行動を取り続けること）、Mistakes（ミスや失敗。学習するうえで失敗は必要不可欠、ミスや失敗を恐れると頑張れないし、学習できない）の頭文字だ。ミスや失敗を歓迎することで真剣な試行錯誤を誘発することこそが、熟達を促進するのだ。

ユーススポーツのコーチを志す者はぜひコーチ・カーターのダブル・ゴール・コーチングから多くを学んで欲しい。

『コーチ・カーター』
DVD：1,572円（税込み）
発売元：NBC ユニバーサル・エンターテイメント

『ダブル・ゴール・コーチ』
ジム・トンプソン（鈴木佑依子訳）　東洋館出版社
2021年

運動部活動と地域スポーツ

なぜこの章を学ぶのですか？

　学校の運動部活動と地域のスポーツクラブは多くの人々の運動・スポーツを支えてきましたが、今、どちらのクラブも大きな改革に直面しています。スポーツクラブが、今後、どのようになっていくかを考えるために、クラブに関する理論を学ぶ必要があるからです。

第6章の学びのポイントは何ですか？

　世の中には多様なスポーツクラブがありますので、それらがどのように分類できるのか、そもそもクラブとは何かを理解したうえで、クラブを運営するために行われているマネジメントを理解することがポイントになります。

＼ 考えてみよう ／

1 運動やスポーツを行うための集団として、チームやクラブがあるが、これらは一体、何が異なるのだろうか。

2 スポーツクラブをつくって、練習や試合をするために必要なことはたくさんあるが、スポーツをプレーする以外に行わなければならないことにはどんなことがあるだろうか。

1 学校の運動部活動と地域スポーツクラブの原点

学校の運動部活動と地域のスポーツクラブは、運動・スポーツを楽しむためにつくられる「クラブ」という集団である。クラブは、娯楽やレクリエーションを目的としてつくられ、自分たちで運営される。また、スポーツを行うためにつくられる「チーム」がコートの中でプレーできるのは、自治的・組織的な運営をコートの外で行う「クラブ」が存在するからである。

1 クラブとは何か

（1）クラブとしての運動部活動と地域スポーツクラブ

運動やスポーツを行おうとしたとき、最も身近な場が学校の運動部活動と地域のスポーツクラブだろう。運動部活動は、主に中学校・高等学校、そして大学に通う人々がすぐにアクセスできる場であり、施設や用具が整った「学校」の中で、運動やスポーツにふれることができる。地域スポーツクラブは、学校を卒業した地域住民が市町村の体育館やグラウンド、プールなどを活用して、日常的に運動・スポーツにふれることのできる場になっている。

運動部活動も地域スポーツクラブもクラブをつくって、運動・スポーツを楽しむ点が共通している。選手とコーチにとって、クラブは活動の中心的な場であり、当たり前の存在になっているかもしれない。だがクラブと呼ばれる人々の集まりは、人類にとって非常に重要な意味があり、学問の世界でも専門的な視点から探究されてきた。人類の多様性や歴史を追究している人類学の知見に基づくと、クラブは「なんらかの共通の目的・関心をみたすために、一定の約束のもとに、基本的には平等な資格で、自発的に加入した成員によって運営される、生計を目的としない私的集団」[1] と定義されている。

（2）クラブという集団

人間は生活している中でさまざまな集団に所属するが、クラブの定義を理解するには「家族」や「会社」と比べてみるとよい。「家族」は、ほとんどの人が生まれて初めて所属する集団である。そのメンバーを選ぶことはできないし、家族を成り立たせている「血のつながり」を無かったことにすることもできない。「会社」の従業員になるためには、労働契約を結ぶ必要があり、入社・退職するために、厳密な手続きを踏まなければ契約違反になってしまう。

それに比べて「クラブ」という集団はいつでもつくることができるし、そ

の集団に入ること（加入）も出ること（退会）も、比較的自由である。クラブに人々が集まる目的も娯楽やレクリエーション、趣味の活動であり、「生活」や「労働」のように、人間が生きるうえで必須のものではない。その分クラブでは、自由な活動をみんなでつくり上げることができる。

2 スポーツクラブとスポーツチーム

クラブの1つであるスポーツクラブは「スポーツを行うことを共通の目的とする自発的な集団であり、仲間意識を持って自治的・組織的に運営し、定期的な活動を継続している集団」[2]とされている。だが、スポーツを行うために集まる人々の呼び方として、クラブの他に「チーム」という用語がある。両者にはどのような違いがあるのだろうか。

荒井[3]はスポーツが行われる「空間」の違いに着目することで、直接的・間接的にスポーツに関わる人々の集まりをコートの中で活動するチーム、コートの外を含んで活動するクラブ、そしてその周辺にある実社会の3つに整理した。

ここでいう「コート」は、人々がスポーツ種目のルールやマナーに従って身体を動かし、その楽しさに没頭している時間と空間である。コートの中では、ルールのもと限られた選手同士が「チーム」をつくって勝ち負けを競う。

だが、コートだけではスポーツは成り立たない。コートから離れた場で道具の用意やチーム編成、ミーティング、試合の設定をしなければ「コートの中」や「チーム」が成り立たないからである。コートの中でスポーツを楽しむチームが成り立つのは、仲間意識を持った人々が「コートの外」で自治的・組織的な運営をしているからであり、「クラブ」が存在するからなのである。

図 6-1　スポーツ空間論による集団の分類

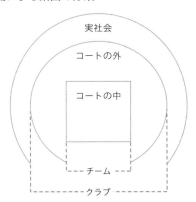

2　スポーツクラブにおけるコーチングとマネジメント

スポーツクラブは、「活動内容」（単一種目か複数種目か）と「構成集団」（単独集団か複合集団か）の違いによって分類できる。日本で最も典型的なクラブは「単一種目・単独集団」だが、2000 年以降「複数種目・複合集団」のクラブが設立されてきた。また、スポーツクラブのマネジメントには、実技指導者（コーチ）だけでなく、組織指導者（マネジャー）が必要である。

1　スポーツクラブの分類

(1) 日本のスポーツクラブを代表する運動部活動

世の中には多様なスポーツクラブが存在するが、学校の運動部活動は、日本における最も代表的なスポーツクラブである。運動部活動は、明治時代の大学に設けられた校友会[*1] という学生集団を起源としており、150 年近くの歴史を刻んできた。この校友会は、もともと自治的な組織としてつくられたものである。スポーツをはじめとする文化的な活動を行うために、自発的・自治的につくられた集団であり、まさにクラブとしての特徴を有していた。

現代の学校には、種目ごとに設けられた「運動部」とその他の文化的活動を行う、いわゆる「文化部」と呼ばれるクラブがある。中学校に入学した多くの生徒は、その中から、どこの部活動で何の種目や活動を行うかを選択する場合がほとんどだろう。入学前から、どの部活動に入るか悩んだり、中学校の運動部活動に入ることによって、生まれて初めて体育授業以外の場で、その種目にふれたりする生徒も少なくない。

(2)「活動内容」と「構成集団」によるスポーツクラブの分類と具体例

スポーツクラブにはいくつかの種類があり、活動内容（単一種目 − 複数種目）と構成集団（単独集団 − 複合集団）という 2 つの観点に基づく二軸四象限によって、大きく 4 つに分類できる（図 6-2）。

図の左上は、単一種目を比較的狭い年代に限定して行う「単一種目・単独集団」のクラブであり、運動部活動があてはまる。

同じ単一種目型のスポーツクラブでも、「ジュニア」「ユース」「シニア」と呼ばれる世代ごとの集団をクラブ内に設け、一貫指導体制に基づく選手育成を行っているスポーツクラブもある。このようなクラブは左下にあてはまる。

一方、複数の種目を行うスポーツクラブが、図の右側の 2 つのクラブで

＊1　校友会
明治初期の大学では、学生主体による研究団体・スポーツ団体の結成が相次いだが、これらの団体が校友会によってまとめられていった。大学で設けられた校友会やその下に設けられた各部は、後に中等教育を担う諸学校にも同様に組織されていったことから、現代の学校部活動の起源ともいえる。

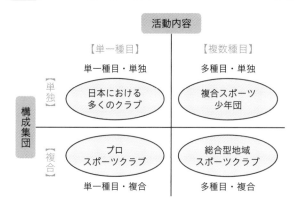

図6-2 活動内容と構成集団によるスポーツクラブの分類

ある。右上のスポーツクラブは、複数種目型スポーツ少年団のように、世代限定でシーズンごとに異なるスポーツ種目を行うクラブがあてはまる。

そして最も多様性が高い「複数種目・複合集団」のスポーツクラブが右下の総合型地域スポーツクラブ（以下「総合型クラブ」）である。

（3）多種目・多世代・多目的を目指す総合型地域スポーツクラブ

総合型クラブは、日本の地域スポーツ活動を担うクラブとして、2000年以降、全国の市区町村に少なくとも1つ設立することが目指されてきた。日本を代表するスポーツクラブが、学校を拠点につくられてきた「単一種目・単独型」の運動部活動だとすると、総合型クラブは「多種目・複合集団」のクラブとして、その対極に位置づけられることがわかるだろう。

総合型クラブの特徴*2 は「多種目・多世代・多目的」あるいは「いつでも、誰でも、いつまでも」というスローガンで表される多様性の高さにある4)。加えて、そのスポーツクラブを地域住民自身が主体的に運営する点も大きな特徴といえる。これまでの運動部活動をはじめとしたクラブは、運動したい人々がすでにできあがった集団に加入したり、自分がやりたい種目を選んだりするようになっているのに対して、総合型クラブはクラブ自体をつくり、自分たちの手でそのクラブを運営する点に大きな違いがある。

2 クラブで行われるコーチング

（1）実技指導と組織指導

スポーツにおける指導（コーチング）というと、多くの人々は選手が高いパフォーマンスを発揮するための身体の動かし方や、勝利を掴むための戦術や戦略について指導している場面を想像するかもしれない。練習や試合など「コートの中」または「チーム」を対象に行われているコーチングは、そのような実技指導を指すことがほとんどである。

しかし「チーム」の外側に存在する「クラブ」を想定すると、そこではスポーツをプレーするだけでなく、ミーティングをしたり、施設や用具を整えたり、練習や試合の計画を立てたりしている。むしろ、そのような取り組み

*2 総合型地域スポーツクラブの特徴
1．複数の種目が用意されていること
2．子どもから高齢者まで、初心者からトップレベルの競技者まで、地域の誰もが年齢、興味・関心、技術・技能レベル等に応じて、いつまでも活動できること
3．活動の拠点となるスポーツ施設およびクラブハウスがあり、定期的・継続的なスポーツ活動を行うことができること
4．質の高い指導者の下、個々のスポーツニーズに応じたスポーツ指導が行われること
5．以上について、地域住民が主体的に運営すること

がなければ、「チーム」を維持することが難しくなってしまうのである。

　だが、ミーティングや施設・用具の整備、計画の立案は、誰にでもできるわけではない。実技の指導が、選手ができないことをできるようにすることや高いパフォーマンスを発揮するために行われるように、クラブで行われる営みも、ミーティングの進め方、施設・用具の整備の進め方を指示する人、計画の立案を合理的に行っていく人が必要である。これらは実技指導とは異なり、クラブという集団や組織を指導するという意味で組織指導と呼ばれる。

（2）コーチとマネジャー

　実技指導者は、選手に対して運動を指導しながらスポーツの技術・戦術、ルール・マナー、さらにスポーツの楽しみ方をコーチングする。一方、組織指導者は、集団や組織に対する指導を通じて、組織を結成して維持し、連習や試合の企画や運営を行う重要な役割を果たしている。

　クラブをクラブとして成り立たせていくためには、組織指導者が欠かせない。チームを組んで試合に出られるのも、練習の計画を立てて日常的に活動できるのも、クラブが運営されてこそ、といえるからである。クラブの規模が大きくなればなるほど、組織指導者の存在が必須になるが、このような役割は企業や会社の経営管理を行う人々に近いかもしれない。

　スポーツを直接指導する実技指導者は、選手に対する指導を行うコーチである。対して、組織指導者は、選手とコーチをまとめ上げ、互いの良好な関係をつくり、維持するマネジャーといえる。なお、クラブの規模がそれほど大きくなければ、実技指導者であるコーチが、組織指導者であるマネジャーの役割を担うこともあり得る。だが、スポーツクラブの分類の中でも「複数種目」や「複合集団」で構成されるクラブを運営していくためには、専門的な組織指導者が必要になってくる。

（3）クラブのマネジメント

　コーチの役割がチームや選手に対するコーチングだとすると、クラブの組織指導を担うマネジャーの役割は、クラブのマネジメントといえる。では、クラブをクラブとして成り立たせるために行われているマネジメントとは、一体どのような営みだろうか。このことを知るための鍵が、日本の多くの人々が経験してきた運動部活動の運営にある。

　神谷[5]は、クラブとしての運動部活動の運営を自治として捉え、雪合戦クラブを例に 表6-1 のように整理している。表中の①練習・試合で行われていることの多くは、選手やチームを対象として行われるコーチングの内容が多く含まれていることがわかるだろう。一方、部（クラブ）のマネジメント

表6-1	雪合戦クラブの立ち上げから大会参加までに必要とされた「自治内容」

①練習・試合……みんなで上手くなり、みんなが合理的にプレイできる

- ルール・戦術会議（学習）
- 目標・方針・練習計画の決定
- 対戦チーム・メンバーの選定
- 出場大会の選定
- プレイの撮影・分析
- 選手・ポジションの決定

②組織・集団……みんなで参加して運営する

- クラブ・チームの名称を決める
- クラブ・チームに必要な人を集める（指導者などの専門的な人材を選ぶ）
- 役割分担（代表者・キャプテン、監督、大会申し込み係、審判係、用具係〔買い出し、疑似雪玉・旗の制作〕、渉外係〔外部との交渉〕、交通係、ルール・作戦検討係、日程調整係、ビデオ撮影係など）

③場・環境……みんなで平等に場・環境を整備・管理・共有する

- 練習・試合・ミーティングの日程、時間、場所の決定・確保
- 経費の計上・管理・捻出
- 用具の準備・管理・購入
- 交通手段などの検討
- 場・環境のシェア・共有（1つの施設を複数で使う場合において、どのようにすればシェア・共有できるのか、施設の空いている時間を調べるなど）

出典　神谷拓『運動部活動の教育学入門』大修館書店　2015年　p.233

として行われることの中心的な営みは②組織・集団で行われるような「みんなで参加して運営する」ことである。さらに、クラブを成り立たせるためには、自分たちの組織・集団を取り巻く③場・環境にも働きかけていかなければいけない。場合によっては、選手自身がクラブのマネジメントに携わり②組織・集団と③場・環境に関わる営みを進めることもあり得るだろう。クラブの中では、選手がコーチとしての役割を担ったり、コーチとしてのキャリアを歩むこともあり得るが、同様に選手がマネジャーとしての役割を担ったり、将来的にはコーチだけでなく、マネジャーとしてのキャリアを歩むことも考えられる。

3 学校体育と地域スポーツの連携

運動部活動を地域スポーツクラブへ移行する改革が進められており、多様な集団や組織との連携が行われているが、課題も多い。その解決策としては、既存の枠を超えて資源（ヒト・モノ・カネ・情報・時間）を持ち寄り、共有し、地域全体の文化・スポーツ活動をつくり、支える共同事業体（コンソーシアム）をつくることが考えられる。

1 学校体育と地域スポーツが抱える課題

（1）運動部活動と地域スポーツクラブに期待されてきた役割

日本の「学校体育」と「地域スポーツ」は、人々のスポーツ活動を支える柱として推進されてきた。学校では運動部活動によって、地域では主に総合型クラブによってその機会が提供されてきたが、これらの「クラブ」は、単

に、スポーツ活動の場を人々に提供してきただけではない。

　学校運動部活動は、育った環境が異なる子どもたちが平等・公平にスポーツにふれることのできる場になってきた。スポーツを行うための道具や用具にはお金がかかってしまうが、学校に運動部活動があることで費用の心配をせずスポーツにふれることができ、そのことが選手としてのキャリアを歩む土台になった人々も少なくない。

　総合型クラブも、スポーツ活動を通じた交流によって、地域が抱えるさまざまな課題を解決するコミュニティの拠点になることが期待されてきた。みんなでクラブを運営することが、互いに関心を持ち、希薄化しがちな人々のきずなをつくるきっかけになることが期待されてきたのである。

（2）改革に直面する運動部活動

　今、運動部活動は大きな改革に直面している。そのきっかけは、運動部活動における指導者の暴力であった。特に、高等学校のバスケットボール部でキャプテンを務めていた生徒が、顧問教師の暴力・暴言を伴う過酷な指導によって自死した事件[*3]は、運動部活動だけでなく青少年のスポーツ指導に関わるすべての人々に大きな問題を投げかけた。

　運動部活動改革のきっかけとなったもう 1 つの要因として、教員の多忙化があげられる。上述の事件が大きく報道された 2013 年には、教員の指導環境に関する国際的な調査である TALIS[*4] が OECD（経済開発協力機構）によって行われた。翌年の 2014 年に公表されたその調査結果によって、日本の教員の 1 週間あたり労働時間が諸外国に比べてはるかに多いことが明らかになったのである[6]。

　具体的には、調査に参加した国の教員の 1 週間あたりの労働時間が 38.3 時間であったのに対して、日本の教員は実に 53.9 時間と 15 時間以上も多く働いていることがわかった。その内訳をみると参加国平均を上回る 15.6 時間の約 3 分の 1 にあたる 5.6 時間を、部活動の指導を中心とする「課外活動の指導」に割いていることが明らかにされた。

2　運動部活動の地域移行

（1）繰り返されてきた運動部活動の地域移行

　現在、運動部活動を改革するために進められているのが、運動部活動の地域移行である。運動部活動を地域に移行させようとする方策は、これまでも長い間、繰り返されてきた。例えば 1970 年頃、教員の労働負担や賃金保障

＊3　桜宮高校暴力事件
2012 年 12 月に起きた事件で、大阪市立桜宮高等学校（当時）のバスケットボール部顧問の暴力を苦にして、キャプテンを務めていた 2 年生の男子生徒が自ら命を絶った事件である。

＊4　TALIS
(Teaching and Learning International Survey：国際教員指導環境調査)
学校の学習環境と教員の勤務環境に焦点をあてた国際調査で、教育に関する分析や教育政策の検討に活かされる。2008 年に第 1 回、2013 年に第 2 回、2018 年に第 3 回目の調査が実施された。日本は第 2 回から参加している。OECD（経済協力開発機構）が実施）。

の問題が取りざたされたことに加えて、活動中の事故が起こった際の責任の重さから、学校の運動部活動を社会体育に移行しようとする動きがみられた。

そして1980〜90年代には、主に経済界の要請と「生きる力」の育成をスローガンに掲げて、教育内容が肥大化した学校を「スリム化」しようとする教育改革が進められた。このとき、運動部活動の過熱化を防ぎ、さらに子どもたちの多様なニーズに応えるため、地域および民間のスポーツクラブと部活動の連携を視野に入れて、学校の部活動を地域社会にゆだねていく方針が示されたのである。その後、2000年代に入り、総合型クラブの創設が進んだことで、運動部活動と地域スポーツクラブの連携への期待はさらに高まることになった。

子どもへの体罰や教員の過密・過重労働を発端とする現在の改革は、運動部活動改革に関する大きな流れの中で生じた、第3回目の地域移行といえる。ただし、運動部活動と地域スポーツの連携のあり方をみてみると、これまでとは異なる変化が起こっていることがわかる。まず、トップアスリートや著名なコーチなど、より高度な専門性を持った人材の活用が進められるようになった。さらに2017年4月からは、学校外で行われる大会への単独引率が可能な顧問（学校職員）として外部の人材を任用できる部活動指導員制度が施行された。また運動部活動指導のためにコーチ派遣を行う民間企業に、運動部の活動を外部委託することも行われるようになった。

（2）運動部活動の地域移行における課題

ただし子どもたちは、地域にある資源や環境が異なったとしても、運動部活動が「学校」にあるからこそ、他の教育活動と同様に、等しくスポーツにふれる機会が保障されてきた。だが運動部活動を地域における活動とすることで、地域ごとの資源や環境の違いが、子どもの運動やスポーツの機会に違いをもたらすことにもなりかねない。それは、地域ごとの「差異」が、不平等や不利益を伴う「格差」を生じさせてしまうということである。

例えば、各都道府県によって設置されている総合型クラブの数は異なる。そのため運動部活動の移行先がどれくらいあるかが地域によって異なっており、「地域資源の違い」が子どもたちのスポーツ参加の機会に格差を生じさせてしまう可能性がある。また、無償を基本とする学校から地域に活動を移行することで、活動の対価が発生することにもなる。このことによって家庭の経済状況の違いが格差を生じさせてしまう可能性もあるだろう。さらに「参加機会の格差」は、子どもたちの運動・スポーツ習慣や体力の格差をもたらしかねず、子どもたちの生涯にわたって影響を及ぼすことになるかもしれない。

これらの課題を克服するためには「学校から地域に活動を移す」という単純な考え方ではなく、学校を含む地域全体で、新しいスポーツ活動の仕組みま

たは新たな地域スポーツクラブをつくっていく大きなビジョンが必要である。

3 学校と地域が連携するスポーツクラブの構想

　運動部活動と地域スポーツとの関係は、学校と総合型クラブに限定されるものではない。地域における持続可能なスポーツ活動に向けて、総合型クラブはもちろん、スポーツ少年団、スポーツ協会、競技団体、プロスポーツチーム、民間事業者、大学などの多様な運営団体・実施主体の連携を想定する必要がある。それは、より大きな視野に立って運動部活動の改革を捉え直すことであり、地域移行によって生じる課題克服の足がかりにもなる。

　そこで最後に、運動部活動と地域が連携した新たなクラブの形を示してみたい[7]。図 6-3 に示した新たな地域スポーツクラブ構想では、学校の部活動（例：サッカー部）と地域のクラブ（例：地域のサッカークラブ）が共同で「クラブ」をつくって各種統轄団体（例：サッカー協会）と連携し、さらに活動種目の垣根を超えた「つながり」によって、大きなネットワークを形成している。さらにそのネットワークを中心にして、地元の民間企業や NPO 法人、商工会や福祉団体、その他の運営団体・実施主体が共同事業体（コンソーシアム）*5 を構成するスポーツクラブとして描かれている。

　この共同事業体では、地域で生活している人々だけでなく働いている人々

*5　共同事業体（コンソーシアム）
複数の独立した個人、企業、団体、組織が、ある目的を達成するための事業（仕事）を共同で行ったり、それぞれが保有する資源を共有したりするためにつくられるネットワークである。

図 6-3　新たな地域スポーツクラブ構想

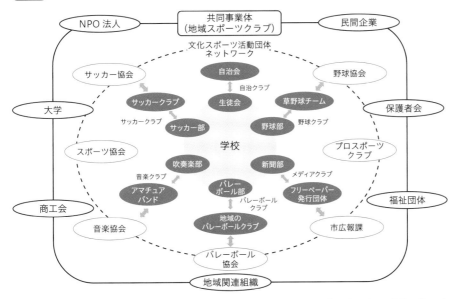

出典　朝倉雅史「子供と地域を育む地域スポーツクラブ活動のあり方」友添秀則編『運動部活動から地域スポーツクラブ活動へ―新しいブカツのビジョンとミッション―』大修館書店　2023 年　p.26

も、地域スポーツクラブにおける文化的な活動の楽しさや喜びを味わうプロセスに参画する。既存の活動種目や内容を横断し、さらに事業（仕事）内容の枠を超えて資源（ヒト・モノ・カネ・情報・時間）を持ち寄り、共有し、地域全体の文化・スポーツ活動をつくり、支えるプロセスに参画していく。地域全体で資源を持ち寄って共有し、それを地域の人々全員がスポーツに参加する機会を保障するために運営していくことによって、「地域移行」で生じる可能性のある格差を是正したり、防いだりすることができる。

　自発的に集まった人々が、自らの目的のために運営されるスポーツクラブの中では、選手とチームのコーチングを成り立たせるために、コーチとマネジャーが、それぞれの役割を担いながらクラブをつくり上げていく。コーチングが行われる場づくりとしてのスポーツクラブを多様な主体で維持・存続していくためにも、マネジメントに関わる営みと能力が求められる。

引用文献

1）綾部恒雄監修・福田アジオ編『結社の世界史1　結衆・結社の日本史』山川出版　2006年　「刊行にあたって」
2）日本体育学会編『最新スポーツ科学事典』平凡社　2006年
3）荒井貞光『クラブ文化が人を育てる―学校・地域を再生するスポーツクラブ論―』大修館書店　2003年　p.72
4）文部科学省「スポーツ振興基本計画」2000年
　　https://www.mext.go.jp/a_menu/sports/plan/06031014/004.htm
5）神谷拓『運動部活動の教育学入門』大修館書店　2015年　p.233
6）国立教育政策研究所編『教員環境の国際比較―OECD国際教員指導環境調査（TALIS）2013年調査結果報告書―』明石書店　2014年　p.23
7）朝倉雅史「子供と地域を育む地域スポーツクラブ活動のあり方」友添秀則編『運動部活動から地域スポーツクラブ活動へ―新しいブカツのビジョンとミッション―』大修館書店　2023年　pp.16-28

参考文献

佐藤博志・朝倉雅史・内山絵美子・阿部雅子『ホワイト部活動のすすめ―部活動改革で学校を変える―』教育開発研究所　2019年
友添秀則編『運動部活動から地域スポーツクラブ活動へ―新しいブカツのビジョンとミッション―』大修館書店　2023年

学びの確認

①日本のスポーツクラブ多くは（　　　　　）種目・（　　　　　）集団だが、2000年代以降、複数種目・複合集団の（　　　　　　　　　）が地域に設立された。

②スポーツクラブにおける指導には、選手のパフォーマンスに直接関わる（　　　　　）とクラブの存続・維持を担う（　　　　　）が存在する。

③スポーツクラブを維持・存続するためにはコーチングだけでなく、クラブを（　　　　　）することが必要である。

④運動部活動と地域スポーツクラブの改革を進めるうえで、どのようなことがその課題になるだろうか。

スポーツ産業の広がりをどう捉えるか？

筑波大学／朝倉雅史

スポーツに関連する仕事＝事業

世の中には多くの仕事が存在します。その仕事のことを「事業」と呼びますが、スポーツに関連する「事業」は非常に多岐にわたります。例えば、フィットネスクラブのように、運動を行う場を提供したり、その指導を行ったりする事業がありますが、もっと視野を広げると「トレイルラン用のGPSを開発している企業」やケガなどをしたときのための保障をサービスとして提供する「スポーツ保険会社」もスポーツと無関係ではありません。

スポーツ事業の広がり

スポーツに関わる事業は、図のように、実際にスポーツを行うことを提供している事業（これをスポーツサービスと呼びます）を中心にして、スポーツを「みる」「支える」「創る」というスポーツとの関わりをもたらす事業、さらには上に例をあげたような、かなり間接的にスポーツと関わる事業が周辺に広がっていることがわかります。中心が「基本的体育・スポーツ事業」、その周辺が「関連的体育・スポーツ事業」という形で整理してみると、その広がりが見て取れるはずです。

図 スポーツ事業の広がり

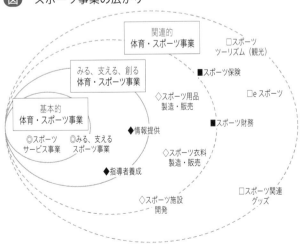

事業の集まりとしての産業

ある事業の集まりや広がりを「産業」と呼びます。産業とは「業種別にみた事業の集まり」です。さらに産業は、事業を通じて生産される製品やサービス、またはそれらの生産方法によって細かく分類されます。これを「産業分類」と呼びます。

世の中にはものすごい数の事業＝仕事が存在しますが、これらのまとまりが産業だと思ってください。例をあげると「製造業や卸売業・小売業」などです。児童生徒・学生が通う学校も「教育・学習支援業」に分類されています。

事業の集まりとしての産業

そして、何らかの形でスポーツと関連する事業をまとめて「スポーツ産業」といいます。ここで考えてほしいのが、スポーツ産業がどのように分類できるかということです。実は、スポーツに関連する産業は実に多岐にわたっていますので、一般的な産業分類にはなじまないという大きな特徴があるのです。

このことは、私たちに2つのことを問いかけています。1つは、どのような産業にも結びつくスポーツが持つ大きな可能性です。つまり、スポーツは変幻自在に他の産業に結びつけることができるのです。

一方で考えてほしいのが、スポーツ産業の広がりによって、「基本的体育・スポーツ事業」が空洞化する可能性です。スポーツ観戦のために旅行をする人々が増えたとして、自らスポーツを行う人が減ってしまったら？そんな問題が生じないともいえません。みなさんはどのように考えるでしょうか。

トレーニングのプロセスと評価

なぜこの章を学ぶのですか？

　計画的なトレーニングは限られた時間やエネルギーを最大限に活用し、効果的な競技技術・能力を磨くために大切だからです。

第7章の学びのポイントは何ですか？

　トレーニングサイクルとピリオダイゼーションを理解することです。適切な周期的計画や段階的な調整によりパフォーマンス向上が期待できます。

＼ 考えてみよう ／

① 選手のトレーニングを効果的に進めるためには、何が大切なのだろうか。

② 自身が専門とする種目における、1週間のトレーニング計画はどのようになるだろうか。

③ コーチングは何を目的に行うのだろうか。

1 計画的なトレーニングとプロセス

計画的なトレーニングは、モチベーションを維持することや達成感を得ることにつながる。トレーニングを計画的・効果的に進めるにはトレーニングサイクルモデルが有用であり、まずは現状の課題把握とともにパフォーマンス構造の理解が必要である。

1 計画的なトレーニングとは

（1）計画的なトレーニングで得られるもの

「試合前に不安になってたくさんトレーニングしてしまい、試合当日に疲労を残してしまった」「休養をとるべきタイミングにもかかわらず、トレーニングをしてケガをしてしまった」など、しっかりと計画をしないまま、あるいは計画とは異なるトレーニングを行った結果、失敗した経験がある人はいないだろうか。このような失敗を減らすためにも、計画的なトレーニングが必要となる。計画的なトレーニングを行えば、適切な負荷や回復を調整ができるため、モチベーションをうまく維持し、目標への達成感も得られやすくなる。計画的なトレーニングを行うためには、パフォーマンス構造を理解し、適切な目標を設定すること、目標達成のための現状把握と課題の明確化、課題解決のための手段（トレーニング）の決定などが求められる。

（2）トレーニングサイクルモデル

トレーニングを計画的・効果的に進めるためには、図子[1]が提案したトレーニングサイクルモデル（図 7-1）を活用するとよいだろう。トレーニングサイクルを循環させるためには、まず自身が専門とする種目のパフォーマンス構造を理解する必要がある。パフォーマンスを適切に理解したうえで、現状の把握と目標の設定、具体的なトレーニング方法・手段の選択を行い、トレーニング計画を立てて実践し、試合に臨む。トレーニングおよび試合の結果をもとに、評価を行い、次なる目標・課題の設定に進む。そして、またトレーニング方法・手段を選択……というように、同様のことを繰り返していく。いわゆる PDCA（Plan：計画、Do：実行、Check：評価、Action：改善）サイクルをスポーツに応用していると考えれば、わかりやすいのではないだろうか。ここでは、これらについて著者の専門種目である陸上競技の円盤投を例に具体的に説明する。

図 7-1　トレーニングサイクルモデル

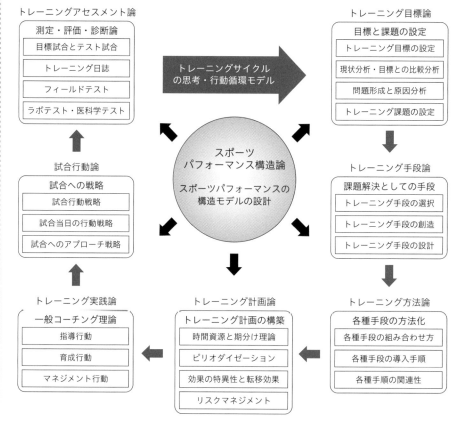

出典　図子浩二「トレーニング理論と方法論」『日本体育協会 公認スポーツ指導者養成テキスト共通科目Ⅲ』日本体育協会　2013 年　p.105

2 トレーニングサイクルモデルの実際

(1) パフォーマンス構造の理解（円盤投を例にして）

　円盤投は、直径 2.5 m のサークルと呼ばれる円形の場所から、定められた角度線内に規定の重量の円盤（一般男子：2.0 kg、一般女子：1.0 kg）を投てきし、その距離を競う種目である。一般に円盤投選手は、投てき方向に背を向けた状態から、1 回転半のターン動作を行い、円盤を投げ出す。このような種目特性上、円盤投選手には、大きな体格、爆発的な力発揮能力および最大筋力、優れた技術の習得が求められる[2)3)4)]。**図 7-2**は円盤投のパフォーマンス構造モデルである。円盤投の動作は、円盤を投げ出すまでの時系列に沿って、第一両脚支持局面→第一片脚支持局面→支持なし（空中）局面→第二片脚支持局面→第二両脚支持局面で構成される。各局面での動作要因や**表 7-1**に示す体力要因も、パフォーマンスを構成する要素になる。つまり、スポーツのパフォーマンスは単一の事象によって決定するものではなく、多

図 7-2 円盤投における高いパフォーマンスのための投てき動作のモデル

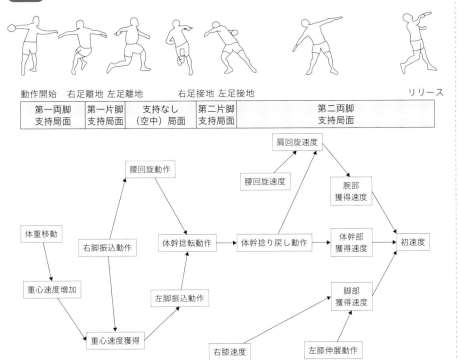

出典　前田奎・大山下圭悟・関慶太郎・水島淳・広瀬健一・尾縣貢「円盤投における高い初速度獲得のための動作要因間の因果関係」『体育学研究』第 64 巻　2019 年　p.25 をもとに筆者作成

表 7-1 盤投における各種体力の標準値

記録	身長(cm)	体重(kg)	指極(cm)	フルスクワット(kg)	ベンチプレス(kg)	スナッチ(kg)	クリーン(kg)	デッドリフト(kg)	30m走(秒)	100m走(秒)
65m	187.3	113.0	197.6	247.1	211.4	130.7	177.4	262.0	4.02	11.57
60m	185.1	108.4	194.0	229.0	194.5	120.4	164.6	244.7	4.09	11.76
55m	182.8	103.7	190.3	211.0	177.6	110.1	151.9	227.4	4.15	11.96
50m	180.6	99.0	186.7	192.9	160.7	99.8	139.1	210.0	4.22	12.16
45m	178.4	94.3	183.0	174.8	143.8	89.6	126.3	192.7	4.28	12.36
40m	176.1	89.7	179.3	156.7	126.9	79.3	113.5	175.4	4.35	12.56
35m	173.9	85.0	175.7	138.7	110.0	69.0	100.7	158.1	4.41	12.76
30m	171.7	80.3	172.0	120.6	93.0	58.7	87.9	140.7	4.48	12.96

記録	立幅跳(cm)	立三段跳(m)	立五段跳(m)	砲丸バック投げ(m)	砲丸フロント投げ(m)	鉄球投(m)	立ち投(m)
65m	312.2	9.30	16.31	19.67	17.12	27.43	51.72
60m	304.2	8.96	15.68	18.38	16.08	25.43	48.26
55m	296.2	8.61	15.06	17.08	15.04	23.43	44.79
50m	288.3	8.26	14.44	15.79	13.99	21.43	41.32
45m	280.3	7.92	13.81	14.50	12.95	19.43	37.85
40m	272.4	7.57	13.19	13.20	11.91	17.42	34.38
35m	264.4	7.23	12.57	11.91	10.86	15.42	30.91
30m	256.5	6.88	11.94	10.62	9.82	13.42	27.44

出典　前田奎・大山下圭悟・広瀬健一・尾縣貢「男子円盤投における記録と形態および体力要因との関係—記録に応じた体力基準の推定—」『コーチング学研究』第 31 巻　2018 年　p.180

数の要因が複雑に影響し合うことで構築される[5]のである。

　このようにパフォーマンスの現状を把握するためにはまずは、その構造を理解することがスタートとなる。しかし、そのためには、選手自身の主観的な感覚のみならず、第三者やバイオメカニクス的な視点も参考にすべきである。

（2）目標と課題の設定、手段、方法化

　パフォーマンス構造を理解したら、目標と課題を設定し、現状を確認する。どの程度の記録を目指すのか、そのためには現状どのような動作を習得あるいは改善すべきで、各種体力はどの水準まで高めるべきなのかを考える。例えば、投てき動作に関しては「右脚振込動作」に課題があり、体力に関しては跳躍種目の水準を高める必要がある、と仮定しよう。これらの課題を解決するために、どういった具体的なトレーニングの手段があるだろうか。1つの案として考えられるのは、右脚振込動作の技術改善のためのドリルや跳躍種目のトレーニングをその他のトレーニングよりも重点的に実施するなどである。これらのトレーニングを、どのようなタイミングで、どのような量・強度・頻度で実施するのか、ということも考えなければならない。これらを検討してようやく、目標とするパフォーマンス達成のためのトレーニング計画に向けた下準備が整う。トレーニング計画を立案したら、実践へと移行し、普段のトレーニングや試合での投てき動作、跳躍種目の測定などからフィードバック、評価を行い、次の目標設定および課題の確認となる。

2 トレーニング計画と評価

　トレーニング計画は目標を達成するためのロードマップである。ピリオダイゼーションをもとにした計画を組み立てることが望ましいが、必ずしも計画通りにトレーニングが進行するとは限らないため、必要に応じて計画の修正が求められる。トレーニングの改善や軌道修正のためにしっかり評価することも不可欠である。

1 トレーニング計画とピリオダイゼーション

（1）ピリオダイゼーション

　トレーニングは、多くの競技スポーツにおいて目標とする競技会で最高のパフォーマンスを発揮するために行うものである。つまり、目標を達成する

図 7-3　マトヴェイエフのピリオダイゼーションモデル

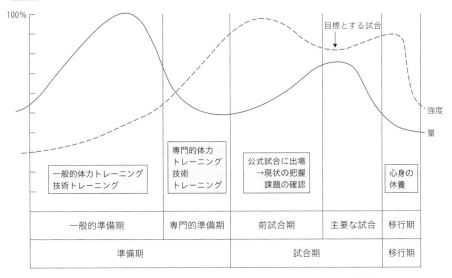

出典　Matveyev L. *Periodization of sports training*. Fizkultura I Sport, 1965. をもとに著者作成

ためのロードマップがトレーニング計画といえる。トレーニング計画では、個々の具体的なトレーニング内容を決定する前に大きな枠組みを作成しなければならない。その大きな枠組みこそがマトヴェイエフ（Matveyev L.）が提唱したピリオダイゼーションである。

ピリオダイゼーションとは、「一定のサイクルでトレーニングの構成と内容を合目的的に周期的に変化させること」であり[6]、**図 7-3** は 1965 年にマトヴェイエフが公表したモデルである[*1]。マトヴェイエフのモデルは、「長い準備期・試合期・移行期」から構成され、長期的プロセスで競技者の最高の競技力の状態をつくり上げるシングル・ダブルサイクルのトレーニング計画を基本としている。一方で、「初期の高いトレーニング量／低強度トレーニングは不適切な適応につながる」「試合期に近い時期の高強度トレーニングは、トレーニング量の不足をもたらす[*2]」「準備期の終わりに強度が急激に上がると、怪我のリスクが不必要に増加する」といった問題点も指摘されている[7]。これらの問題点を考慮して、さまざまなピリオダイゼーションのモデルが示されており、種目や選手の特性、競技レベルなどに応じて適切なモデルの選択が求められる。

ピリオダイゼーションは循環的または周期的区分に基づいて実施し、**マクロサイクル、メゾサイクル、ミクロサイクル**に分けて組み立てることが望ましい[8]。具体的には、対象に応じて、①スポーツによる人生計画（競技生活の始まりから引退までの 15 ～ 20 年スパン）、②超長期計画（4 年間単位のオリンピックサイクル）、③長期計画（1 年間単位のマクロサイクル）、④中期計画（数ヶ月単位のメゾサイクル）、⑤短期計画（1 週間単位のミクロサ

＊1
　マトヴェイエフが選手のトレーニング状況を調査した結果をもとにした年間のピリオダイゼーションモデルを公表した後に、多くのモデルが作成されている。

＊2
一般に、トレーニングの強度が高くなると量は低下する。筋力トレーニングの際に使用する重量が増えると反復回数も少なくなる、というのは比較的シンプルな事例の 1 つだろう。

イクル）、⑥１日計画（その日のトレーニングメニュー）を作成する[9]。作成にあたって、選手やチームの競技力は、向上と低下を繰り返しながら変化していく[10]ことに留意する必要がある。

（2）トレーニング計画の実際（円盤投を例に）

　重要と位置づける競技会を年２回と想定し（二重周期）、年間のトレーニング計画を考えてみる。ここでは、具体的なトレーニングメニューではなく、どの時期にどのような強度、量のトレーニングを行うかを決定する。図7-3に示したように、いわゆるオフシーズンである準備期は、一般的準備期と専門的準備期に分けられるが、一般的準備期では投てき種目に必要な筋力・パワーなどの一般的体力の向上（ウエイトトレーニング、跳躍トレーニング[*3]、スプリントトレーニング[*4]など）の割合が大きくなり、量・強度ともに高くなる。例えば、ウエイトトレーニングは反復回数が多くなる重量を扱う割合が多くなる。専門的準備期になると、一般的準備期で獲得した体力を専門的な体力へとつなげる必要がある。具体的には、一般的体力のトレーニングと並行して、より速度が高い中で大きな力を発揮するトレーニング（プライオメトリクス[*5]、軽い重量でのウエイトトレーニングなど）や技術トレーニングの割合が高くなる。なお、一般的準備期においても、技術的な課題の解決に向けたトレーニングは実施するべきである。試合期になると、トレーニングの量は低下するが、強度は比較的高い状態で推移する。目標とする試合に向けて、複数の公式試合に出場しながら、現状の把握と課題の確認を繰り返し、トレーニングの量と強度を調整する。二重周期では、目標とする１つ目の試合の後に、短期の休養（移行期）を挟み、再度準備期を繰り返す。その後の流れは、先述した内容とほぼ同様となる。２つ目の試合を終えると、心身の疲労を回復させる意味も込めて、休養を取る期間（移行期）を設ける。

　短期計画は１週間のトレーニング計画である。表7-2のとおり、週に２回を完全休養とし、専門である円盤投や技術トレーニング、メディシンボール投げのような専門的なトレーニングは（休養を除き）毎日実施、スプリントと跳躍は１日おきに配置し、跳躍は水平系→鉛直系→水平系の順とした。ウエイトトレーニングに関しても、上半身を中心とする日、全身の爆発的な力発揮（クリーンやスナッチなどのウエイトリフティング種目）が中心となる日、下半身が中心となる日に分け、それぞれが連続しないように配置した。

　紹介したものは、あくまでも著者が専門とし、実施してきた陸上競技の投てき種目(円盤投)のトレーニングである。これ以外にもピリオダイゼーション、トレーニング計画にはさまざまなものがある。すべての人にとって正解のトレーニング計画はないため、試行錯誤を繰り返しながら、対象となる選

表 7-2　円盤投選手のトレーニング計画の一例

メニュー	月	火	水	木	金	土	日
投		●円盤投（2.0kg） ・立ち投×10本 ・ハーフターン×5本 ・サウスアフリカン×5本 ・フルターン×20本	●メディシンボール投げ ・フロント×7本 ・バック×7本 ・直上×7本	●円盤投（1.75kg） ・立ち投×8本 ・ハーフターン×2本 ・サウスアフリカン×3本 ・フルターン×15本		●円盤投（2.0kg） ・試合形式6本 ・その後10本程度	●円盤投（1.5kg） ・立ち投×10本 ・ハーフターン×5本 ・サウスアフリカン×5本 ・フルターン×15本
スプリント			●30m走×7本 ●50m走×3本			●変形ダッシュ×10本	
跳躍		●バウンディング30m各種 ・片脚ホッピング×各3本 ・通常のバウンディング×5本 ・スピードバウンディング×3本		●ミニハードルジャンプ ・両脚×3本 　（接地時間長い） ・両脚×5本 　（接地時間短い） ・片脚×3本			●砂場水平系ジャンプ ・立幅跳×5本 ・立三段跳×5本 ・立五段跳×5本 ・助走付き五段跳×5本
ウエイトトレーニング	完全休養	●ベンチプレス ・5RM×5セット （セット間の休息：5分） ●ダンベルプレス ・6RM×5セット （セット間の休息：5分） ●ベントオーバーロウイング ・10RM×5セット （セット間の休息：3分） ●懸垂 ・10回×5セット （セット間の休息：3分）	●クリーン ・3RM×5セット （セット間の休息：5分） ●クリーンプル ・5RM×5セット （セット間の休息：5分）	●スクワット ・5RM×5セット （セット間の休息：5分） ●ジャンプスクワット ・5RM×5セット （セット間の休息：3分） ●レッグエクステンション ・10RM×5セット （セット間の休息：3分）	完全休養	●スナッチ ・3RM×5セット （セット間の休息：5分）	●ベンチプレス ・5RM×5セット （セット間の休息：5分） ●インクラインベンチプレス ・6RM×5セット （セット間の休息：5分） ●ラットプルダウン ・10RM×5セット （セット間の休息：3分） ●ディップス ・10回×5セット （セット間の休息：3分）
その他			●技術トレーニング（ドリル） ●プレートツイスト ・10回×5セット （セット間の休息：3分）			●技術トレーニング（ドリル） ●シットアップ （10kgプレート保持） ・10回×5セット （セット間の休息：3分） ●バーベルツイスト（50kg） ・10回×5セット （セット間の休息：3分）	

RM：Repetition Maximum（最大反復回数）5RMとは5回反復可能な重量でのトレーニングを指す。

手（あるいは自分自身）にとって最適のトレーニング計画を探るのも、コーチングにおけるトレーニング計画の醍醐味の1つであろう。また、先述したように、トレーニング計画は目標となる競技会で最高のパフォーマンスを発揮するという目的を達成するために必要なものである。しかし、必ずしも計画通りにトレーニングが進行するとは限らないため、必要に応じて計画の修正を行う場合もあることを理解しておかなければならない[11]。

2 超回復理論とフィットネス－疲労理論

　ピリオダイゼーションモデルをわかりやすく考えるうえで基礎になるのが超回復理論である。

　「超回復」とは、運動によって消費された筋グリコーゲン[*6]が、運動後の休息と糖質補給によって、運動前の貯蔵量を超えて回復する現象のことであ

＊6　筋グリコーゲン
筋に蓄えられる糖の一種で、筋活動のためのエネルギー源となる物質である。

る。実際に、筋力トレーニングにおいても筋グリコーゲンは消費されるため、適切な休養と糖質補給によって、トレーニング後に筋グリコーゲンは回復するが、このことは筋力の向上を意味するわけではない。それでは、「超回復理論」によって、パフォーマンスの向上が説明されるようになったのはなぜだろうか。

　パフォーマンスを高めるためのトレーニングに関する基礎的な理論の1つに刺激―疲労―回復―適応理論（ 図7-4)[12] がある。刺激（トレーニングによる負荷）の後に休息によって疲労が解消され、適応が起こることでパフォーマンスが向上するが、新たな刺激が導入されないとパフォーマンスがもとの水準あるいはそれ以下に落ちるというものである。この理論が、いわゆる超回復理論である。一方で、一要因でパフォーマンスを説明するため、要素還元論になってしまい、全体像が見えにくくなるというデメリットも指摘されている[13]。

　これに対して、フィットネス（≒体力）と疲労の2つの要因から、パフォーマンスを説明する理論として フィットネス―疲労理論（ 図7-5)[14] がある。

図 7-4　刺激―疲労―回復―適応理論モデル

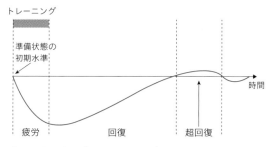

出典　Verkhoshansky Y. Principles of planning speed/strength training program in track athletes. *Legaya Athleticka*, 8, 1979, pp.8-10 をもとに著者作成

図 7-5　フィットネス―疲労理論モデル

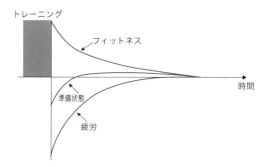

出典　Zatsiorsky VM and Kraemer WJ. *Science and Practice of Strength Training 2nd ed.* Human Kinetics, 2006, pp.89-108 をもとに著者作成

身体の準備状態（≒パフォーマンス）は、フィットネス（プラスの要因）と疲労（マイナスの要因）の相互作用によって決定されるため、トレーニングでフィットネスが高まっても、負荷が高すぎると疲労も溜まり、結果的にパフォーマンスは低い状態となる。また、負荷が低いときには、疲労は少なくなるものの、フィットネスもわずかな向上のみになり、パフォーマンスは低い状態となる。

　「フィットネス—疲労理論」において、疲労はフィットネスよりも速く消失するため、フィットネスを高い状態で維持しつつ、負荷をコントロールして疲労を軽減させることができれば、高いパフォーマンスを発揮できる。もちろん、パフォーマンスはほかにもさまざまな要因による影響を受けることも忘れてはならないが、ここで紹介した理論を、トレーニング計画立案の参考にしてほしい。

3 トレーニングの評価

　評価・診断は、トレーニングの状況を把握するだけでなく、遂行しているトレーニングサイクルの課題を明確にすることができる。さらに次のトレーニングサイクルに向けたモデルの修正、目標および課題の再設定にもつながる[15] 不可欠なものである。

　トレーニングの状況を評価するためには、トレーニング日誌やトレーニング記録用紙に具体的なトレーニング内容・負荷や強度などをできる限り詳細に記入したり、フィールドテストを定期的に実施して一般的体力を確認したり、テスト試合に出場して選手の総合的な状態を確認したりする。青山[16] は、トレーニング観察、テスト試合、運動テスト、体力検査、心理学的検査（適性検査、性格検査）、スポーツ医学的検査、スポーツバイオメカニクス的検査といったさまざまな評価・診断方法を提示している。

　したがって、より高いパフォーマンスの発揮を目指してトレーニングサイクルモデルを立案→実践→評価→立案→……と循環させることが、コーチの重要な役割の１つであろう。無計画なままコーチングおよびトレーニングを実施していては、効率的なパフォーマンスの向上は困難である。

コーチングは指導行動と育成行動に大きく分けられる。指導行動のみでは選手の競技力向上は達成できても、人間力の育成は達成できない。コーチはコーチング対象の競技レベルに応じてそのスタイルを変化させていくことが求められている。

1 コーチング行動

　ここまでに述べてきたのは、主に選手の競技力の向上に関する内容であった。しかしながら、コーチの役割は選手の競技力だけを高めることだけなのだろうか。

　一般に、コーチング行動は主に2つに分類できる。1つは、スポーツのパフォーマンス向上のための指導行動である。コーチングと聞くと、こちらを思い浮かべる人が多いかもしれない。指導行動を遂行するためには、対象となるスポーツの専門的な知識、経験、スキルが必要になる。また、種目に関わらず共通する、一般的なトレーニングに関する知識、経験、スキル、これらに関連するスポーツ科学に関する基礎的な知識も求められる。もう1つの行動は、いわゆる「人間力」向上のための育成行動である。育成行動を遂行するためには、心理学、カウンセリング、コミュニケーション、教育学、感情コントロールに関する知識、経験、スキルが必要である[17]。

　これらの2つの行動によって、コーチは「競技力の向上」と「人間力の育成」というダブルゴールを目指す。その際には、主役はコーチではなく選手であるというアスリートファースト[*7]の精神を持つことが必要となる。

＊7
第1章でも言及されているように、近年は「アスリート・センタード・コーチング」という考え方も提唱されている。

2 スポーツコーチング型 PM モデル

　ダブルゴールを達成するにあたって、社会心理学において提唱されているPM理論（P：Performance、M：Maintenance）[18] [19]をコーチングのために改変したモデル（図7-6）が役に立つ[20]。このスポーツコーチング型PMモデルでは、4つのステージがあり、コーチング対象の競技レベルに応じてスタイルを変えることが推奨されている。

　第1ステージは初級者が対象であり、モチベーションが高いことが多く、基本的な技術や戦術、基礎的な動きや体力づくりが中心となるため、指導型

図 7-6　スポーツコーチング PM モデル

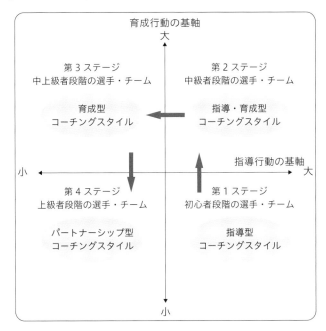

育成行動の基軸

大

第 3 ステージ
中上級者段階の選手・チーム

育成型
コーチングスタイル

第 2 ステージ
中級者段階の選手・チーム

指導・育成型
コーチングスタイル

指導行動の基軸

小　　　　　　　　　　　　　　　　大

第 4 ステージ
上級者段階の選手・チーム

パートナーシップ型
コーチングスタイル

第 1 ステージ
初心者段階の選手・チーム

指導型
コーチングスタイル

小

出典　図子浩二「コーチングモデルと体育系大学で行うべき一般コーチング学の内容」『コーチング学研究』第 27 巻　2014 年　p.152

コーチングスタイルとなる。このステージでは、パフォーマンスは著しく発達する。第 2 ステージは中級者が対象であり、パフォーマンスの停滞やモチベーションの低下が発生することもある。そのため、このステージでは育成行動と指導行動の両方を遂行する指導・育成型コーチングスタイルとなる[*8]。第 3 ステージは中上級者が対象であり、競技の位置づけや優先度が未確立で不安定な状態が多いが、自信過剰で感受性が高い場合もあり、指導行動が多くなると関係性が崩れて信頼関係が損なわれることもある。そのため、このステージでは育成行動を中心として、指導行動の量を抑えた育成型コーチングスタイルとなる。第 4 ステージは上級者が対象であり、競技の位置づけや優先度が確立されており、高い競技力と人間力を有している場合が多い。そのため、育成行動も指導行動も少なくしたパートナーシップ型コーチングスタイルとなる[21]。

　このように、対象に応じて育成行動と指導行動を適切に遂行し、コーチングスタイルを変化させることが、コーチングにおけるダブルゴールの達成にとって必要である。

　前述のスポーツコーチング型 PM モデルを踏まえつつ、トレーニングサイクルモデルをうまく循環させ、コーチングスタイルの確立を目指して、本章で述べたことを参考にしながら、試行錯誤を繰り返してほしい。

＊8
多くのジュニア選手は、第 2 ステージで競技を終えることになる。
（図子浩二「コーチングモデルと体育系大学で行うべき一般コーチング学の内容」『コーチング学研究』第 27 巻　2014 年　pp.149-161）

引用文献

1）図子浩二「トレーニング理論とその方法」日本体育協会『公認スポーツ指導者養成テキスト共通科目Ⅲ』2013 年 p.105

2）T. ボンパ『競技力向上のトレーニング戦略』大修館書店　2006 年　p.216

3）Hay JG and Yu B. Critical characteristics of technique in throwing the discus. *Journal of Sports Science*, 13, 2005, pp.125-140

4）山崎祐司『円盤投げ（最新陸上競技入門シリーズ 12)』ベースボールマガジン社　1993 年

5）前掲書 1）p.104

6）Matveyev L. *Periodisierang des SprotichenTraining*. Berles and Wernitz, 1972

7）Haugen T, Seiler S, Sandbakk Ø and Tønnessen E. The training and development of elite sprint performance : an integration of scientific and best practice literature. *Sports Medicine Open*, 5(44), 2019, p.5

8）Plisk S and Stone M. Periodization strategies. *Strength & Conditioning Journal*, 25, 2003, p.19

9）前掲書 1）p.106

10）森丘保典「トレーニングの基本的な考え方」日本陸上競技学会編『陸上競技のコーチング学』大修館書店　2020 年　p.46

11）青山亜紀「トレーニング結果の分析と競技力診断」日本コーチング学会編『コーチング学への招待』大修館書店　2017 年　p.233

12）Verkhoshansky Y. Principles of planning speed/strength training program in track athletes. *Legaya Athleticka*, 8, 1979, pp.8-10

13）伊藤静夫・森丘保典「トレーニング基本モデルに照らした実践的テーパリング―はたしてテーパリングは有効か？―」『陸上競技研究紀要』第 9 巻　2013 年　pp.32-40

14）Zatsiorsky VM and Kraemer WJ. *Science and Practice of Strength Training 2nd ed*. Human Kinetics, 2006, pp.89-108

15）前掲書 10）p.47

16）青山亜紀「トレーニング計画と競技会への準備」日本陸上競技学会編『陸上競技のコーチング学』大修館書店　2020 年　p.235

17）図子浩二「コーチングモデルと体育系大学で行うべき一般コーチング学の内容」『コーチング学研究』第 27 巻　2014 年　p.150

18）三隅二不二『リーダーシップ行動の科学』有斐閣　1978 年

19）金井壽宏『リーダーシップ入門』日本経済新聞出版社　2007 年　pp.211-215

20）前掲書 17）p.151

21）前掲書 17）p.151-152

学びの確認

①「一定のサイクルでトレーニングの構成と内容を合目的的に周期的に変化させること」を（　　　　　　　　　　　）といい、循環的または周期的区分に基づいて実施し、（　　　　　　　）、（　　　　　　　）、（　　　　　　　　　）に分けて組み立てる。

②パフォーマンスを 1 つの要因から説明する理論として（　　　　　　　　　　）があげられるが、2 つの要因から説明する理論としては（　　　　　　　　　）がある。

③コーチング行動は（　　　　　　　）と（　　　　　　　）に分けられる。

④コーチングを遂行するにあたって、何をどのような順番で準備したらよいだろうか。

コーチングにおける「守破離」

:: 京都先端科学大学／前田 奎

■「守破離」とは？

「守破離」という言葉を聞いたことはあるだろうか。江戸時代に千家の茶の湯を広めた茶人の川上不白が、茶書『不白筆記』の中で「守破離」という概念を用いて、わざの過程の描写や師弟関係論について記述している[1]。「守破離」については次のような理解が一般的であると中西[2]は説明している。

- 守：師匠の教えを忠実に守り、模倣に徹する基本的段階
- 破：師匠の教えに基づいてさらに稽古を積み、今まで身につけたものを打ち破ろうとする主体的段階
- 離：これまでに師匠から教わってきたいっさいのことにとらわれることなく、自らの主体性に従って自由な表現をする創造的段階

また、「不白筆記」における「守破離」についての言及を以下に引用する。

守破離と申三字ハ軍法の習二在リ。守はマモル、破ハヤフル、離ははなる、と申候。弟子に教ルハ此守と申所斗也。弟子守ヲ習熟し能成候へば自然と自身よりヤブル。是ハまへに云已が物二成りたるが故也。上手の段也。扨守ニテモ片輪、破ニテモ片輪。此上ニツヲ離レテめい人の位也。前の二つを合して離れて、しかもニツヲ守ル事也。此守は初ノ守トハ違也。初ノ守ト今此守ト如何。此一段ハ誠二一大事の教也。工夫有へし。[3]

少々わかりにくい表現であるため、簡単に説明すると、弟子は「守」を習い尽くし、自然と師匠から教わった形を「破」り、上手の段に達するが、それだけではまだ不十分であり、「守」と「破」の2つを合わせたところから離れてはじめて「名人の位」、つまり「離」の段階に至るということである。その際には、教えられたことや工夫したことから外れていない（＝「守」と「破」を守っている）という、はじめの「守」とは異なる新たな「守」の段階になっている[4]。

■ コーチングと「守破離」

この考え方は、スポーツのコーチングにおいても、非常に有益であろう。「守」はスポーツやコーチングのルール、哲学を学び、形をまねる時期、「破」は選手やチームの状況に応じて目標やコーチングを変化させ、独自の工夫をする時期、「離」は新たなコーチングスタイルを見出して過去から離れて、自身の型を完成させる時期である。笠井[5]は、コーチ自身が主体的・自律的に学ばなければ、主体的・自律的な選手を育てることはできないとも述べている。

つまり、コーチも常に学び続けることで、自身をアップデートしていかなければならない。また図子[6]は、コーチには、実践的見識と思考を駆使し、反省的省察と想像的探求を相互循環させる「プロフェッショナルコーチ」と経験則や徒弟関係から生まれる模倣と修練を中心とする「クラフトマンコーチ」が存在することを指摘している。本コラムで紹介した「守破離」という考え方は、どちらかというと「クラフトマンコーチ」に近いが、経験則に頼ったコーチングだけでは限界もある。常に知識をアップデートさせながら、試行錯誤、省察を繰り返し、自身のコーチングスタイルを模索・確立してほしい。

引用文献
1) 山口理沙「師弟関係が向かう守破離の先の＜守＞―『不白筆記』とその背後から―」『青山学院大学教育学会紀要「教育研究」』第51巻 2007年 p.27
2) 中西沙織「能における「わざ」の習得―「流れ」が生じるプロセスに着目して―」『釧路論集―北海道教育大学釧路校研究紀要』第42号 2010年 p.164
3) 西山松之助『芸の世界―その秘伝伝授―』講談社 1980年 p.217
4) 笠井哲「千利休の修行論」『倫理学』第9号 1991年 p.48
5) 同上書 pp.164-165
6) 図子浩二「コーチングモデルと体育系大学で行うべき一般コーチング学の内容」『コーチング学研究』第27巻 2014年 p.153

子どもへのコーチング

なぜこの章を学ぶのですか？

　子どもに対しては、子どもの発育発達段階に適したコーチングを行うことがとても大切です。大人の練習や試合のミニチュア版ではなく、子ども特有の練習や試合を行わせることで、より楽しく、より効果的な育成環境を提供することができます。

第 8 章の学びのポイントは何ですか？

　本章では、子どもへのコーチングについて、競技規則（試合のルール）、トレーニングの方法および内容に着目して考えていきます。
　これらのことを学ぶことは、発育発達段階に適した子どもに対するコーチングを実践するのに役立つことが期待されます。

＼｜ 考えてみよう ｜／

① 子どもにとっては、どのようなトレーニングがふさわしいのだろうか。

② なぜ子ども特有の競技規則が導入されているのだろうか。

1 子どもの将来を見据えた指導—発育発達に則したコーチング

幼少期からスポーツに関わり、その後オリンピックへ出場したり、プロ選手として活躍したりする確率は非常に低い。子ども[*1]を指導するコーチには、すべての子どもがスポーツを楽しみ、さらに上達することも実感するようなトレーニング環境を整えることが求められる。

1 子どもの身体的特徴および個人差

年齢には、暦年齢と生物学的年齢の 2 つがある。暦年齢は、誕生したときからの経過時間を年単位または年月、月日単位で表す[1]。日本の学校では、4 月 2 日から翌年 4 月 1 日までを 1 学年としており、暦年齢は最大で 1 歳の異なりがある。生物学的年齢は、骨年齢や歯牙年齢などの生物学的な成熟を測ったうえでの年齢を表す[1]。例えば、日本サッカー協会のアカデミー試験を受験した小学校 6 年生の場合、暦年齢は最大で 1 歳、生物学的年齢は 5 歳程度の異なりがあった[2]。

これらのことから、同じ学年であっても暦年齢および生物学的年齢には個人差があるため、他の子と比べて評価するのではなく、個人の発育発達段階に応じた関わりが必要となることがわかる。コーチには、子どもの発育発達の段階に関わらず、全員に対して期待をかけるなどの思考・行動が求められるのである[3]。

2 子どもがスポーツを続ける要因

英国サッカーのアカデミーには約 12,500 人の選手がいるが、8 歳でクラブに入団した選手のうち、大人のトップチームに進む可能性があるのはわずか 0.5％である[4]。南アフリカラグビー協会が主催する 13 〜 18 歳の国内トップレベルの大会において、U13 大会に出場した者がその後 U18 大会へ出場した割合はわずか 24％であった[5]。これらのことから、小学生あるいは中学生期にスポーツをはじめた場合、将来プロ選手として活動する確率は低いことがわかる。コーチは、指導に関わった子どもが将来オリンピックに出場したり、プロ選手として活躍したりするのをみることができれば幸運であるということを認識しなければならない。一方、私たちが指導する子どもの大多数にとっては、スポーツが余暇や生活の中の重要な一部となり、彼らの人

＊1　子ども
本章において、子どもとは 6 〜 12 歳の小学生年代を指す。

生を彩るようなものになるのを望むことが求められるであろう。この意味において、小学生を指導するコーチは、否定的な行動よりも肯定的な行動を多く取り、勝利や競争よりも、楽しさや喜び、チームワークや努力を強調する必要がある。

　子どもがスポーツ活動を続ける要因は、「楽しさと喜び」「有能であると感じること」「新しいスキルを学ぶこと」「友だちと一緒にいること」「保護者の態度」の5つとされている[6]。ここでは、それぞれの要因について詳しくみていく。これらの背景となる考え方としては、子どもは小さな大人ではない[7]ことがあげられる。大人のスポーツ活動のコピーではなく、子どもには子どもに適したものがあるということを前提にコーチング活動に取り組みたい。

（1）楽しさと喜び

　「楽しさと喜び」は、子どもがスポーツへの参加を継続するうえで最も重要な要素である。子どもはもちろん、大人も遊ぶことが大好きではないだろうか。これを踏まえると、コーチはどのような存在であるべきだろうか。楽しさをつくる人、それとも楽しさを奪う人だろうか（図 8-1）。

図 8-1　子どもにとってコーチはどのような存在であるべきか

楽しさをつくる人	楽しさを奪う人
・遊び場をつくる ・おもしろい名前のドリルやゲームを提供する ・物語をつくる ・楽しい競争を考える	・長話をする ・長い列に並んで待たせる ・頭を使わないような飽きるほどの繰り返しをさせる

（2）有能であると感じること

　トレーニングの内容やテーマを正しいレベル、すなわち子どもの身体的特徴および技術・戦術レベルに適したものに設定し、子どもたちに「やれる」と感じさせる必要がある。課題の難易度が高すぎる場合、子どもたちは挫折したり、挑戦するのに恐怖を感じたり、飽きたりしてしまう。

（3）新しいスキルを学ぶこと

　子どもは新しいことを学ぶことが大好きである。みなさんも幼い頃を思い返すと、テレビゲームやボードゲームにおいて新しいステージへ進んだり、レベルアップしたりして喜んだのではないであろうか。これらのゲーム設計者は、段階的な課題を設定し、学習と報酬によって子どもたちを夢中にさせることがとても上手である。コーチも同じように、段階的な課題を設定し、

子どもたちに対しては、上達していることを示し、それに対して賞賛を与えることによって子どもたちが新しいスキルを身につけるのに自然と熱中できるような環境を整えることが望ましい。

（4）友だちと一緒にいること

　子どもがスポーツをするのは、友だちと一緒にいるためか、新しい友だちをつくるかのどちらかと言っても過言ではない。トレーニング中に子ども同士で話し出したり、集中しなかったりすることもあるが、友だちをつくったり友情を育むことができように環境を整えることも大切である。例えば、コーチはトレーニングにおいて、さまざまな組み合わせのペアやグループで行動させることによって新しい友だちをつくる機会を提供することができる。

（5）保護者の態度

　小学生のスポーツ活動には、保護者のサポートが欠かせない[8]。習い事という形で子どもにスポーツをさせるためには、保護者の意志が必要であるし、継続のための金銭的な負担や、送迎、クラブによっては運営などが必要になる場合もある。保護者は、子どもを管理するためにいるのではなく、成長させるためにいる。スポーツに肯定的な姿勢を持つ保護者の子どもは、スポーツを長く続ける傾向があることから、コーチは保護者の子どもに対する関わりについても留意する必要がある。

　子どもがスポーツを継続するうえで最大のステークホルダーとなる保護者との関係構築のためにコーチにとって重要なのは、共感とコミュニケーションである[9]。例えば、親が「専門的な技術戦術を教えてあげてほしい」「勝たせてあげてほしい」などと考え、コーチが「目の前の勝利も大切であるが、発育発達段階に適した内容を指導したい」といったジレンマがある場合、すぐに問題を完全に解決するのは困難かもしれないが、コーチが理解に努め、話を聞くことはできる。正直に頻繁に話をすることが、問題を最小限に抑え、信頼を築くために大切である[10]。

3 専門的なトレーニングを開始する年代

　日本スポーツ協会[11]は、運動・スポーツ活動について、3～9歳ではさまざまな運動遊びを楽しむこと、10～15歳では複数種目を経験すること、16～18歳では得意あるいは熱中できる種目を絞り専門的なトレーニングを行うこと、19歳以降ではそのスポーツ種目を追求し、生涯を通して楽し

＊2　PHV年齢
Peak Hight Velocity Age（身長の年間発育量が最大になる年齢）の略。PHV年齢は、一般には男子より女子の方が2年ほど低く、平均で男子13〜15歳、女子10〜12歳といわれている。
（髙本恵美『トレーナビリティー　最新スポーツ科学事典』平凡社　2006年　p.696）

＊3　フィジカル・リテラシー
「生涯を通じて、個人ごとに適切なレベルで身体活動を維持するための動機、自信、身体的能力、理解、知識として定義できる」あるいは、「生活の質に大きく貢献するために、私たちの動きの可能性を生かす能力と動機」としても理解される。
（Balyi et al. Physical literacy, Long-Term Athlete Development. Human Kinetics, 2013, p.4)

図 8-2　トレーニングすべき内容と競技会のあり方（アスリート育成モデル）

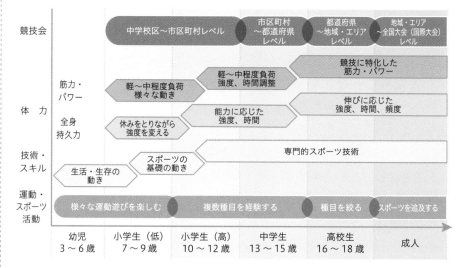

出典　日本スポーツ協会「発育期のスポーツ活動ガイド」2021年　p.5

むことを推奨している（図 8-2）。このような段階を踏まない早期に専門化させるようなコーチングの潜在的なリスクとして、子どものバーンアウトによる競技人口の減少や身体的・精神的な健康状態の悪化があげられている。そのため、近年、国内外においては子どもに対して一般的な運動能力や心理的スキルを身につけさせるために専門化よりも早期多様化を推奨する支持が増えている [12) 13)]。また、すべてのスポーツ種目において、PHV年齢[＊2]前にフィジカル・リテラシー[＊3]を身につけさせることが重要である。

2　子ども特有の競技規則

　子どもの身体的特徴への適応や長期的な視野に立った選手育成の実現を目指して、国内外のさまざまな競技において子ども特有の競技規則[＊4]が導入されている。子ども特有の競技規則は、スポーツに対する楽しさの担保や安全面にも配慮されたものにもなっている。

＊4
「子どもは小さな大人ではない」という考えに基づいたコーチングを実現させるために、国内外において子ども特有の競技規則が導入されている。このことから、発育発達に応じて競技規則を変更することは長期的な選手育成につながるという考えを持っていることがわかる。

1　測定スポーツ

　測定スポーツ（時間または距離といった指標によって勝敗が決定される競技）のうち、陸上競技では、子どもと成人で競技種目が異なる [14)]。例えば、投てき系では、やり投ではなくジャベリックボール投が採用されている。競泳では、標準記録（上位の大会への出場可否を決めるために基準となるタイ

ム）が年代によって異なり [15]、子どもの標準記録は成人より遅い。これらのことから、測定スポーツでは、子どもの身体的特徴に合わせて用具を小さく／低く／短くすること、標準記録の基準を容易にすることから、子どもの身体的特徴に適した競技環境の提供を目指していることがわかる。

2 評定スポーツ

　評定スポーツ（審査員によって演技の優劣が決定される競技）のうち、体操競技では、成人とは異なる子ども特有の採点基準が定められている [16]。例えば、種目によっては規定演技が定められている。また、成人の演技では難易度（得点）がつかない技を子どもの場合は認定している。使用器具は、成人より低く／短く／小さい。フィギュアスケートおよびアーティスティックスイミングでは、成人より演技時間が短く、小学生年代特有の演技課題が定められている [17] [18]。これらのことから、評定スポーツでは、子どもの身体的特徴に合わせて演技時間を短くしていること、基礎的な動きを演技課題として定めることによって、小学生期以降に大きく上達させることを目指していることがわかる。

3 判定スポーツ

　判定スポーツのうち、サッカーでは、通常のコート、プレー人数、ボールサイズ、試合時間より小さくしたコート、少ない人数、小さいボール、短い試合時間で試合が行われている*5。また、通常より小さいゴールを使用することが推奨されている。さらに、試合中のリスペクトあるプレーや行動に対しては、レフェリーから**グリーンカード***6 が示されるという規則もある。バスケットボールでは、試合時間、ゴールの高さ、ボールサイズが成人よりも短く、小さく、低い [19]。また、スリーポイントゴールエリアがなく、防御プレー方法としてマンツーマンディフェンスを行うことが規定されている。さらに、大会主催者の考えによってコートサイズを変更することが許されている*7。これらのことから、判定スポーツでは、子どもの身体的特徴に合わせて用具やコートを小さく／低く／短く／狭くすること、長期的な視野に立った選手育成の達成を目的に特定のプレー方法を義務化することによって子どもたちがそのスポーツを行う楽しさを担保していることがわかる。

＊5
小学生サッカーの試合は、通常のコート（68 m×105 m）、プレー人数（11 人）、ボールサイズ、試合時間よりも小さくしたコート（68 m×50 m）、少ない人数（8 人）、小さいボール、短い試合時間で行われている。さらに、通常（7.32 m×2.44 m）より小さいゴール（5 m×2.15 m）の使用が推奨されている。
（「日本サッカー協会8 人制サッカー競技規則」2020 年
https://www.jfa.jp/documents/pdf/eight/rules.pdf）

＊6　グリーンカード
レフェリーは試合におけるプレーヤーのフェアプレーに対して、ボールがプレーエリアから出たら、あるいはその他の理由でプレーが止まった際に、グリーンカードを出す。具体的なプレーとしては、「ケガをした選手への思いやり」「意図していないファウルプレーの際の謝罪や握手」「問題となる行動を起こしそうな味方選手を制止する行為」などがある。
（「日本サッカー協会グリーンカード制度導入に関して」2006 年
https://www.jfa.jp/documents/pdf/other/law_others_060324.pdf）

＊7
通常のバスケットボールのコートのサイズは、28 m×15 m である。小学生の場合、28〜22 m×15〜12 m のコートが推奨されている。

4 武道

　武道のうち、柔道および剣道では、成人より子どもの試合時間が短い[20) 21)]。これに加えて柔道では、中学生以下において安全への留意のため絞技が禁止されている。剣道では、竹刀の長さ／重さ／太さが、成人より、短く／軽く／細い。これらのことから、武道では、子どもの身体的特徴に合わせて競技時間を短くしていること、子どもの身体的な安全確保のために特別なルールを規定していることがわかる。

3 子ども特有のトレーニング

　子ども特有のトレーニングを考案する際には、競技の構造を簡易化、単純化し、それを実際の試合／ゲームへ近づけていくことが望ましい。トレーニングでは、ドリル形式で新たなスキルや戦術を学習させ、競争・ゲーム形式での異なる状況において学習したスキルや戦術を反復／習熟させることが大切である。

1 子どもの1週間あたりのトレーニング時間

　トレーニング時間について、6歳頃までは、毎日60分以上の運動遊びを目標とし、以後体力などを考慮して週3回以内、1回1～2時間の少しきついと感じる程度を目安とする[22)]。小学生期から高校生期において、クラブや部活動での週あたりの練習時間数が年齢の値を上回っている場合、何らかの傷害やオーバーユースによって傷害を負う可能性が高い[23)]。そのため、1週間あたりの平均トレーニング時間は、年齢の値より少なく保つことが推奨されている（例えば、12歳の場合は1週間あたり12時間以内のトレーニング時間）。

2 子ども特有のトレーニングを考案する際の原則

　子ども特有のトレーニングを考案する際の原則として、常に子どもができることは何かを踏まえ、下記の2つのポイントを考慮することがあげられている[24)]。

①簡単なものから難しいものへ

②知っているものから知らないものへ

　これらの内容は、成人のトレーニングや競技力の構造を分解するのではなく、簡易化、単純化し、それを実際の試合／ゲームへ近づけていくと捉えられる。例えば、相手プレーヤーからのマークを外すスキルとしてフェイントを改善させるために、相手プレーヤーに見立てた動かない対象であるカラーコーンに対する“完璧な”フェイント動作を習熟させたとする。その場合、実際の試合中にそのフェイントを発揮できるだろうか。試合では、味方からパスを受けた後に、相手プレーヤーと駆け引きをしなければならず、カラーコーンに対して行っていたときとはまったく異なる状況でのプレーが要求されることになる。この例からも、身につけさせたい技術・戦術のみを取り出すのではなく、特に相手プレーヤーがいる競技では相手と対峙する要素を残しておくことが求められることがわかる。これらのことから、試合のある一場面を抜き出すような、実際の試合内容を分解したトレーニングを考案するのではなく、「人と環境の相互作用の中にスキルが存在する」[25] という考えに基づいてトレーニングを考案することが妥当であろう。

3 トレーニング形式の種類

　トレーニングの形式については、さまざまな分類方法がある（**表8-1**）。

表8-1　トレーニング形式

	ゲーム形式	競争形式	ドリル形式
特徴	・自由なプレー ・味方／相手プレーヤーと行う ・複雑なゲーム状況を解決する	・決められた形式 ・すでに知っている動作 ・相手プレーヤーからの直接的な接触がない ・モチベーションに対する刺激がある	・新しい動作／技術の習得 ・習得した動作を習熟させる ・実行のための条件を指定する
形式	・ミニゲーム ・パスゲーム	・個人の競争 ・グループでの競争 ・リレー形式	・個人練習 ・グループ練習（一般） ・グループ練習（ポジション特有） ・ステーショントレーニング
調整	・ルールを変える ・課題を追加する（例：ドリブル1回、ドリブル禁止など） ・戦術的な課題（例：マンツーマン防御など）	・明確に決められた、正確な動作や目標となる課題	・比較的固定された／決められた動作（例：走るコース、動作／技術、動作の順番） ・頻繁な繰り返し
目標	スキルの使用／創造性	動機づけ／負荷をかける	学習／強化

出典　Schubert R and Späte D. *Kinder für Handball begeistern*. Münster, Philippka-Sportvertrag, 2009, pp.40-41 を筆者翻訳、作成

ここでは、ゲーム形式、競争形式、ドリル形式の3つに分けて紹介する。

　子どものトレーニングでは、ドリル形式よりも多くゲーム形式を用いることが推奨されている。一方、ゲームを行えるようなスキルや体力の前提条件がない場合、ゲームは成立せず、効果的なトレーニングを行うことは難しい。そのため、ゲーム形式のトレーニングを立案する際には、子どもの状態に合わせて、ルールを設定する必要性がある。そして、ゲームを発展させるために必要なスキルをドリル形式で学習させ、競争形式やゲーム形式の実践に近い状況で反復することを通して習熟させる。この年代において最も重視されるゲーム形式のトレーニングでは、戦術的な強制をせずに、自由で創造的なプレーを認めることが大切である。

4 安全性の配慮

　トレーニング環境は、すべての人にとって安全でなければならない。まず、子どもの持ち物を置くスペースをつくることが大切である。必要なときに簡単に自分の持ち物を見つけることができ、また、プレーエリアで障害物とならないようにする。次に、子どもはゴールやネットなどの用具にぶら下がったりすることがあるため、コーチはそれらが適切に固定されているか、されていない場合は砂袋などの重りなどを使用して倒れないようにすることに加えて、子どもに対しては用具にぶら下がらないよう事前に注意喚起する。

　トレーニング内容によっては、頭を床にぶつけたり、他のプレーヤーとぶつかったりする危険性がある。そのような場合、事前または実施中にコーチはプレーエリアを広くしたり、ルールを工夫したりすることで衝突のリスクを最小限に抑える必要性がある。

　夏は、熱中症が最も多くなる季節である。子どもは大人よりも身長が低いため、地面からの照り返しの影響を強く受ける。また、体重に比べて体表面積が広い分、気温など周囲の環境の影響を受けやすい。大人に比べて暑さに弱く熱中症になりやすいため、水分・塩分の補給についてコーチが気をつけるべきである[26]。子どもが「喉が渇いた」と思ったときには、すでにかなりの水分が失われている。寝ている間にも汗をかいたりするため、トレーニング開始前に水分補給をさせることも大切である。

5 子どもへの声かけ

　子どもに対して叱る場面は、2 つだけといっても過言ではない [27]。それは、「道徳に反することをしたとき」と「危険なことをしたとき」である。幼いほど善悪の判断能力やその後に起こる事態の予知能力が未熟なため、時には自己中心的な行動や危険な行為をしがちである。これらの場面では、しっかりその原因となる行動と理由を説明して、その場で叱ることが大切である。ただし、叱る基準はいつも一定でなくてはならない。注意した点が改善されたときは、社会性の成長と捉え、しっかりと褒めるようにする。

　トレーニング中には、細かく説明することも時には大切であるが、問いかけることによって子どもの要求や子どもを導く方向を明確にしていくことも重視すべきである。その際、Yes ／ No を迫る質問（クローズドクエッション）と 5W1H（いつ、どこ、誰、なに、なぜ、どのように）で始まる質問（オープンクエッション）の両者をうまく活用する [28]。しかし、「なぜそうしたの？」とできなかった理由を問うような場合、「○○がパスをくれなかった」などの他責な言い訳が返ってきてしまうこともある [29]。ミスを責めるのではなく、次にどのようにしたらうまくいくかを自ら考えさせるような問いかけを心がけることが大切である。

引用文献

1 ）佐竹隆『最新スポーツ科学事典』平凡社　2006 年　p.719

2 ）土肥美智子「第 11 回骨年齢―子供の成長は歴年齢だけではわからない！―」
https://www.jfa.jp/football_family/medical/column11.html

3 ）Norges Idrettsforbund, Children's rights in sport, 2015.

4 ）WHELAN JJE. Decision Making in professional soccer: From Match-Play to training, Liverpool John Moores University for the degree of Doctor of Philosophy, 2021, p.9

5 ）Durandt J, Parker Z, Masimla H and Lambert M. Rugby-playing history at the national U13 level and subsequent participation at the national U16 and U18 rugby tournaments, *South African Journal of Sports Medicine*, 23(4), 2011, pp.103-105

6 ）Bailey R, Cope EJ and Pearce G. Why do children take part in, and remain involved in sport? A literature review and discussion of implications for sports coaches, *International Journal of Sports Science & Coaching*, 7(1), 2013, pp.55-74

7 ）Burdi AR, Huelke DF, Snyder RG and Lowrey GH. Infants and children in the adult world of automobile safety design: Pediatric and anatomical considerations for design of child restraints, *Journal of Biomechanics*, 2, 1969, pp.267-280

8 ）井梅由美子・大橋恵・藤後悦子「小学生のスポーツ活動における保護者の関わり―スポーツ・ハラスメントに着目して―」『東京未来大学研究紀要』第 11 巻　2017 年　pp.1-11

9 ）L. フラナガン（佐伯葉子訳）『子供たちのスポーツを取り戻せ‼』東洋館出版社　2023 年　p.292

10）同上書　p.296

11）日本スポーツ協会「発育期のスポーツ活動ガイド」2021 年　p.5

12）Baker J. Early specialization in youth sport: a requirement for adult expertise?. *High Ability Studies*,

14(1), 2003, pp.85-94

13) Côté J, Baker J and Abernethy B. From play to practice: A developmental framework for the acquisition of expertise in team sports. In: Starkes JL and Ericsson KA (eds.) *Expert performance in sports: Advances in research on sport expertise.* Champaign, IL, Human Kinetics, 2003, pp.89-110

14) 日本陸上競技連盟「『日清食品カップ』第 38 回全国小学生陸上競技交流大会 監督・競技者注意事項」2022 年
https://www.jaaf.or.jp/files/upload/202208/03_094341.pdf

15) 日本水泳連盟「第 44 回全国 JOC ジュニアオリンピックカップ夏季水泳競技大会」online
https://swim.or.jp/swim/japan_record/2021/06/

16) 日本体操協会「2022 年版全国ブロック選抜 U-12 適用規則」2022 年
https://www.jpn-gym.or.jp/artistic/wp-content/uploads/sites/2/2022/04/25ddc17ce5cd3e9d9bc9a7debc4e5a57.pdf

17) 日本スケート連盟「2021-22 ノービス課題」2021 年
https://www.skatingjapan.or.jp/common/img/info/2021-22%20JSF_Nv.pdf

18) 日本水泳連盟「アーティスティックスイミング競技規則（2018）」2018 年度　pp.200-203

19) 日本バスケットボール協会「マンツーマンディフェンスの基準規則」2023 年
http://www.japanbasketball.jp/wp-content/uploads/mandf_Regulation_20230401.pdf

20) 全日本柔道連盟「中学生の試合における絞技の取り扱い並びに国内における『少年大会特別規程』への反映について」2022 年
https://www.judo.or.jp/cms/wp-content/uploads/2022/01/ 少年大会特別規程改正 2022.1.24-1.pdf

21) 全日本剣道連盟「剣道の試合・審判のルール」online
https://old2.kendo.or.jp/kendo/competitions_refrees/#compentitions2-4

22) 前掲書 10) p.3

23) Jayanthi NA, LaBella CR, Fischer D, Pasulka J and Dugas LR. Sports-specialized intensive training and the risk of injury in young athletes: A clinical case-control study, *The American journal of sports medicine*, 43(4), 2015, pp.794-801

24) Schubert R and Späte D. *Kinder für Handball begeistern.* Münster, Philippka-Sportvertrag, 2009, pp.40-41

25) 植田文也『エコロジカル・アプローチ』ソルメディア　2023 年　p.18

26) 国立成育医療研究センター「熱中症（熱射病）」
https://www.ncchd.go.jp/hospital/sickness/children/heatstroke.html

27) 日本スポーツ協会「ACP ガイドブック第 3 版」
https://www.japan-sports.or.jp/Portals/0/data/supoken/doc/jspo-acp/jspo-acp_chapter4.pdf, p.93

28) 勝田隆『知的コーチングのすすめ』大修館書店　2010 年　p.86

29) 菊原志郎・仲山進也『サッカーとビジネスのプロが明かす育成の本質』徳間書店　2021 年　p.192

学びの確認

①年齢には、誕生したときからの経過時間を年単位または年月、月日単位で表す（　　　　）年齢と骨年齢や歯牙年齢などの生物学的な成熟を測ったうえでの年齢を表す（　　　　）年齢の２つがある。

②子どもたちがスポーツ活動を続ける要因として、「（　　　　）」「有能であると感じること」「新しいスキルを学ぶこと」「（　　　）と一緒にいること」「保護者の態度」の５つがあげられている。

③国内外のさまざまな競技において、子どもの（　　　　）への適応や長期的な視野に立った選手育成の実現を目指して子ども特有の競技規則が導入されている。

④成人に対するトレーニングと子どもに対するトレーニングの違いについて考えてみよう。

複数の選択肢の中から選ぶということ

筑波大学／中山紗織

■「わたし」の経験

中学1年生から大学4年生までの10年間、選手としてハンドボールに携わった私は、その後小学生の指導者としてのキャリアをスタートした。当時は、小学生に対するハンドボールコーチングに関する資料をうまく収集することができなかったことから、私のそれまでの経験をもとに、小学生でもできるような練習を考案、実践していた。子どもたちの様子を見ていると、「何かもっといいやり方があるはず」と思う一方で、そのやり方がわからないといった状況であった。

■ ドイツ留学

日本において1年間のコーチング経験を積んだ後、ドイツ留学を決断した。ちなみにドイツのハンドボール関係者は、ドイツで1番人気なスポーツはサッカー、2番目はハンドボールと言っていた。実際に留学先の大学の図書館へ行くと、ハンドボールに関する指導書は日本のそれの数倍（または数十倍）あった。その大学のハンドボールの教授は近隣のハンドボールクラブ（育成年代）の監督を兼任していたため、大学では理論を、クラブでは実践を学ぶことができた。そして、学べば学ぶほど、「何もかもドイツのやり方がよいのではないか」と感じていた私に対する留学先の教授の言葉がとても印象に残っている。「どんなことにおいてもAとBとを混ぜ合わせたものが最良だったりする」。どちらかに傾きがちな私にとって今後も大切にしたい考え方である。

■ 帰国、そして失敗

帰国後はドイツのハンドボールについて紹介する機会があった。そこで私は、教授からいただいた素敵な言葉とは裏腹に、ドイツにおけるハンドボールの選手育成について、それが最良であるかのようにお話をしていたように思う。受講者の反応をみると、うまく伝わっていなかったと感じたからだ。当時指導させていただいていた小学生チームでの練習も、日本流からドイツ流へと変更してしまったため、受け入れられていなかった部分もあったように思う。

■ 日本流とは？

ドイツをはじめとする欧州諸国では、1回の練習は約90分、小学生年代の場合は週1～3回程度が一般的である。それと比べると、日本の練習時間は長い傾向にある。例えば、私が所属する日本の小学生チームは週1回の練習回数ではあるものの、小学校低学年は2時間30分、高学年は3時間であり、欧州と比べると1時間以上長い。留学から帰国当初は、練習時間の長さに慣れずに、「間伸びしているのではないか」「集中力が切れるのではないか」などとネガティブな側面ばかり考えていた。

それから少し経った現在、練習時間の長さは、保護者の方が子どもを預けられるのにちょうどよい長さの時間なのではないかと思っている。そのように思ってからは、練習メニューを詰め込むのではなく、時には子どもたちとの雑談タイムがあってもいいのではないかと考えている。実際に、「コーチが話を聞いてくれるから練習が楽しい」と感じている子もいるようである。

これは1つの例に過ぎないが、日本とドイツにおける取り組みを知ることで、それぞれの特徴を理解すること、それらの特徴を考慮して私の行動を決め、実際に効果的なのかどうかをみたり反省したりできることがコーチとしてとても楽しいと感じている。今後も学び続けること、そして行動の選択肢を増やすこと、試行錯誤することを楽しみたい。

女性アスリートへのコーチング

なぜこの章を学ぶのですか？

　男女では身体の機能に違いがあります。第二次性徴を迎えると身体つきも明確に変化があります。女性では月経の発来があり、コンディションや競技パフォーマンスにも大きく関わってくるからです。

第9章の学びのポイントは何ですか？

　女性アスリートはホルモンの分泌や変動が心身に大きく影響します。また女性アスリートの3主徴や貧血、摂食障害といった女性アスリート特有の問題が多くあり、これらは見過ごすことのできない重大な健康問題です。

考えてみよう

① 男女の身体的な特徴の違いにはどのようなものがあげられるだろうか。

② 貧血が続くと女性アスリートの身体にはどのようなことが問題になるのだろうか。

1 性差を考慮するうえでの重要な要素

思春期を迎える頃に身体が変化する第二次性徴は、ホルモンがきっかけになる。このホルモンによって男女の生理学的、骨格的、性機能の差[*1] が顕著になる。女性は、第二次性徴により月経が発来し、心身にさまざまな変化をもたらす。

1 男性と女性の身体的特徴の違い

学校での体育の授業を思い出してみてほしい。小学生の頃には徒競走やドッジボールをやっても男女差がなかったのに、中学生、高校生と成長につれて男女差を感じる場面はなかっただろうか。またトレーニングを行っていく中で、「女性は身体が柔らかい」「男性は筋トレをすると筋肉がつきやすい」と感じたことがないだろうか。これらの違いには性ホルモンが関与している。

思春期を迎える頃になると、第二次性徴によって心身にさまざまな変化がみられ、男女の特徴も顕著に現れる。思春期になると脳内にある視床下部から性腺刺激ホルモン放出ホルモンの GnRH[*2] を出すように命令が出され、下垂体から性腺刺激ホルモンのゴナドトロピンが分泌され、男性は精巣、女性は卵巣に作用し、精巣からは男性ホルモン、卵巣からは女性ホルモンが分泌される。これらのホルモンは血液により身体の各部位に運ばれ、男性、女性としての第二次性徴が出現するきっかけになる。この男性ホルモン、女性ホルモンが男女の生理的、骨格的、性機能の差をつくるものになるのである。男性は女性に比べて、身長や体重、筋肉量、有酸素能力、無酸素能力、スピード、パワー、筋力、ヘモグロビン、血液量といった値が高くなる。女性が男性より高い値を示す唯一の生理学的な数値は体脂肪率であり、これは乳房や殿部、大腿部につく必須脂肪が高いためで、第二次性徴の証でもある。

2 月経周期による影響

(1) 月経のメカニズム

第二次性徴により、女性は月経が発来し、身体にさまざまな変化をもたらす。月経のメカニズムは、まず前述の GnRH の分泌によって脳下垂体前葉から卵胞刺激ホルモン（Follicle stimulating hormone：FSH）が分泌され、卵胞の発育を促進させる。この卵胞から分泌された卵胞ホルモンのエストロ

*1
第 4 章では社会的な性差である「ジェンダー」について述べているが、本章では生物学的な性差である「セックス」による男女の違いについて述べる。

*2　GnRH
Gonadotropin releasing hormone の略。ゴナドトロピン放出ホルモン。性腺刺激ホルモン放出ホルモンのこと。

ゲンの作用で子宮内膜が厚くなる（増殖期）。卵胞が 18 〜 20 mm 大まで成長し、卵胞から分泌されるエストロゲン値がピークになると、視床下部、下垂体を刺激して、下垂体前葉から黄体化ホルモン（Luteinizing hormone：以下「LH」）が大量に分泌される。この刺激により卵胞から卵子が排出され、排卵が生じる。排卵後、卵胞は 24 〜 96 時間後に黄体となり、この黄体から黄体ホルモンであるプロゲステロンが分泌される。エストロゲンおよびプロゲステロンの働きにより、子宮内膜は受精卵が着床しやすい状態になる（分泌期）。妊娠が成立すれば、黄体からプロゲステロンが分泌され続けるが、妊娠が成立しない場合は、黄体は寿命が 2 週間しかないため白体へと変化する。黄体が白体へと変化するとともに、プロゲステロンが減少することで、子宮内膜は厚くなった状態を維持できずに剥がれ落ち、膣から排出されるのが月経である。

　卵巣と子宮は性ホルモンの分泌によって周期的に変化するが、その機能は異なるため月経周期の名称も異なる。卵巣の周期は、卵胞期（月経開始〜排

図 9-1　月経周期に伴うホルモン分泌・基礎体温の変化

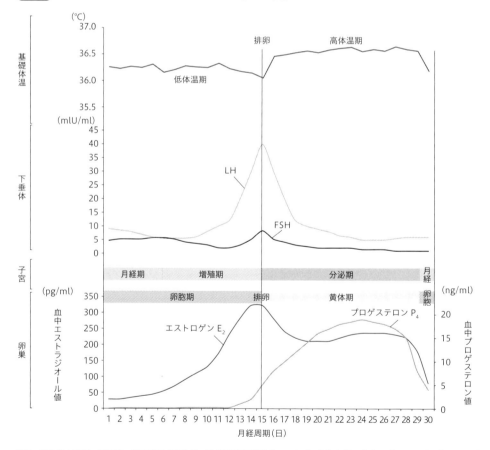

出典　落合慈之監修　角田肇・針原康編『婦人科・乳腺外科疾患ビジュアルブック第 2 版』学研メディカル秀潤社　2017 年　p.79
　　をもとに筆者作成

卵の直前）と、黄体期（排卵～次の月経の直前）に分かれる。この一連の流れは妊娠期間を除く閉経までの期間、女性の身体で繰り返し生じている（図 9-1）。

（2）月経によるさまざまな問題

　月経前および月経中に月経に随伴して生じる下腹部痛、腰痛、頭痛、疲労・脱力感、食欲不振等の症状を総称して月経随伴症状という。月経随伴症状は、月経困難症と月経前症候群の大きく 2 つに分類される。

　月経困難症とは、月経期間中に月経に随伴して起こる病的症状である[*3]。月経困難症は、原因が不明な機能性（原発性）月経困難症と原因が特定できる器質性（続発性）月経困難症に分けられる。

　月経前の 3 ～ 10 日の間続く精神的あるいは身体的症状で、月経発来とともに減退ないし消失するものを月経前症候群（Premenstrual Syndrome：以下「PMS」）という[*4]。

　一般女性の 80％前後が PMS に関連する症状を 1 つ以上有している[1) 2) 3)]ことや月経困難症を有する女性の割合は、80％前後であることが報告されており[4) 5) 6)]、月経随伴症状は多くの女性が抱える問題であり、身体症状のみならず、精神症状にも及ぶことから決して無視できないものである。

[*3　月経困難症の症状
下腹部痛、腰痛、腹部膨満感、嘔気、頭痛、疲労・脱力感、食欲不振、イライラ、下痢および憂うつの順に多くみられる。]

[*4　月経前症候群の症状
主な症状として、身体症状では手足のむくみ、腹部膨満感、乳房圧痛、腰痛、頭痛、眠気などがあり、精神症状ではイライラ、抑うつ、怒りの爆発、不安感などがあげられる。]

2 アスリートと月経

　女性アスリートの月経周期や月経随伴症状によるコンディションやパフォーマンスへの影響は、個人差によるところが大きいものの、体調面のみならず心理面にも大きな負担になっている。月経に対する正しい理解のもと、アスリートが話しやすい環境をつくることが大切である。

1 月経がパフォーマンスやコンディションに及ぼす影響

（1）女性アスリートと月経

　女性アスリートにおいては、月経期や黄体期に主観的なコンディションの低下や全身持久力や間欠的持久力、敏捷性といったパフォーマンス指標の低下が認められる[7) 8) 9)]ことが報告されている。一方で、持久力や間欠運動、無酸素パワーといったパフォーマンスについては月経周期によって変動しない[10) 11)]という報告もあることから、月経周期でみたパフォーマンスの影響

については個人差が大きいといえる。

　また、月経困難症やPMSといった月経随伴症状の女性アスリートの有病率は80％以上[12]であることから、これらもコンディションやパフォーマンスに影響を及ぼしている可能性が高いといえる。実際に、月経随伴症状により主観的コンディションの低下を招き、ジャンプなどのパフォーマンスが変動することも明らかとなっている。女性アスリートの月経周期や月経随伴症状によるコンディションやパフォーマンスへの影響は、個人差によるところが大きいものの、体調面のみならず心理面にも大きな負担になっているということは想像に難くないだろう。

（2）女性アスリートと月経異常・無月経

　女性アスリートは一般女性よりも無月経や月経不順といった**月経周期異常***5のリスクが高く、女性アスリートの約40％に月経周期異常があると報告されている。この原因としては、黄体期における女性ホルモン濃度の低下や日々のトレーニングや試合等による心身にかかるストレスによるものと考えられている。

　一般女性の平均初経年齢は12.2歳であるのに対し、女性アスリートは12.9歳と初経年齢が遅延することが報告されている[13]。初経発来には、個人差があるが、15歳を過ぎても初経がない場合には、産婦人科で相談するべきである。18歳以上になっても月経発来がない状態は**原発性無月経**といい、これは卵巣性の異常が原因とされている。

　原発性無月経に対し、これまであった月経が3か月以上停止した状態を**続発性無月経**という。続発性無月経の原因は視床下部性が多くを占め、**視床下部性無月経**は、精神的ストレスや急激な体重減少が関係していることがある。視床下部性無月経は、一般女性よりも女性アスリートの割合が高い[14]という報告がある。女性アスリートの中でも競技別でみると、審美系、持久系で無月経の割合が高く、さらに**BMI**[*6] $18.5\,\mathrm{kg/m^2}$ 未満になると無月経の割合は高くなること[15]も報告されている。女性アスリートにおける無月経は、疲労骨折等のリスクを増加させ、結果的にパフォーマンスやコンディションの低下につながる重大な問題なのである。

（3）女性アスリートの3主徴

　女性アスリートの3主徴（Female Athlete Triad：以下「FAT」）とは、アメリカスポーツ医学会により定義された女性アスリートにおける健康問題で、摂食障害の有無によらない利用可能エネルギー不足（low energy availability）、視床下部性無月経（functional hypothalamic amenorrhea）、

*5　月経周期異常
月経に関する基準は下表のとおりである。

月経周期

正常	25〜38日
頻発月経	24日以下
希発月経	39日以上3か月未満
続発性無月経	これまで来ていた月経が3か月以上止まっている状態

月経期間

正常	3〜7日
過短月経	2日以内
過長月経	8日以上

初経

基準（平均）	10歳〜（12.3歳）
早発月経	9歳以下
遅発月経	15歳以上
原発性無月経	18歳以上

*6　BMI
Body Mass Index: 体格指数のこと。BMI＝体重（kg）÷身長（m）² で算出する。

図 9-2　女性アスリートの 3 主徴

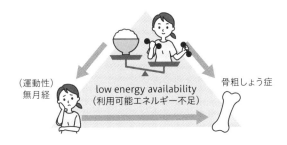

（運動性）無月経　　low energy availability（利用可能エネルギー不足）　　骨粗しょう症

骨粗しょう症（osteoporosis）の 3 つの症状の総称である（**図 9-2**）。

　FAT の始まりは、利用可能エネルギー不足であると考えられており、第 1 スクリーニングの方法として、成人は BMI $17.5\,\text{kg/m}^2$ 以下、思春期では標準体重の 85％以下を用いて評価する。長期間利用可能エネルギー不足が続くと脳下垂体から黄体化ホルモン（LH）の周期的な分泌が抑制され、無排卵となる。無排卵の状態のまま利用可能エネルギー不足が続くと無月経になる。女性にとって重要なホルモンの 1 つであるエストロゲンは、カルシウムの吸収を促進し骨量を維持する働きを持つことから、無月経の状態が続くと骨密度が減少し、骨粗鬆症や疲労骨折のリスクが増加する。このことから FAT を持つアスリートは、疲労骨折のリスクが高まることが考えられる。

2 月経周期とコンディショニング

（1）月経と付き合っていくために

　月経は初経を迎えてから妊娠期間を除く閉経までの期間、女性が付き合っていくものである。アスリートは月経周期によりコンディションやパフォーマンスが変動することから、狙った試合で最大限のパフォーマンスを発揮ができるよう、コンディショニング方法について考える必要がある。

　コンディショニング方法の 1 つとして、まずは月経に関する正しい知識をつけ、自身の月経周期や月経期間を理解し管理することである。

　月経周期や月経期間を把握することで、毎月どの時期に月経が来るかを予想することが可能である。また基礎体温[*7]を測定することで月経周期を予測することも可能である。月経の管理方法として、近年はスマートフォンやタブレット端末の発達により、月経を管理できるさまざまなアプリケーションが開発されている。これらをうまく活用し、日々の心身の変化について記録することで、月経前や月経時の体調の変化について理解し、対策を講じることが可能である。

＊7　基礎体温
安静状態で測定した体温のこと。微細な温度変化を測定できる（小数点第 2 位まで測定することが可能）婦人科体温計を用いて朝目が覚めて起き上がる前に測定する。

またアスリートの月経周期によるコンディショニング方法として、経口避妊薬を用いた**月経調整**がある。経口避妊薬には、避妊のイメージが強いが、月経困難症やPMSの治療にも使用されている。月経移動のみの目的では保険適用外となり自費での処方となるが、月経困難症やPMSの治療目的だと保険適用となる。経口避妊薬は婦人科の受診が必須であるが、服薬により試合に月経が重ならないように月経周期調整することも可能である。婦人科を受診するきっかけは妊娠や検診を機にする人が多いのではないだろうか。実際に日本のトップアスリートの婦人科受診率は26％程度と非常に少ない割合である[16]。諸外国においては女性アスリートの80％以上が経口避妊薬を用いた月経対策を図っている[17] [18] [19]。わが国の女性アスリートにおける経口避妊薬等の使用率は27％程度であり、経口避妊薬の使用に関する認知度が低いことが報告されている[20]。経口避妊薬の服薬による副作用は個人差が大きく、薬剤も多種多様で合う／合わないがあることから、最低でも2～3か月は調整期間を設けたうえで治療を開始することが望ましい。使用を希望する際は専門医の指導のもと、余裕を持ったスケジューリングが重要である。

（2）コーチとしてのアスリートの月経の付き合い方

　月経痛や月経そのものの不快感、月経に伴うパフォーマンスの低下から月経を回避したいと思う女性アスリートは少なくないと思われる。そこで、「月経が止まる」状態をあえて放置している女性アスリートがいたとしたら、それをコーチはアスリート本人の意思とみなして容認してよいのだろうか。アスリートとして活躍できる時期は限られており、競技人生を終えてからの期間のほうが長い。無月経の状態を長期間放置していると、心身の健康に悪影響を及ぼすだけでなく、将来妊娠を希望したときにそれが難しい場合もある。アスリートとしての人生のみに限らず、長い人生を健康に過ごすために、月経と向き合うことの大切さを知ってほしい。

　アスリートが抱える月経の問題は多種多様であるが、コーチの立場からどのようなことができるだろうか。まずは先述したとおり、アスリート自身が月経周期や月経状態を把握することが重要である。そしてコーチも月経の正しい知識をつけるとともにアスリートと月経について話し合うことのできる関係性を構築することも必要である。先行研究ではコーチにおいては半数以上が自身の指導する選手の月経状態を把握していないことが報告されており[21]、月経に関する理解や認知度が非常に低いことがうかがえる。

　日頃からアスリートとコミュニケーションを図り、些細なことでもアスリートが気軽に話せる関係性をつくっておくことが重要である。

3　女性アスリートの貧血・摂食障害

　女性アスリートは鉄分の排出量・需要量の増加から貧血のリスクが高まる。定期的な血液検査などで身体の状態をモニタリングすることが大切である。女性アスリートの摂食障害の発症リスクは一般女性の 2 ～ 3 倍ほど高い。摂食障害は、無月経や骨粗しょう症といった婦人科・整形外科系の疾患以外にも心や身体のさまざまなシステムに影響を及ぼし、パフォーマンスやコンディションの低下につながるものである。

1　貧血

（1）アスリートと貧血

　貧血とは、酸素運搬能に寄与する赤血球数、ヘモグロビンの血中濃度が減少した状態である。女性アスリートは、月経による出血や、発汗、トレーニングによる鉄分の排出量・需要量の増加から貧血のリスクが高まる。貧血になると疲れやすさや息切れ、倦怠感といった症状がみられる。特に持久系のアスリートにおいて貧血は持久力の低下に影響し、パフォーマンス低下の要因となり得ることが考えられる。

　ただ一方で、貧血状態ではないのに、疲労感の軽減やパフォーマンス向上を期待し、鉄剤注射を乱用しているという実態が浮き彫りになり問題となっている[8]。人体には、過剰に摂取した鉄を体外に積極的に排出する機構が存在しないことから、鉄剤注射が繰り返されると容易に鉄過剰状態となり、臓器に沈着するなどして重篤な体調不良が引き起こされる可能性が指摘されている。

（2）貧血の予防について

　アスリートが貧血を予防するためにはどのようなことが必要だろうか。まずは、定期的に血液検査を受け、自身の身体の状態を客観的にモニタリングすることが必要である。そして貧血の疑いがある場合には、普段の食事からのアプローチが必要である。アスリートに多くみられる貧血のうち、鉄欠乏性貧血は鉄分に加え、たんぱく質不足も関与している。したがって、食事から鉄分を多く含むもの（非ヘム鉄：ほうれん草、小松菜など、ヘム鉄：レバー、いわしなど）に加え、たんぱく質を含むもの（肉、魚、卵、大豆製品）を積極的に取り入れることが必要である。加えて、非ヘム鉄の食材は鉄の吸収率を高めるため、ビタミン C を多く含む食品と組み合わせて摂るとよい。

＊8　鉄剤注射の乱用
日本陸上競技連盟では 2018 年に「不適切な鉄剤注射の防止に関するガイドライン」を策定した。これには高校駅伝の出場している強豪校で鉄剤注射を競技力向上のために安易に行っていたことが背景にある。
鉄欠乏性貧血治療の第一選択は経口鉄剤としている。この理由として鉄剤の経口投与は鉄剤注射とは異なり、体内の鉄不足が解消されると消化管からの鉄吸収が抑制されるので、鉄過剰状態となるリスクが小さいことをあげている。

バランスのよい食事を心がけるとともに定期的に血液検査を行い、自身の身体をモニタリングすることで貧血予防に努めることが重要である。

2 摂食障害

摂食障害とは、食行動の重篤な障害を特徴とする精神疾患である。極端な食事制限と著しいやせを示す神経性食欲不振症（拒食症）と、むちゃ喰いと体重増加を防ぐための代償行動を繰り返す神経性過食症（過食症）とにわけられる。拒食症も過食症も 10 ～ 20 代の女性に多く、90％が女性である[22]。

アスリートの摂食障害の発症リスクは一般女性の 2 ～ 3 倍とされている[23]。また競技種目別にみると、痩せている方が有利と誤った思い込みがされる審美系や階級系、持久系の競技で多いとされている。

アスリートに摂食障害が多い背景として、完璧主義や忍耐力の強さ、優等生思考といったアスリートにみられる真面目な性格が考えられている。アスリートにとって摂食障害は身近な疾患であり、無月経や骨粗しょう症といった婦人科・整形外科系の疾患以外にも心や身体のさまざまなシステムに影響を及ぼし、パフォーマンスやコンディションの低下につながるものである。

体重のコントロールがパフォーマンスを左右する要因となる競技種目のアスリートに対し、「体重や体型にこだわるのはよくない」などといったアプローチをすることは好ましくない。食事への過度のこだわりによって日常生活や競技生活が阻害されていたり、下剤等の薬物を乱用していたりすれば、問題として対処する必要がある。またアスリート自身が摂食障害に対する問題に気づいていたとしても、自己嫌悪やメンバー落ちへの不安から隠していることもある。アスリート自身だけで摂食障害を克服することは難しく、周囲のサポートが必要不可欠である。摂食障害の疑いがある場合には、専門医への受診をするとともに、誰もが何気ないきっかけで発症するリスクがあることをアスリート自身だけでなく、周りのコーチや関係者も自覚を持つことが非常に重要である。

引用文献

1 ）Arafa AE, Senosy SA, Helmy HK and Mohamed AA. Prevalence and patterns of dysmenorrhea and premenstrual syndrome among Egyptian girls (12-25years). *Middle East Fertil Soc J*, 23, 2018, pp.486-490

2 ）Ju H, Jones M and Mishra GD. Premenstrual syndrome and dysmenorrhea: Symptom trajectories over 13 years in young adults. *Maturitas*, 78, 2014, pp.99-105

3 ）Brohi ZP, Haider G, Zehra N and Amna A. Frequency and impact of premenstrual syndrome on quality of life. *Pak J Med Sci*, 27, 2011, pp.396-400

4 ）Nohara M, Momoeda M, Kubota T and Nakabayashi M. Menstrual cycle and menstrual pain problem and related risk factors among Japanese workers. *Ind Health*, 49, 2011, pp.228-234

5 ）Ameade KPE, Amalba A and Mohammed SB. Prevalence of dysmenorrhea among university students in Northern Ghana, its impact and management strategies. *BMC Women's Health*, 18(39), 2018, pp.1127-1136

6 ）Soderman L, Edlund M and Marions L. Prevalence and impact of dysmenorrhea in Swedish adolescent. *Acta Obstet Gynecol Scand*, 98, 2019, pp.215-221

7 ）橋本有紀・目崎登「月経周期と女子ハンドボール選手のパフォーマンスの関係」『日本女性心身医学会誌』第 6 巻 2001 年　pp.108-115

8 ）Shakhlina L, Roda O, Kalytka S, Romaniuk O, Matskevych N and Zakhozhyi V. Physical performance during the menstrual cycle of female athletes who specialized in 800m and 1500m running. *JPES*, 16(4), 2016, pp.1345-1351

9 ）Julian R, Hecksteden A, Fullagar H HK, and Meyer T. The effect of menstrual cycle phase on physical performance in female soccer players. *PLOS ONE* 12(3), 2017, e0173951

10）Burrows M and Bird SR. Velocity at VO_2 max and perk treadmill velocity are not influenced within or across the phase of the menstrual cycle. *Eur J Appl Physiol*, 93, 2005, pp.575-580

11）Tsampoukos A, Peckham EA, James R and Nevill ME. Effect of menstrual cycle phase on sprinting performance. *Eur J Appl Physiol*, 109, 2010, pp.659-667

12）Momma R, Nakata Y, Sawai A, Takeda M, Natsui H, Mukai N and Watanabe K. Comparisons of the Prevalence, Severity, and Risk Factors of Dysmenorrhea between Japanese Female Athletes and Non-Athletes in Universities. *Int J Environ Res Public Health*, 19(1), 2022, p.52

13）大須賀穣・能瀬さやか「アスリートの月経周期異常の現状と無月経に影響を与える因子の検討―若年女性のスポーツ障害の解析」『日本産科婦人科学会雑誌』第 68 巻　2016 年　pp.4-15

14）同上書

15）同上書

16）北脇城「女性選手および指導者に対する OC・LEP 使用状態調査―月経困難症―」『日本産婦人科学会雑誌』第 68 巻第 4 号付録　2016 年　pp.38-47

17）Martin D, Sale C, Cooper SB and Elliott-Sale KJ. Period Prevalence and perceived side effects of hormonal contraceptive use and the menstrual cycle in elite athletes. *Int J Sports Physiol Perform*, 13(7), 2018, pp.926-932

18）Torstveit MK, and Sundgot-Borgen J. Participation in leanness sports but not training volume is associated with menstrual dysfunction: a national survey of 1276 elite athletes and controls. *Br J Sports Med*, 39, 2005, pp.141-147

19）Jan B, Helena L, Maria K, Pia D, Barbro H and Mats H. Oral contraceptive use among female elite athletes and age-matched controls and its relation to low back pain. *Acta Obstet Gynecol Scand*, 76, 1997, pp.873-878

20）東京大学医学部附属病院女性診療科・産科「「Health Management for Female Athletes Ver.3―女性アスリートのための月経対策ハンドブック―」2018 年
https://www.jpnsport.go.jp/Portals/0/HMFAver3.pdf

21）前掲書 16)

22）厚生労働省「摂食障害：神経性食欲不振症と神経性過食症 e- ヘルスネット」
https://www.e-healthnet.mhlw.go.jp/information/heart/k-04-005.html

23）Torstveit MK and Sundgot-Borgen J. The Female Athlete Triad Exists in Both Elite Athletes and Controls. *Med Sci Sports Exerc*, 37, 2005, pp.1449-1459

参考文献

落合慈之監修　角田肇・針原康編『婦人科・乳腺外科疾患ビジュアルブック第2版』学研メディカル秀潤社　2017年

目崎登『女性スポーツの医学』文光堂　1997年

能瀬さやか・土肥美智子・難波聡・秋守恵子・目崎登・小松裕・赤間高雄・川原貴「女性トップアスリートの低用量ピル使用率とこれからの課題」『日本臨床スポーツ医学会誌』第22巻　2014年　pp.122-127

佐々木万丈・渋倉宗行・今薗由望「女性スポーツ選手による月経及び月経随伴症に対する認知的評価」『スポーツ心理学研究』第42巻　2015年　pp.22-34

Bushman B, Masterson G, Nelsen J. Anaerobic power performance and the menstrual cycle: eumenorrheic and oral contraceptive users. *J Phys Fit Sports Med*, 46(1), 2006, pp.132-137

Loucks AB, and Thuma JR. Luteinizing hormone pulsatility is disrupted at a threshold of energy availability in regularly menstruating women. *J Clin Endocrinol Metab*, 88(1), 2003, pp.297-311

Christo K, Prabhakaran R, Lamparello B, Cord J, Miller KK, Goldstein MA, Gupta N, Herzog DB, Klibanski A and Misra M. Bone metabolism in adolescent athletes with amenorrhea, athletes with eumenorrhea, and control subjects. *Pediatrics*, 121(6), 2008, pp.1127-1136

Barrack MT, Gibbs JC, De Souza MJ, Williams NI, Nichols JF, Rauh MJ and Nattiv A. Higher incidence of bone stress injuries with increasing Female Athlete Triad-related risk factors. *Am J Sports Med*, 42(4), 2014, pp.949-958

Middleton LE and Wenger HA. Effects of menstrual phase on performance and recovery in intense intermittent activity. *Eur J Appl Physiol*, 96, 2006, pp.53-58

日本スポーツ振興センターハイパフォーマンススポーツセンター国立スポーツ科学センター「成長期女性アスリート指導者のためのハンドブック」2014年
https://www.jpnsport.go.jp/hpsc/business/female_athlete/program/tabid/1331/Default.aspx

日本スポーツ協会「女性スポーツ促進に向けたスポーツ指導者ハンドブック」2019年
https://www.japan-sports.or.jp/Portals/0/data/supotsu/doc/womensport/womensportsbook01.pdf

学びの確認

①月経には、卵胞ホルモンである（　　　　　　　　　　）と黄体ホルモンである（　　　　　　　　　）が大きく関与している。

②女性アスリートの3主徴とは、摂食障害の有無によらない（　　　　　　　　　）、（　　　　　　　　　　）、（　　　　　　　　　）の3つの症状の総称である。

③貧血とは、酸素運搬能に寄与する（　　　　　　）数、（　　　　　　　　　）の血中濃度が減少した状態である。

④摂食障害について説明してみよう。

月経との付き合い方
―正しい知識をつけて、自分の状態を知る―

国立スポーツ科学センター／門馬怜子

■ アスリートのための「月経」、どこで学ぶ？

　みなさんは月経についてどの程度知識を持っていますか。小学校、中学校、高等学校の保健あるいは理科の授業で月経に関する基本的な知識を学ぶ機会はあるかと思いますが、多くは妊娠の成立に関するものが中心ではなかったでしょうか。本章でふれた月経に伴うコンディションやパフォーマンスの変化について学ぶ機会は少なかったのではないでしょうか。時々私はセミナーの講師を務める機会があるのですが、毎回セミナー後に「このような月経に関する知識はどこで学べますか」といった質問を受けます。実際に月経に関する知識を得られる機会がまだまだ少ないのが現状です。

■ 無月経と月経トラブルに悩まされる競技人生

　私自身、大学まで約10年間、陸上競技の中長距離種目に取り組んでいましたが、高校時代の3年間は無月経の状態で競技に取り組んでいました。幸いにも大きなケガはしませんでしたが、当時の私は無月経によるリスクやその重大さについては無知でした。またこのようなことを相談できる人は身近にいませんでした。

　大学進学後は、婦人科にかかり治療を受け、無月経は改善され月経が来るようになりました。しかし今度は月経によるコンディション不良やPMS、月経困難症、経口避妊薬服用による副作用、さらには摂食障害とさまざまなトラブルに悩まされ、不完全燃焼のまま競技から退きました。当時の自分に今の知識があったらもっと変わっていたかもしれない、そんな思いから自分と同じような思いをするアスリートを1人でも救いたいという一心で現在研究活動に励んでいます。

■ 月経周期に伴う心身の変化を知ろう

　月経を知ることは、アスリートのコンディション維持やパフォーマンス発揮に多いに役立ちます。月経周期に伴う心身の変化があることを知っていれば、「今は月経前でイライラしやすいから気分転換しよう」「月経中で月経痛があるからいつもより睡眠時間を長くとって無理をしないようにしよう」など自分なりの対策もできるようになるでしょう。

　また近年はスマートフォンやタブレット端末の発達により、月経を管理できるアプリケーションやアスリート向けのコンディショニングサポートツールが充実しています。それらを有効活用することで、月経とうまく付き合っていくことができると期待しています。

■ コーチにも求められる月経の正しい知識

　アスリートが月経に関連する問題でパフォーマンスに影響を受ける場合、コーチへ月経について話しにくい状況もあります。しかし、コーチが月経に関する正しい知識を持っていれば、月経について話しやすい環境をつくりだせるのではないでしょうか。月経はケガや病気と結びつくことがあるため、月経トラブルがわかれば専門医への受診を勧めることができます。また、月経の心身の変化のリズムを考慮して、パフォーマンスに影響する要因への対処方法をアスリートとともに模索できるでしょう。

　残念ながら、現時点では月経に関するコーチング方法は確立されていませんが、コーチは常に学習し続け、月経について正しく理解し、アスリートのコンディショニングに役立てる努力を続けることが求められているのです。

第10章 コーチングにおける情報戦略

なぜこの章を学ぶのですか？

　コーチは経験則から導かれたコーチングだけでなく、時には選手の体力データなどの客観的な情報を用いたコーチングを実践することが大切だからです。そうすることでコーチが教えなければいけないことと選手が身につけなければいけないことが可視化され、より説得力のあるコーチングが可能になります。

第10章の学びのポイントは何ですか？

　本章では、パフォーマンスの向上や競技成績に影響を与えるさまざまな情報があること、それらの情報を集める方法、コーチングへの活用方法を理解することがポイントになります。

＼＼ 考えてみよう ／／

① スポーツに関わる情報にはどのようなものがあるだろうか。

② 集めた情報をどのように生かすことができるだろうか。

1 競技スポーツにおける情報の種類と関わり方

　科学技術の進歩に伴い、パフォーマンスに影響を与える要因が明確になりつつあるとともに、その情報の収集も容易になってきた。そのため、コーチはさまざまな情報を適切に取り扱い、それを選手に還元することが求められる。コーチングを取り巻くさまざまな情報をうまく活用できるかどうかで選手の成長は大きく左右される。

1 コーチングにおける客観的な情報の必要性

　コーチは適切なコーチングを行うことで選手のパフォーマンスを向上させ、目標とする競技会において結果を出すことが求められる。したがって、選手の身体的特徴、メンタル、体力、技術力、戦術力、知的能力、経験などの個人的な情報を十分に理解し、さまざまな運動課題を克服させるためにその時点において最適な処方を考え、実践することが必要となる。チーム競技のコーチングでは、選手の個人的な情報に加え、個々の選手の情報を組み合わせたチーム全体の組織的な情報を収集し、整理しなければならない。また、試合期には、自チームの情報のみならず、対戦相手の情報、競技会場の環境の情報、レフェリーの情報などより多くの情報を収集する必要がある。なぜならば、このような情報を見誤った場合、合理的なコーチングを行うことは難しくなり、結果として選手のパフォーマンスの低下を招くだけでなく、身体的、精神的な傷害を負わせることにつながりかねないからである。このような事態を避けるために、コーチはコーチングの対象や時期に応じたさまざまな客観的な情報を集め、コーチングの方針、内容、方法を決定すること、すなわち情報戦略を行うことが求められる。

2 競技スポーツにおける情報と情報戦略

　競技スポーツにおける情報戦略とは、「意思決定者[*1]が正しい理にかなった判断・決断をするために『情報』を収集・加工・分析し、提供すること。その結果、意思決定者が決断を下し物事が動いていく一連の過程」[1]である。しかし、多くの情報が氾濫している中で、必要な情報を収集し、活用することに難しさを感じている人も多いのではないだろうか。そのため、スポーツ情報戦略の分野では、情報をインフォメーションとインテリジェンスの2

＊1　意思決定者
コーチング活動の決定権を有している者。多くの場合、監督が該当する。

131

つに分けて捉えることが多い[2]。インフォメーションとは「報告、画像、録音された会話など加工、統合、分析、評価および解釈のプロセスを経ていないマテリアル」であり、インテリジェンスとは「収集されたインフォメーションを加工、統合、分析、評価および解釈して生産されるプロダクト」[3]である。例えば、単に記録として撮影されたサッカーの試合映像はマテリアルであり、その試合映像を編集し、チームのパフォーマンス向上という目的のために再構築した場合、その映像情報はインテリジェンスとして扱われる。

　さらに、競技スポーツにおいてインテリジェンスは、人との接触で得られるヒューミント（HUMINT：Human Intelligence）、画像や映像から得られるイミント（IMINT：Imagery Intelligence）、公開されているインフォメーションから得られるオシント（OSINT：Open Source Intelligence）、測定によって得られるマシント（MASINT：Measurement & Signatures Intelligence）の4つに大別される。例えば、ヒューミントはさまざまな関係者から話を聞くことやコーチ同士の会話、イミントは試合映像、オシントは公開されている試合環境の情報やソーシャルネットワーキングサービス（SNS）での情報、マシントは体力測定の結果などが該当する[4]。

　インフォメーションとインテリジェンスの大きな違いは目的性にある[5]。コーチが目的を持って、目的なく存在するインフォメーションを収集、加工することで、意味のあるインテリジェンスが作成され、より合理的なコーチングに向けた意思決定が可能になると考えられる（**図10-1**）[6]。

図10-1　情報戦略の全体像

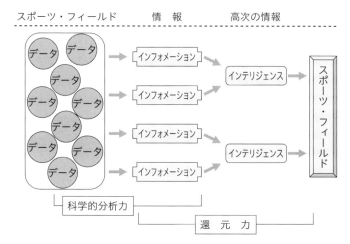

出典　豊田則成・志賀充・高橋佳三「スポーツ情報戦略の可能性」『Bulletin of Biwako Seikei Sport College』第5巻　2008年　pp.159-165

2 競技スポーツでの情報戦略のプロセスとさまざまな方法

　　情報戦略には「収集→加工→分析・評価→提供」という基本的なプロセスが存在する。しかし、収集する情報の形や内容によって、それぞれの段階で注意すべき点も変わる。コーチはどのような情報であっても、選手にとって「意味のある情報」に編集できる技術を獲得することが重要である。

1 情報戦略のプロセス

　コーチにとって情報戦略を意味のあるものするためには、収集➡加工➡分析・評価➡提供といった基本的なプロセスを踏むことが大切である（図10-2）。
　まず「収集」とは、目的達成につながると考えられるいくつかのインフォメーションを集める段階のことである。現代は、ウェブ、新聞、雑誌、書籍、SNSなどのさまざまなメディアによって意図せずとも多くの情報を入手することができる。その反面、情報過多となり本来入手する必要のあった情報を無意識のうちに排除してしまう可能性もある。そのため、収集の段階では、「何のためにどのようなインフォメーションが必要なのか」ということを念頭におき、自らインフォメーションを掴みに行く姿勢が重要といえる。
　次に「加工」とは、収集した複数のインフォメーションを何かしらの基準に従って整理していく段階のことである。例えば、撮影した複数のサッカーの試合映像を攻撃シーン、防御シーンに分類する作業などが該当する。
　さらに「分析・評価」とは、加工した情報に意味づけを行い、目的に対する知見を得る段階のことである。例えば「対戦チームの攻撃の特徴が知りたい」という目的だった場合、加工の段階で対戦チームの攻撃種類別の映像編集を行い、その後、「右側からロングパスを用いた攻撃パターンが多い」などの加工から推察される分析・評価を行う活動が該当する。
　最後に「提供」とは、分析・評価の結果を意思決定者（監督が分析を行う場合には、他のコーチや選手が主な対象となる）に対してプレゼンテーションをする段階である。この段階では、情報戦略の6要素の枠組みが有用といえる。具体的には、①今、何を最も伝え、何を相手の心に残すべきか（メッ

図10-2 情報戦略の基本のプロセス

収集 ➡ 加工 ➡ 分析・評価 ➡ 提供

表 10-1 情報戦略の6要素

要素	内容
メッセージ	（情報の）送信側の内容に明確な意図があること
ターゲット	受信者が特定されていること
コンテンツ	受信者側の行動選択に有用であること
ソース	出所の信頼度を把握、見極めていること
オペレーション	送信側が送信する情報や媒体やタイミングが企図されていること
エフェクト	あらかじめ想定した成果に対して有効に機能すること

（勝田（2002）をもとに加筆修正）

出典　阿部篤志「スポーツと情報―スポーツ戦略における情報の大切さ―」グランディ・21 宮城県総合運動公園ウェ
　　　ブサイト
　　　https://www.mspf.jp/grande21/ikagaku/index.php/ からだのしくみ/スポーツ戦略における情報の大切さ/

セージ）、②それを伝えるべき相手は誰か（ターゲット）、③どのような情報
内容を提供するか（コンテンツ）、④その出所は信頼に足るものか、あるい
は判断や決断を支えるにたる根拠となりうるか（ソース）、⑤そのタイミン
グでどのように伝えるか（オペレーション）、⑥どのような成果を期待して
いるか（エフェクト）の6つである（表 10-1）[7][8]。分析・評価の段階ま
でにどれだけ優れた知見を得たとしても、この提供が疎かになってしまうと、
意味のない情報戦略となってしまう。

2 スポーツ医・科学における情報戦略の観点

　コーチがさまざまな目的に応じて自由に情報を集め、加工し、コーチング
に活用することは理想といえるが、コーチ自身が1から情報の収集および
加工の方法を開発することは現実的ではない。そこで、スポーツ医・科学の
分野においてすでに確立されている方法を適切に活用することを推奨する。

　これまで、スポーツ医・科学の分野では自然科学的手法に則り、①パフォー
マンスの構造、②パフォーマンスと動作の関係、③動作を発生させる力学的・
生理学的メカニズム、④動作の力学的・生理学的メカニズムを活性化させる
医学的・栄養学的・心理学的メカニズムの主に4つの観点でコーチングに
関わる情報収集・分析の方法が確立されてきた。①と②については主にスポー
ツバイオメカニクスが、③については主にスポーツバイオメカニクスと運動
生理学が、④については主に運動生理学、スポーツ医学、解剖学、栄養学、
スポーツ心理学などが担っている[9]。これらの手法から得られた情報は客観
性が高く、情報の比較を行いやすいという特徴がある。

3 情報戦略を支えるスポーツアナリストの存在

　近年、情報戦略を専門として活動するスポーツアナリストが注目されている。スポーツアナリストの具体的な活動内容は競技種目分析、スカウティング分析、セレクション分析など多岐にわたる。そのため、スポーツアナリストはさまざまなタイプの情報を適切に収集および分析できる技術を習得しておく必要がある。

1 スポーツアナリストとは

　バレーボールやサッカー、野球などの試合中にタブレット端末やノートパソコンを持ち、コーチと話をしているスタッフを見たことはないだろうか。彼らはスポーツアナリストと呼ばれ、「選手及びチームを目標達成に導くために、情報戦略面で高いレベルでの専門性を持ってサポートするスペシャリスト」[10] である。「選手とコーチを情報面で橋渡しをしてくれる専門家」として理解してもらえるとわかりやすいだろう。元男子バレーボール日本代表スポーツアナリストの渡辺が「データを持っている、活用しているだけでは差がつかない時代」「データを武器として活用する必要がある」[11] と述べているように、高度かつ高速で情報化が進む現代では、コーチ 1 人で情報戦略の質を保つことは難しいため、スポーツアナリストの重要性が年々増してきている。ここではスポーツアナリストの活動内容について述べていく。

2 スポーツアナリストが取り扱う情報

　情報のスペシャリストであるスポーツアナリストの活動内容は多岐にわたる。それは、スポーツに関わるすべての情報が分析対象となり得るためだ。では、スポーツに関わる情報とは具体的にはどのようなものが考えられるだろうか。

　ボッシャーらは国際競技力に影響を与える要因をマクロレベル、メゾレベル、ミクロレベルの 3 つレベルに分類している（図10-3）[12] [13] [14]。マクロレベルとは各国のメダル獲得数に影響を与える社会・文化的状況（経済的福祉、人口、地理、気候、都市化の度合い、政治体制、文化体制）、メゾレベルとはスポーツ政策や戦略、ミクロレベルとは個々の選手に影響を与えるトレーニング、戦術、科学的サポート、遺伝子の質、およびコーチなど、選

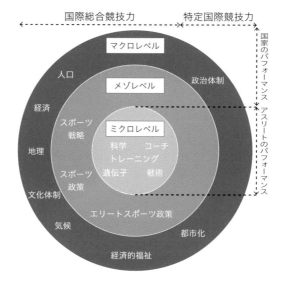

図 10-3 国際競技力に影響を与える要因

（De Bosscher et al. (2008), 出雲（2008）を参考に作成）

出典　舟橋弘晃・間野義之「国際競技力に関する研究の動向―マクロレベルのオリンピック研究に着目して―」
『Japanese Journal of Elite Sport Support』第 5 巻　2012 年　pp.33-49

手の周辺環境である。この中でも、スポーツアナリストは情報戦略活動によって比較的パフォーマンスの変容に直結しやすいミクロレベルの情報を取り扱うことが多い。

3 スポーツアナリストの活動内容

　スポーツアナリストの活動内容は、競技、競技レベル、意思決定者（監督など）によってさまざまである。ここでは、主にサッカーやラグビーなどの団体球技の代表レベルのチームで行われている情報戦略の活動について説明する。

　勝田[15]は団体球技における情報戦略活動を、競技種目分析[*2]、一般分析[*3]、情報・展望分析[*4]、自チーム分析、スカウティング分析、比較分析、ルール＆レフェリング分析[*5]、セレクション分析[*6]、デジタル情報分析・加工[*7]、環境・用具分析[*8]の 10 に分類している（**図 10-4**）。

　「敵を知り己を知れば百戦危うからず」という言葉は兵法書『孫子』一節に登場する。つまり、相手チームのことをよく知り、そして自チームのことをよく知れば、試合をより優位に進めることができるのである。

　ここでは、団体球技における情報戦略活動の「自チーム分析」「スカウティング分析」「比較分析」を中心にコーチング現場の具体例を交えて述べていく。

＊2　競技種目分析
競技そのものの変化を探る分析。これまでに競技がどのように変化してきたのか、過去から現時点の競技分析を行う。

＊3　一般分析
ゲームの様相や傾向、動作などの分析。現時点において、一般的にゲームの様相（攻撃回数、攻撃成功率など）はどのような構造になっているのか、使用されている技術や戦術の内容や使用回数などを分析する。

図 10-4　団体球技における情報戦略活動の種類

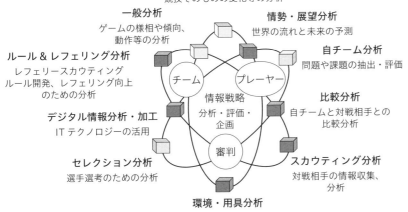

"競技種目"分析
競技そのものの変化等の分析

一般分析
ゲームの様相や傾向、
動作等の分析

情勢・展望分析
世界の流れと未来の予測

ルール＆レフェリング分析
レフェリースカウティング
ルール開発、レフェリング向上
のための分析

自チーム分析
問題や課題の抽出・評価

チーム　プレーヤー
情報戦略
分析・評価・
企画
審判

比較分析
自チームと対戦相手との
比較分析

デジタル情報分析・加工
IT テクノロジーの活用

セレクション分析
選手選考のための分析

スカウティング分析
対戦相手の情報収集、
分析

環境・用具分析
環境・用具・施設等の分析開発

出典　勝田隆『知的コーチングのすすめ』大修館書店　2002 年　p.139

　自チーム分析は、さまざまな手法を用いて自チームの課題の抽出・評価を行う分析のことである。主に、動作やパフォーマンス、生理学的な分析などが多く行われる。例えば、バスケットボールのポジションごとにシュート成功率の目標値を設定し、それを日々のトレーニングにおけるシュートパフォーマンスと照らし合わせることで、自チームのシュート成功率向上に向けたデータを得ることが可能となる。また、自チーム分析は相手チームの分析と比べて、多くの情報を長期間収集しやすい。長期的かつ多角的な自チームのデータを収集することで、トレーニング時期、疲労度、練習内容などさまざまな観点に応じた自チームのパフォーマンスの特徴を把握することが可能となる。

　スカウティング分析は、対戦相手の情報を収集し、分析することである。自チームのデータよりも対戦相手のデータの方が入手しづらいため、入手可能な情報（試合映像、身長、体重、ポジション、性格など）の内容と量などから可能な範囲で分析を行うことになる。例えば、サッカーで対戦相手の複数の試合映像を収集し、映像を視聴しながらそのチームのゲームパフォーマンス（パス成功率、エリア別のシュート成功率など）を収集・分析することで、相手チームの試合におけるプレーの特徴を浮き彫りにすることが可能となる。対戦相手の情報を入手することにより、相手の特徴を踏まえた分析（比較分析）を行うことができるのである。

　比較分析は、自チームと対戦相手を比較分析することである。ここで気をつけなければいけないことは、自チームと相手チームのデータが同質であるか異質であるか判断したうえで分析を行わなければいけないという点である。

＊4　情勢・展望分析
パフォーマンスの世界的な流行とそこから導かれる未来のプレー予測を行う。主に世界選手権やオリンピックなどの国際試合を対象とした分析。数百から数千試合のビッグデータを扱うことが多い。

＊5　ルール＆レフェリング分析
レフェリーのスカウティング、ルール開発、レフェリング向上に向けた分析。それぞれの競技において競技規則は共通するもののレフェリーによってその解釈、経験、状況判断などは多少の差があることから実際のレフェリングもレフェリー間で異なることが多い。主にレフェリーの特徴の分析を行う。

＊6　セレクション分析
選手選考のための分析。意思決定者の要望により分析項目は異なることが多い。

＊7　デジタル情報分析・加工
IT テクノロジーの情報収集と活用のこと。近年スポーツ界ではさまざまな分析ソフトの開発とともに、AI などの最新テクノロジーも応用されている。これらの情報を収集し、コーチング現場で活用する方法についても検討している。

＊8　環境・用具分析
環境・用具・施設などの分析。特に試合会場や試合で使用する用具などを分析する。

例えば、バレーボールの試合中の攻撃成功率を比較する際、自チーム分析では点差がついた試合を、相手チームの分析では点差がつかなかった試合をそれぞれ分析の対象とした場合、正当な比較分析を行うことはできないだろう。ほかにも、試合を行った時期、疲労度、出場選手（レギュラーメンバーかどうか）など多くの点に気をつけたうえで情報を扱うことが求められる。正当な分析を行うことで、自チームに有利で相手チームに不利になる戦略を組み立てることが可能となり、より勝利に近づくことができるだろう。

4 記述的ゲームパフォーマンス分析

　自チーム分析やスカウティング分析、比較分析において主に使用される分析方法に、記述的ゲームパフォーマンス分析がある。これは「目的に応じて項目を定め、特定の表記方法を使って試合でのチームや選手のパフォーマンスを記録し、その記録結果を特定の観点から数量的に処理する手法」[16) であり、主に団体球技の戦術分析で使用される。ゲームパフォーマンスとは「チーム・選手の競技力が試合で発揮された結果であり、試合ごとでさまざまな条件により変動するもの」である[17)。

　例えば、ハンドボールのシュート場面におけるゴールキーピング動作を記述的ゲームパフォーマンス分析する場合、まず、ゴールキーパーの特徴的な動作を基準にシュート場面を複数の時点で区分けする。次に、時点とその次の時点の間、すなわち局面ごとに分析者がチェックしたい内容を分析項目として設定する。その後、実際のプレーを確認しながら分析項目ごとにそれぞれの動作が出現した回数を数える。最後に、分析の目的（シュート成否別、選手別、身長別など）に応じてデータを再集計し、比較することで対象ごとのプレーの特徴を浮き彫りにすることができる（図10-5）[18)。この手法を用いることで、ゲームで表現されたパフォーマンスを客観的に評価することが可能となり、その結果に基づいてコーチングの内容や方法を吟味しながら実践していくことが期待される[19)。

　団体球技の場合、人数（チーム、グループ、個人）、ポジション、時間帯、技術、戦術など、それぞれの項目ごとにパフォーマンス指標を定める（パフォーマンスの分析項目化）ことで、パフォーマンスを数量的なデータとして収集することができ、プレー傾向の分析が可能となる。よい分析項目を設定できるかどうかは、スポーツアナリストの腕にかかっている。

図 10-5　記述的ゲームパフォーマンス分析の一例（ハンドボールのシュート場面）

時点	局面	分析項目
シュートエリアへ方向転換するために、左右の脚のどちらかが離地した時点	ポジショニング1局面	①シュートエリアに方向転換する際の軸脚 ・ゴール側脚　　　・非ゴール側脚 ・両脚　　　　　　・なし ②ゴールポストへの接触 ・あり　　　　　　・なし ③ポジショニング1局面での歩数 ・0歩　・1歩　・2歩 ・3歩　・4歩　・5歩以上
シューターに対して位置を合わせるために、左右の脚のどちらかが離地した時点	ポジショニング2局面	①詰め脚 ・ゴール側脚　　　・非ゴール側脚 ・両脚　　　　　　・なし ②横方向への移動 ・シューター方向　　・なし ・シューター方向と逆側 ③縦方向への移動 ・シューター方向　　・なし ・シューター方向と逆側 ④ポジショニング2局面での歩数 ・0歩　・1歩　・2歩 ・3歩　・4歩　・5歩以上
セービング動作を行う位置への移動を完了させる脚が接地した時点	プレセービング局面	①横方向への移動 ・シューター方向　　・なし ・シューター方向と逆側 ②縦方向への移動 ・シューター方向　　・なし ・シューター方向と逆側 ③プレセービング局面での歩数 ・0歩　・1歩　・2歩 ・3歩　・4歩　・5歩以上 ④ゴールキーパーの構えの変化 ・あり　　　　　　・なし
身体がシュート方向へ移動し始めた時点	セービング局面	①踏み切り脚（軸脚） ・ゴール側脚　　　・非ゴール側脚 ・両脚　　　　　　・なし ②セービング動作の方向 ・ニアサイド上　　・上 ・ファーサイド上　・ニアサイド ・静止　　　　　　・ファーサイド ・ニアサイド下　　・下 ・ファーサイド下
 ボールがゴールキーパーにミート、またはゴールキーパーを通過した時点		

出典　下拂翔・永野翔大・山田永子・N. ローランド・會田宏「ハンドボール競技におけるサイドシュートに対するゴールキーピング動作—世界女子トップレベルにおける同一身長のゴールキーパーを対象に—」『ハンドボールリサーチ』第6巻　2017年　p.71 をもとに筆者作成

引用文献

1）久木留毅・山下修平・白井克佳「スポーツ情報戦略に関する一考察Ⅴ―情報戦略の視点から見た第 1 回ユースオリンピックゲームズ―」『専修大学体育研究紀要』第 34 巻第 1 号　2010 年　pp.1-10

2）久木留毅『Think Ahead―トップスポーツから学ぶプロジェクト思考―』生産性出版　2015 年　p.68

3）豊田則成・志賀充・高橋佳三「スポーツ情報戦略の可能性」『Bulletin of Biwako Seikei Sport College』第 5 巻 2008 年　pp.159-165

4）和久貴洋「スポーツインテリジェンス―競争優位性を生むための情報とその活用―」『情報システム学会誌』第 11 巻第 2 号　2016 年　pp.54-62

5）阿部篤志「スポーツと情報―スポーツ戦略における情報の大切さ―」グランディ・21 宮城県総合運動公園ウェブサイト
　https://www.mspf.jp/grande21/ikagaku/index.php/ からだのしくみ / スポーツ戦略における情報の大切さ /

6）前掲書 3）

7）前掲書 5）

8）勝田隆『知的コーチングのすすめ』大修館書店　2002 年　pp.108-116

9）平野裕一「スポーツ医・科学によるコーチング支援の現状と課題」日本コーチング学会編『コーチング学への招待』大修館書店　2017 年　p.330

10）日本スポーツアナリスト協会ウェブサイト「『スポーツアナリスト』とは？」
　http://jsaa.org/sports-analyst/

11）渡辺啓太『データを武器にする―勝つための統計学―』ダイヤモンド社　2013 年　p.10

12）De Bosscher V, Bingham J, Shibli S, van Bottenburg M and De Knop P. *The Global Sporting Arms Race: An International Comparative Study on Sports Policy Factors Leading to International Sporting Success.* Oxford, Meyer & Meyer Sport, 2008, pp.17-24

13）諏訪伸夫・井上洋一・齋藤健司・出雲輝彦編『スポーツ政策の現代的課題』日本評論社　2008 年　pp.111-133

14）舟橋弘晃・間野義之「国際競技力に関する研究の動向―マクロレベルのオリンピック研究に着目して―」『Japanese Journal of Elite Sport Support』第 5 巻　2012 年　pp.33-49

15）前掲書 8）p.139

16）中川昭「記述的ゲームパフォーマンス―分析によるラグビーのキックオフプレーの重要性と実践的有効性―」平成 21 年度筑波大学大学院博士論文　2009 年

17）中川昭「ゲームパフォーマンス分析の意義と目的―記述分析に焦点を当てて―」日本コーチング学会編『球技のコーチング学』大修館書店　2019 年　p.116

18）下拂翔・永野翔大・山田永子・N. ローランド・會田宏「ハンドボール競技におけるサイドシュートに対するゴールキーピング動作―世界女子トップレベルにおける同一身長のゴールキーパーを対象に―」『ハンドボールリサーチ』第 6 巻　2017 年　p.71

19）前掲書 17）p.115

┌ 学びの確認 ════

①情報はインフォメーションと（　　　　　　　　　　　）の 2 つに大別される。

②情報戦略は（　　　　）→（　　　　　）→（　　　　　　　）→（　　　　）とい16

うプロセスで構成されている。

③情報戦略の 6 要素とは（　　　　　　　）、（　　　　　　）、（　　　　　　）、

　ソース、オペレーション、エフェクトである。

④あなたが現時点で行える情報戦略にはどのようなものがあるだろうか。

スポーツアナリストの実際
―ハンドボール男子日本代表での活動事例―

東海学園大学／永野翔大

　ここでは、ハンドボール男子日本代表のアナリストだった私が、世界選手権の出場権獲得までの約1か月半の間に行った情報戦略活動を期別（チーム集合前、強化合宿中、大会中）に分けて事例的に紹介します。

　当時、日本は、アジア予選大会4位以上に与えられる世界選手権出場権の獲得を目指していました。そこで、国際大会で準優勝のコーチング実績のある世界トップレベルのA監督が招聘され、新たな代表チームが結成されました。代表チームは、アジア予選大会までの2週間を海外で強化合宿を行い、その後、大会に臨みました。

1. チーム集合前

　日本人選手のことをほとんど知らなかったA監督から「候補選手たちを選考するので、そのための映像を1日で作成してほしい」との要望を受け、映像資料を作成し、動画共有サービスを用いてA監督に共有しました。このときの私は、A監督のスピード感のある情報要求に対して「情報戦略を重視する監督」という印象を受けるとともに、これからの情報戦略に期待感を抱いていました。なぜならば、A監督と初めて対面した際には「アナリストが最も重要だ。すべての情報は私を通して選手に伝えるように」という指示を受けていたからです。

2. 強化合宿中

　A監督がトレーニング前に必ず行うミーティングで使用する映像資料を作成していました。このミーティングの目的は前回のトレーニングの反省と、これから行うトレーニングの意図の説明です。この資料を作成するために、すべてのトレーニングの様子を撮影していました。また、A監督は日本で馴染みのない戦術を多用していたため、選手の戦術理解を促す戦術資料を作成し、A監督の許可を得て、選手に共有していました。さらに、SNSや知り合いの海外コーチなどから対戦国の情報を集め、A監督の分析ルールに則りながら対戦国の分析をしていました。このときは、Sports codeという映像分析ソフトを使用していたのですが、A監督の分析ルールを分析コード表にどのように表現すればよいのか苦心したことを今でも覚えています。

3. 大会中

　大会中は強化合宿中と同様に、ミーティング資料、戦術資料の作成、対戦国の情報収集および分析を行っていました。試合中には、A監督のハンドボール観を反映させたゲームパフォーマンス分析をリアルタイムで行い、ゲーム中やハーフタイム中に選手やスタッフに情報を共有していました。しかし、A監督の場合、試合中は客観的なデータよりも「アナリストから見てゲームはどのように見えるのか」という質的なデータを求めていたため、ハーフタイムでは、試合状況に関する意見をよく伝えていました。また、試合ごとにモチベーションビデオも作成していました。このビデオは、基本的に成功シーンを多く取り入れることが望ましいのですが、コーチングスタッフと相談しながら、時にはあえて失敗シーンも組み込む構成にすることもありました。

　結果として、男子日本代表は26年ぶりに宿敵国を倒し、前回大会の9位から3位まで短期間で成績を上げ、目的を達成できました。

　この事例のように、情報戦略は意思決定者（この事例ではA監督）やチームの背景によって大きく変わります。大切なことは、どのソフトを使うかなどの「方法」ではなく、情報戦略の「目的」を明確にし、その達成に向けてチーム全員で団結し、活動を進めることだと私は信じています。みなさんが情報を武器として扱える、選手にとってよい支援者になることを強く願っています。

コーチングのための運動生理学

なぜこの章を学ぶのですか？

　スポーツパフォーマンスを高めるためには、体力トレーニングが欠かせません。それと密接に関わるのが「運動生理学」です。運動中のエネルギー代謝を理解することで、目的にあったトレーニングができるようになります。

第11章の学びのポイントは何ですか？

　運動は有酸素性エネルギーと無酸素性エネルギーで行われます。それらの割合は、運動時間で大きく変わるのがポイントです。有酸素性能力、無酸素性能力を高めるための効果的な運動強度を学び、トレーニングに活かしましょう。

＼ 考えてみよう ／

1 無酸素運動は、本当に酸素を使わずに運動しているのだろうか。

2 無酸素性能力や有酸素性能力はどんなトレーニングで高まるのだろうか。

1　2 つのエネルギー代謝

運動を行う際のエネルギーは有酸素性エネルギーと無酸素性エネルギーに大きく分けられ、運動時間などによりそれらの割合は異なる。そして、エネルギーをつくる能力である有酸素性能力と無酸素性能力を評価するためには、さまざまな体力テストや血中乳酸濃度の測定が有用で、各種スポーツパフォーマンスとの関係も認められている。

1　エネルギー代謝とは

エネルギー代謝とは、食事などで栄養を取り込み、それを体内で処理し、生命活動の維持や運動を行うために必要なエネルギーをつくり出すことを指す。この一連の過程には、栄養素（エネルギー源）の分解、合成、蓄積が含まれ、いくつもの代謝経路が存在する。その中でも、ここでは運動に関わりが強い 2 つのエネルギー代謝と 3 つの代謝経路について概説する。エネルギー代謝を学ぶことで、運動やスポーツによってどのようにエネルギーをつくり出しているのかが理解でき、要求される能力に合わせた効果的なトレーニングを考えられるようになる。

2　有酸素性代謝

（1）酸素を使いながらエネルギーをつくる

有酸素性代謝は酸素を使いながらエネルギーをつくるのが特徴である。そのエネルギーを有酸素性エネルギーと呼び、その代謝経路を酸化系と呼ぶ。主なエネルギー源は糖と脂肪である。運動中に酸素を取り込んで[1]、酸素を運んで、酸素を使いながら、糖や脂肪を細かく分解することでエネルギーがつくられる。そのため、有酸素性エネルギーをつくるのには時間がかかる。つまり、酸化系は短時間で大きなエネルギーをつくり出すのは苦手である。一方、糖や脂肪は身体にたくさんあるため、エネルギーを長時間つくり続けることは得意である。

*1
体内に貯蔵されている酸素もわずかに存在する。

（2）有酸素性能力

有酸素性能力とは、有酸素性エネルギーをどれだけつくり出せるかを指す。その中でも、酸素を取り込む能力＝呼吸能、酸素を運ぶ能力＝運搬能、酸素

図 11-1 有酸素性能力と主な指標

呼吸能　　利用能　　運搬能

有酸素性能力

〈主な指標〉
✓ 最大酸素摂取量
✓ 乳酸閾値　　etc.

持久系パフォーマンス

を使う能力＝利用能と分けられ、それらによって有酸素性能力が決まる。有酸素性能力の代表的な指標には、**最大酸素摂取量**[*2]、**乳酸閾値**[*3] などがあり、持久系スポーツのパフォーマンスとの関係が認められている（**図 11-1**）。それらの指標に代わる簡便な有酸素性能力の評価方法には、20 m シャトルラン、ヨーヨーテスト、3 分間テスト、30-15 テストなどがある。

3 無酸素性代謝

（1）簡易的な分解でエネルギーをつくる

　無酸素性代謝は、蓄えておいたエネルギー源を簡易的に分解して使うのが特徴である。1 つは筋内に蓄えてある**クレアチンリン酸**を分解することで瞬間的に大きなエネルギーをつくり出す。この代謝経路を ATP-PCr 系と呼ぶ。もう 1 つは筋内の糖（筋グリコーゲン）を簡易的に分解することでエネルギーをつくり出す。この代謝経路を解糖系と呼ぶ。そして、それらのエネルギーを合わせて無酸素性エネルギーと呼ぶ。これら 2 つの分解過程では、酸素を使う必要がないため、**無酸素性代謝**[*4] と表現される。無酸素性代謝は蓄えていたエネルギー源を簡易的に分解するだけであり、有酸素性代謝よりも短時間で大きなエネルギーをつくり出すことが可能である。ただし、クレアチンリン酸は、蓄えておける量が少ないためつくり出すエネルギー量には限界がある。実際に、全力で運動すると 10 秒程度で枯渇するようである[1]。また、筋グリコーゲンの貯蔵量は少なくないが、解糖系を激しく動員するような強度の高い運動を続けるとさまざまな疲労要因が生じるため[2]、強度を維持することは難しくなる。

（2）無酸素性能力

　無酸素性能力とは、無酸素性エネルギーをどれだけつくり出せるかを指す。その中でも、クレアチンリン酸や筋グリコーゲンの分解速度や貯蔵量、疲労に抗う能力（抗疲労能≒耐疲労能）などのように分けることができる。分解

＊2　最大酸素摂取量
どれだけ酸素を使って有酸素性エネルギーをつくれるかの指標。
10 分程度で疲労困憊に至る運動中の呼吸から酸素摂取量を測定し、分析する。

＊3　乳酸閾値
血中乳酸濃度が急に高まる運動強度を指す。

＊4　無酸素性代謝
代謝の過程で酸素を必要としないだけであり、無酸素状態ではない。身体には少なからず酸素は存在するため、どんな運動でも有酸素性代謝は動員される。そのため、「無酸素運動」は有り得ないといえる。

図 11-2　無酸素性能力と主な指標

PCr 系

解糖系

抗疲労

無酸素性能力

〈主な指標〉
✓　最大酸素借
✓　無酸素性パワー　etc.

短時間パフォーマンス

速度は、短い時間で一気に加速するスプリントに重要な能力で、抗疲労能は 30 秒〜 2 分程度のスポーツで重要である。筋グリコーゲンの貯蔵量は、スプリントを繰り返す球技系スポーツや陸上競技の混成競技に重要な要素で、トレーニングを行ううえでの「スタミナ」にも関係する。無酸素性能力の代表的な指標には最大酸素借[*5]やウィンゲートテストの発揮パワー[*6]などがあり、1 分以内のスポーツや球技系スポーツのスプリント、持久系スポーツのスパートとの関係が認められている（**図 11-2**）。それらの指標に代わる簡便な無酸素性能力の評価方法としては、50 m 走や 30 秒間階段ダッシュ、1 分間テストなどがあり、運動時間が長いテストほど分解速度よりも抗疲労能の重要性が高くなる。

＊5　最大酸素借
2 〜 3 分の運動で疲労困憊に至ったときの、使われた無酸素性エネルギー量を指す。運動に必要な総エネルギー量を推定したうえで運動中の酸素摂取量を引くことで算出する。

＊6　ウィンゲートテストの発揮パワー
自転車エルゴメーターを用いたテストで、30 秒の全力ペダリングを行ったときの平均発揮パワーを測定する。20 〜 60 秒で行うこともある。

4　有酸素性代謝と無酸素性代謝と乳酸

（1）解糖系と酸化系はつながっている

エネルギー代謝には有酸素性代謝と無酸素性代謝があることを説明した。しかし、実は酸化系と解糖系はつながっているのである。**図 11-3**は、その概念図を示している。解糖系は、糖を簡易的に分解する過程（筋グリコーゲン→ピルビン酸）でエネルギーをつくり出す。酸化系では、そのピルビン酸をミトコンドリアに入れてから、酸素を使ってエネルギーをつくる。つまり、解糖系と酸化系は 1 つのラインでつながっていることになる。なお、クレアチンリン酸はミトコンドリアでつくられるため、酸化系と ATP-PCr 系がつながっているという解釈も可能である。実際にスプリントを繰り返すような球技系のスポーツやインターバルトレーニングでは、スプリント以外の時間でクレアチンリン酸の再合成が行われている。

図 11-3　解糖系と酸化系と乳酸の生成

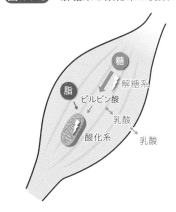

糖（筋グリコーゲン）から無酸素性エネルギーとピルビン酸がつくられ（解糖系）、そのピルビン酸がミトコンドリアに入り有酸素性エネルギーがつくられる（酸化系）。
ミトコンドリアに入れなかったピルビン酸が乳酸となり、筋から血中に出てくる。

（2）ミトコンドリアの処理能力を上回ると乳酸ができる

　解糖系の働きが激しくなれば、それだけピルビン酸は多く生成される。しかしミトコンドリアの量や能力には限界があるため、ピルビン酸は溢れることになる。その溢れたピルビン酸は乳酸に変化して一時的に蓄えられる（図11-3）。つまり、解糖系の動員が激しい強度の高い運動では、ピルビン酸の生成量がミトコンドリアの処理能力を上回り、乳酸が増えることになる。この乳酸は、ミトコンドリアでの処理が落ち着いてから再度ピルビン酸に戻ってエネルギー源となる。

（3）血中乳酸濃度の解釈

＊7　血中乳酸濃度
指先や耳たぶから微量
採血を行い分析する。

　トレーニング現場では、生理的負荷の指標として血中乳酸濃度[7]を測定することがある。血中乳酸濃度は、筋から血中に出てきた乳酸の濃度を示しており、相対的な運動強度が高いほど血中乳酸濃度が高くなる傾向にある。なお、血中乳酸濃度は有酸素性能力と無酸素性能力のバランスの指標ともいわれており[3]、有酸素性能力が高いほど血中乳酸濃度は低値を示し、無酸素性能力が高いほど高値を示す（図11-4）。そのため測定の際には、「なぜ高かったのか」「なぜ低かったのか」を考えることが重要である。なお、運動効率などは血中乳酸濃度の増減には関与せず、運動のパフォーマンスに影響する。これまでのトレーニング状況や他のテスト結果などを考慮し、血中乳酸濃度を複合的に解釈することが適切な評価につながる。

図 11-4　血中乳酸濃度およびパフォーマンスが変化した場合の解釈のポイント

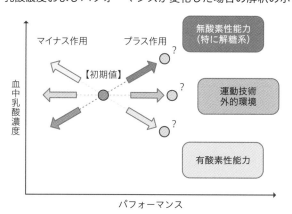

右上（左下）に推移すれば無酸素性能力、右下（左上）に推移すれば有酸素性能力が比較的に向上（低下）したと解釈できる。基本的には上下に推移しながら、パフォーマンスの向上を目指す。

出典　伊藤静夫「スピードスケート―頑張って滑ることとうまく滑ること―」八田秀雄編『乳酸をどう活かすかⅡ』
　　　杏林書院　2016年　pp.147-162 を参考に筆者作成

5 運動中のエネルギー内訳

（1）運動時間が短いほど、無酸素性エネルギーの割合が大きい

　実際の運動中に有酸素性エネルギーと無酸素性エネルギーがどのくらいつくられ、使われているのかみてみよう。図 11-5 は、横軸が運動時間で縦軸がエネルギー比率を示している。前述したとおり、無酸素性代謝は短時間で大きなエネルギーをつくり出すことが可能なため、時間の短い運動ほど無酸素性エネルギーの割合が大きい。これは運動の形態によらず、走運動でも自転車運動でも水泳運動でも同様の関係になることが知られている。したがって、運動中に使われるエネルギーの割合は、運動時間の影響が大きいといえる。

図 11-5　運動時間とエネルギー比率の関係

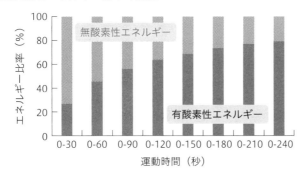

出典　Gastin PB. Energy System Interaction and Relative Contribution During Maximal Exercise. *Sports Medicine*, 31（10）, 2001, pp.725-41 をもとに筆者作成

（2）運動強度が高いほど、無酸素性エネルギーの割合が大きい？

　運動中に使われるエネルギーの割合は、運動時間の影響が大きいことを説明した。では、運動強度の影響はどうだろうか。これまでは、運動強度が高いほど無酸素性エネルギーの割合が大きいと考えられてきたが、30 秒など運動時間が短い場合には必ずしもそうではない[4]。同じ短時間の運動であれば運動強度が変わっても使われるエネルギーの割合は大きくは変わらないようである。一方、60 秒を超えるような運動時間であれば、運動強度が高いほど無酸素性エネルギーの割合が大きくなると考えられる[5][*8]。

（3）運動を繰り返すほど、有酸素性エネルギーの割合が大きくなる

　ここまで運動時間と運動強度の影響について説明した。実際のトレーニングでは、休息を挟んで運動を繰り返すインターバル形式で行われることが多いと思われる。そうしたインターバルトレーニング中のエネルギー代謝には

＊8　インターバルトレーニング中の有酸素性エネルギー
総運動時間が同じ場合は、単発運動よりもインターバル形式で有酸素性エネルギーの割合が小さくなる。これは、休息中にクレアチンリン酸の再合成が行われることや有酸素性代謝活性の低下が生じるためである。
（白木駿佑「スプリントトレーニングのエネルギー代謝特性」『陸上競技研究』第 124 巻 第 1 号 2021 年 pp.2-12）

どういった特徴があるのだろうか。基本的には、同じ運動を繰り返すほど、有酸素性エネルギーの割合は大きくなる[*8]。さらに、その休息時間が短いほど、有酸素性エネルギーの割合は大きくなるようである。反対に、無酸素性エネルギーの割合を大きくするためには長めの休息に設定する必要がある[5]。

2 有酸素性能力を高めるトレーニング

有酸素性トレーニングは強度別に大きく3つに区分され、それぞれ異なる適応が期待できる。有酸素性能力の中でも酸素を取り込む能力と使う能力を高めるには高強度域のインターバルトレーニングが有効である。心拍数などを利用して運動強度をコントロールすると、目的にあったトレーニングが実施できる。

1 有酸素性トレーニングの区分

有酸素性能力の向上を目的にした有酸素性トレーニングには、強度別に大きく3つ、細かく5つの区分がある（図11-6 表11-1）。低強度と中強度の区分には血中乳酸濃度の値が重要だが、その測定は容易ではないため心拍数で代用されることが多い。なお、持久系スポーツのパフォーマンスを高め

図11-6 有酸素性トレーニングと無酸素性トレーニングの分類

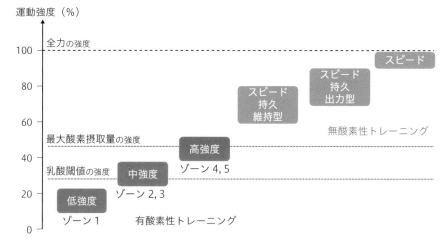

運動強度をもとにトレーニングを分類している。それぞれが必ずしもその範囲内である必要はなく、平均的な強度を目安に分類している。

出典 Reilly T and Bangsbo J. Anaerobic and aerobic training. In Elliott B (ed.) *Training in sport: Applying sport science.* Wiley, 1999, pp.351-409; Seiler S and Tønnessen E. Intervals, Thresholds and Long Slow Distance: the Role of Intensity and Duration in Endurance Training. *Sports science,* 13, 2009, pp.32-53 などを参考に筆者作成

表 11-1　有酸素性トレーニングの強度区分

強度域	強度ゾーン	心拍数(% HRmax)	酸素摂取量(% VO₂max)	血中乳酸濃度(mmol/L)	トレーニング推奨時間
高強度域	5	95〜100	94〜100	6.0〜10.0	15〜30分
	4	90〜95	88〜93	4.0〜6.0	30〜60分
中強度域	3	85〜90	81〜87	2.5〜4.0	50〜90分
	2	75〜85	66〜80	1.5〜2.5	1〜3時間
低強度域	1	55〜75	45〜65	0.8〜1.5	1〜6時間

出典　Seiler S and Tønnessen E. Intervals, Thresholds and Long Slow Distance: the Role of Intensity and Duration in Endurance Training. *Sports science*, 13, 2009, pp.32-53 などをもとに筆者作成

るためには、低強度と高強度の有酸素性トレーニングを組み合わせるのが効果的だと考えられている（コラム p.153）。

2 有酸素性トレーニング

（1）低強度域：ロングスローディスタンス

　低強度は、乳酸閾値を下回るような強度を指す。ロングスローディスタンス（通称、LSD）は、低強度域の一定ペースで長時間運動を行うトレーニングである。強度は、最大心拍数[*9]の 55〜75％が目安になる（表 11-1）。主観的には「楽なペース」で、お喋りしながら運動できるような強度になる。この強度でトレーニング刺激を与えるためには、できるだけ長い時間行うことが推奨される（表 11-1）。低強度域のトレーニングでは、特に遅筋のミトコンドリア能や毛細血管密度が高まり、脂肪からエネルギーをつくるための利用能や運搬能が向上すると考えられている。

＊9　最大心拍数
個人の最大心拍数がわからない場合は、予測最大心拍数（220-年齢）でも代用できる。

（2）中強度域：閾値トレーニング

　中強度は、乳酸閾値を超えるような強度を指す。閾値トレーニングは、中強度域の運動を一定もしくはインターバル形式で行われるトレーニングである。強度は、最大心拍数の 75〜90％が目安になる（表 11-1）。主観的には「ややきついペース」から「きついペース」に相当する。「きついペース」（ゾーン 3）では、目安の心拍数で運動を継続することが困難なため、インターバル形式（運動と休息を交互に繰り返す形式）で行う必要がある。中強度域でのトレーニングでは、有酸素性能力に関する組織が広く刺激され、特に中強度域でのパフォーマンス向上が期待できる。

（3）高強度域：高強度インターバルトレーニング

　高強度は、最大酸素摂取量の周辺の強度を指す。最大酸素摂取量の測定は

表 11-2 高強度インターバルトレーニングの設定方法

	運動強度	運動時間	休息時間	休息中	反復回数	セット数	期待される効果
超最大 インターバル	$100 \sim 120$ (% vVO$_2$max)	$15 \sim 30$ 秒	運動時間以下	完全休息	8 回以上	$2 \sim 4$	利用能 > 呼吸能
		$1 \sim 2$ 分	運動時間以上	低強度運動	$4 \sim 10$ 回		
最大下 インターバル	$80 \sim 100$ (% vVO$_2$max)	$2 \sim 5$ 分	運動時間以下	低強度運動	$3 \sim 8$ 回	$1 \sim 3$	利用能 < 呼吸能

運動強度を 3 分間テストの平均速度や平均パワーで代用する場合は 5 ～ 10%低めに設定する。(100% vVO$_2$max ≒ 95% 3min Test)
反復回数やセット数などについては、競技者のレベルに応じて調整する。

出典 Buchheit M and Laursen PB. High-intensity interval training, solutions to the programming puzzle. Part II: anaerobic energy, neuromuscular load and practical applications. *Sports Med*, 43, 2013, pp.927-54; Seiler S and Tønnessen E. Intervals, Thresholds and Long Slow Distance: the Role of Intensity and Duration in Endurance Training. *Sports science*, 13, 2009, pp.32-53 などを参考に筆者作成

＊10　3分間テスト
ランニングであれば、3分間で何 m 走れたかを計測し、平均スピードに換算する。他の運動様式でも同様であり、自転車エルゴメーターでは発揮パワーの3分間平均値を用いる。

容易ではないため、3 分間テスト＊10 の平均スピードや平均発揮パワーで代用することも可能である。高強度域の運動を休息もしくは低強度運動を挟んで繰り返し行うトレーニングが一般的で、高強度インターバルトレーニング（通称、HIIT や HIT）と呼ばれる。強度が高いほど、速筋内のミトコンドリアを増やす刺激が得られ、利用能の向上が期待できる。反対に、強度を抑え、運動時間を伸ばし、休息には低強度運動を用いるなどして呼吸が荒い時間を長くするほど、呼吸能を高める刺激が得られる。運動強度、運動時間、休息時間などの組み合わせは無限に存在する。**表 11-2** を参考に目的や競技者のレベルにあった高強度インターバルトレーニングを作成しよう。

3 無酸素性能力を高めるトレーニング

無酸素性トレーニングは強度別に大きく 3 つに区分され、それぞれ異なる適応が期待できる。スピード持久トレーニングの維持型では解糖系だけではなく有酸素性能力の向上も見込める。出力型は、解糖系や抗疲労能の向上に有効である。スピードトレーニングは、ATP-PCr 系の分解速度向上が期待できる。

1 無酸素性トレーニングの区分

無酸素性能力の向上を目的にした無酸素性トレーニングには、3 つの区分がある（**図 11-6** **表 11-3**）。いずれも有酸素性トレーニングにおける「高強度」を上回る強度で、全力強度の運動も含まれることがある。ただし、平均的な強度ではスピード持久トレーニング維持型＜スピード持久トレーニング出力型＜スピードトレーニングで強度が高くなる。

表 11-3　無酸素性トレーニングの設定方法

	運動強度 （％全力強度）	運動時間	休息時間	反復回数
スピード	90 ～ 100％	2 ～ 10 秒	50 ～ 100 秒	5 ～ 20 回
スピード持久出力型	70 ～ 90％[*]	10 ～ 40 秒	運動時間 ×5 以上	2 ～ 12 回
スピード持久維持型	60 ～ 80％[*]	30 ～ 90 秒	運動時間 ×1 ～ 3	2 ～ 25 回

[*]：運動強度は瞬間的に 100％近くまで達する場合もある。
反復回数などについては、競技者のレベルに応じて調整する。
出典　Iaia FM and Bangsbo J. Speed endurance training is a powerful stimulus for physiological adaptations and performance improvements of athletes. *Scand J Med Sci Sports*, 20 Suppl 2, 2010, pp.11–23; Reilly T and Bangsbo J. Anaerobic and aerobic training. In Elliott B (ed.) *Training in sport: Applying sport science*. Wiley, 1999, pp.351–409 などを参考に筆者作成

2 無酸素性トレーニング

（1）スピード持久トレーニング　維持型

　スピード持久トレーニングの維持型は、無酸素性トレーニングの中でも量が多くなるように構成されるトレーニングである。出力型と比較して運動中のペースの上下は少なく、疲労を抑えながら解糖系の動員を大きくすることが可能である。それにより筋グリコーゲンの消費が多くなるため、筋グリコーゲンの貯蔵量増加が期待できる[6]。なお、運動時間を長く、休息時間を短くするほど、有酸素性エネルギーの割合も大きくなり、有酸素性能力のうち利用能の向上も見込まれる。スピード持久トレーニングの範囲外ではあるが、維持型と同様の強度で20秒運動10秒休息を6～8回繰り返すタバタトレーニングは、有酸素性能力と無酸素性能力を両方高めるハイブリッド型トレーニングとして注目されている[7]。

（2）スピード持久トレーニング　出力型

　スピード持久トレーニングの出力型は、ATP-PCr 系や解糖系における分解速度向上を目的としたトレーニングである。維持型と比較して短い時間で、一気に出力する運動を長い休息を挟み繰り返し行う。**表 11-3** の範囲内において運動時間を短く運動強度を高くするほど、ATP-PCr 系の貢献が高まり、反対に 40 秒に近いほど解糖系の貢献が高まる。特に解糖系の分解速度は早期に適応が生じやすいと考えられている。また、このトレーニングは、有酸素性エネルギーの割合が小さいのに対して解糖系が激しく動員されるため、運動中に強い疲労が生じやすいといえる。そのため、抗疲労能の向上も期待できる。

（3）スピードトレーニング

　スピードトレーニングは、ATP-PCr 系の分解速度向上を特に意識したトレーニングである。運動強度は常に全力で行われるが、疲労により強度が少し落ちることも想定されている。できる限り高い強度を維持するために、運動時間を短く、休息時間を長めに設定することが推奨される。なお、「スピード」をこのトレーニングだけで継続的に高めることは困難である。最大スピードを高めるためには、レジスタンストレーニングや動きづくりを行い、運動中に発揮できる筋力の大きさや運動の効率を高めることが不可欠だと考えられる。

参考文献

1）Gastin PB. Energy System Interaction and Relative Contribution During Maximal Exercise. *Sports Medicine*, 31(10), 2001, pp.725-41
2）八田秀雄『乳酸と運動生理・生化学—エネルギー代謝の仕組み—』市村出版　2009 年
3）榎木泰介「血中乳酸濃度をどう活かすか—JISS の事例から—」八田秀雄編『乳酸をどう活かすか』杏林書院　2008 年　pp.51-63
4）Shiraki S, Fujii N, Yamamoto K, Ogata M and Kigoshi K. Relative Aerobic and Anaerobic Energy Contributions during Short-Duration Exercise Remain Unchanged over A Wide Range of Exercise Intensities. *International Journal of Sport and Health Science*, 18(0), 2020, pp.253-60
5）白木駿佑「スプリントトレーニングのエネルギー代謝特性」『陸上競技研究』第 124 巻第 1 号　2021 年　pp.2-12
6）Parra J, Cadefau JA, Rodas G, Amigó N and Cussó R. The distribution of rest periods affects performance and adaptations of energy metabolism induced by high-intensity training in human muscle. *Acta Physiol Scand*, 169(2), 2000, pp.157-65
7）田畑泉『究極の科学的肉体改造メソッド タバタ式トレーニング』扶桑社　2015 年

学びの確認

①有酸素性能力には、酸素を（　　　　　　　）能力、酸素を（　　　　　）能力、酸素を（　　　　　）能力に分けられ、トレーニングによって与えられる刺激が異なる。

②運動時間が長いほど（　　　）酸素性エネルギーの使われる割合が大きく、インターバルトレーニングでは、運動を繰り返すほど、1 回あたりの（　　　）酸素性エネルギーの割合が大きくなる。

③乳酸は（　　　　　　　　）の処理能力と（　　　　　　　　）酸のバランスで増えたり減ったりし、血中乳酸濃度は、有酸素性能力と（　　　　　　　）能力の両方が影響するため、測定した際にはトレーニング状況や他のテスト結果から複合的に解釈することが重要である。

④無酸素性エネルギーの割合が大きくなるように、スピード持久トレーニング維持型の具体的なメニュー（運動時間、休息時間）を作成してみよう。

column

トップアスリートのトレーニング

··· 国立スポーツ科学センター／白木駿佑

私の所属する国立スポーツ科学センターでは、研究の知見を活かしたトップアスリートへのサポートが行われています。その中で、個人的に注目しているトピックを紹介したいと思います。

▌低酸素トレーニング

高地や低酸素室などの酸素の薄い環境を利用することで、有酸素性能力、無酸素性能力の向上が期待できます。特にトップアスリートでは、競技力が長年停滞している場合も多く、新たな刺激として効果的なアプローチになり得ます。

有酸素性能力に関して、酸素の薄い環境で一定期間過ごすと血中のヘモグロビンが増えることがわかっています。ヘモグロビンは酸素の運搬に関わるため（運搬能）、その増加は有酸素性能力向上につながります。ヘモグロビン増加のポイントは、健康な状態で長時間低酸素環境にいることです（1日10時間以上を2〜4週間、標高2000m程度）。トレーニングによる過疲労やケガ、貧血などがあると十分な適応が生じないため、トレーニング負荷やコンディションの調整が不可欠です。

無酸素性能力に関して、酸素の薄い環境で運動を行うと無酸素性代謝が通常より激しく動員されることがわかっています。特に無酸素性能力が低い競技者や短期間で無酸素性トレーニングの効果を得たい場合に有効だと考えられます。ここでのポイントは、無酸素性トレーニングの強度域の中でもより高強度でトレーニングを行うことです。ただし、身体への負担は大きいので、運動時間、休息時間、反復回数の調整が必要です。なお、低酸素滞在の時間自体は大きな問題ではありません。低酸素のトレーニング経験が豊富な競技者に対しては、段階的に酸素を薄くするのも有効です（具体的な標高は帯同する専門家などに相談して下さい）。

▌ポラライズドメソッド

長年活躍するトップアスリートのトレーニングを分析すると、低強度域のトレーニングと高強度域以上のトレーニングで2極化（＝ポラライズド、図）することが多く報告されています。その多くは持久系アスリートですが、スポーツによってはスプリンターでも同様のトレーニング配分になることもあるようです。

代表的なポラライズドメソッドのトレーニング配分は、低強度域70％前後、高強度域以上20％前後となっています（図）。なお、強度区分は 表11-1 を参考にしてください。

なぜ、トップアスリートのトレーニング配分が2極化するのかは明確にはわかっていません。個人的には、低強度域トレーニングで生じる適応が高強度域トレーニングをより効果的にさせているのではないかと思っています。ケガのリスク低減とも関係があるかもしれません。

トレーニング配分を強制的に変えるのは、課題や目的を見失うので推奨しませんが、配分の分析自体は、よい振り返りになるでしょう。

図　ポラライズドメソッドのトレーニング配分

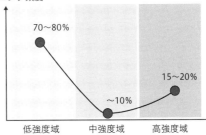

Stöggl T and Sperlich B. Polarized training has greater impact on key endurance variables than threshold, high intensity, or high volume training. *Front Physiol*, 5 (33), 2014. を参考に筆者作成

第12章 コーチングのための バイオメカニクス

なぜこの章を学ぶのですか？

　スポーツの勝敗は、身体の動き方に大きく左右されます。そのため、「身体がどのように動いたのか」を観察し、「身体がなぜ動いたのか」を分析することは、コーチングを行ううえで不可欠であり、コーチは身体の動き方を評価する方法を理解しておく必要があるからです。

第12章の学びのポイントは何ですか？

　パフォーマンスを構造的に考えることによって、勝敗に影響を及ぼす要因を見つけること、そして、運動の状態（キネマティクス）と運動の原因（キネティクス）の関係を理解し、身体の動き方を力学的に考えることができるようになることがポイントになります。

考えてみよう

1 あなたが現在携わっているスポーツは、どのようにして勝敗が決まるだろうか。3つあげてみよう。

2 選手へ技術に関するコーチングを行う際、あなたはまず何を考慮するだろうか。重要だと考える技術を3つあげてみよう。

3 コーチングあるいはトレーニングの際、デジタル機器を使用しているだろうか。使用している機器を1〜3つあげてみよう。

1　なぜコーチングにバイオメカニクスが必要なのか

> バイオメカニクスとは、生物や生体を意味するバイオ（bio）と力学（mechanics）が複合してできた科学であり、生物の動き方や動くメカニズムを、力学的な観点から研究する領域である。スポーツの勝敗には、身体の動き方が大きく影響することから、「身体がどのように動き、なぜそのように動くか」を理解することはコーチングを行ううえで不可欠である。

1　バイオメカニクスで身体の動きを科学する

（1）勝敗に影響する身体の動き方

勝敗の決まり方に基づいてスポーツは、測定スポーツ、評定スポーツ、判定スポーツの 3 つに大きく分類できる[1]。

測定スポーツは、陸上競技や競泳、トライアスロンなど、計測値（時間や距離など）の良し悪しを争う競技、評定スポーツは、体操競技やアーティスティックスイミングなど、技（演技）の難度と完成度に従って採点された得点の良し悪しを争う競技、そして、判定スポーツは、ボクシングやレスリング、球技など、審判員によって判断された選手の個々の動き方の有効・無効を争う競技である。

このように、スポーツを分類すると、「勝敗が何によって決まるか」を整理できる。そして、速く動く、まっすぐな姿勢で着地する、相手の姿勢を崩すといった、身体の動き方が勝敗に大きく影響することがわかる。

（2）バイオメカニクスとは

バイオメカニクス（biomechanics）は、生物や生体を意味するバイオ（bio）と力学（mechanics）が複合してできた科学であり[2]、生物の動き方（どのように動いたか）や動くメカニズム（なぜそのように動いたか）を、力学的な観点から研究する領域である。バイオメカニクスで取り扱う内容は、全身運動といった個体レベルから、筋線維の収縮といった筋の構造レベルまで、広範に及ぶことから、バイオメカニクスは生理学や解剖学など基礎科学と密接に関係する。その中で特に、体育やスポーツにおける人の運動や用具・施設の振る舞いを主要な対象とする領域はスポーツバイオメカニクスと呼ばれる[3] *1。

*1
本章ではこれ以降、バイオメカニクスという呼称は、スポーツバイオメカニクスを指すこととする。

2 バイオメカニクスとパフォーマンス構造

(1) パフォーマンス構造の設計

　コーチングにおいて、トレーニングの計画と評価が重要なことは第7章で述べたとおりである。コーチは、強化したい要因が勝敗へどのように影響を及ぼすかを理解し、「このトレーニングを行えば、強化したい要因にこのような変化が起こるはずだ」といった見立てを持っていなくてはならない。そのため、パフォーマンス構造（パフォーマンスに影響を及ぼす要因間の関係性を整理した概念）の設計を、指導行動に先立って行うことが重要となる。つまり、バイオメカニクスの観点から「身体がどのように動き、なぜそのように動くのか」を理解することは、パフォーマンス構造を設計するための第一歩といえるのである。

(2) 100 m走のパフォーマンス構造

　陸上競技の100 m（以下、100 m走）を例に、具体的なパフォーマンス構造にふれながら、パフォーマンスに影響を及ぼす要因を力学的に考える。100 m走は、ピストルが鳴ってから、100 m先のゴールに身体が到達するまでに要した時間を争う競技である。そのため、100 m走のパフォーマンスは、「ピストルが鳴ってから身体が動き出すまでの時間」と「動き出してからゴールまでに要した時間」で決まる。さらに、走る距離は100 mと規定されているため、「動き出してからゴールまでに要した時間」の長短は、100 mの平均走速度の高低で決まる。

　次に、平均走速度を決定する要因に着目する。 図 12-1 は、100 m走中

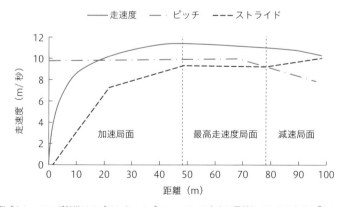

図 12-1　100 m走の走速度変化

出典　谷川聡「トレーニング科学はスプリンターのパフォーマンス向上に貢献しているのか？」『トレーニング科学』
　　　第31巻第3号　2019年　pp.117-128を一部改変

の走速度の変化を示しており、スタートから走速度が大きく増加する「加速局面」、加速局面の走速度を維持する「最高走速度局面」、そして、レース終盤で緩やかに走速度が低下しながらゴールする「減速局面」にレースを分けることができる[4]。これらのことから、①加速局面で走速度を高めること、②最高走速度局面および減速局面で走速度を維持することが、100 m 走の平均走速度に影響を及ぼす。

　続いて、各局面の走速度に影響を及ぼす要因に着目する。図 12-2 は、走速度に関係する要因を示している。走速度は、ストライド（1 歩で何 m 進んだか）とピッチ（1 秒間に何回地面に足をついたか）によって決まり、ストライドは足が地面に着いているとき（支持期）と、足が地面から離れているとき（滞空期）に身体が進んだ距離から考えることができる。誌面の関係上、これより詳細なパフォーマンス構造の説明は割愛するが、図 12-2 のように、支持期および滞空期に影響を及ぼす要因をあげることができる。

　このように、パフォーマンス構造を設計することで、トレーニングの目的や目標を明瞭にでき、トレーニングの計画と評価が行いやすくなるのである。

図 12-2　走速度に影響を及ぼすパフォーマンス構造の例

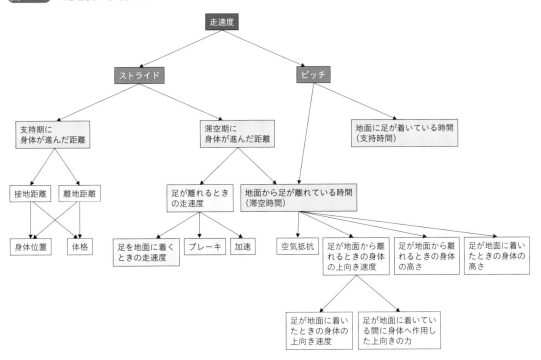

出典　ピーター M. マクギニス（柳谷登志雄監訳）『スポーツと運動のバイオメカニクス』メディカル・サイエンス・インターナショナル　2023 年　p.369 を一部改変

2 バイオメカニクス的な視点を持つ

　バイオメカニクスでは、運動の状態（見え方）を数値化した物理量であるキネマティクス的変数や、運動の原因を数値化した物理量であるキネティクス的変数を用いて、動き方の分析を行う。両変数の関係性を知ることができれば、目的とする運動に必要な体力および技術の要素を理解することができ、選手の課題や目的に応じたトレーニングの選択につながる。

1 どのように動いたかを知る─運動の記述─

　100 m走のパフォーマンスを構成する走速度や支持期に身体が進んだ距離といった、運動の状態（見え方）を数値化した物理量は、キネマティクス的変数と呼ばれる。キネマティクス的変数には、変位・速度・加速度などの並進運動（上下・左右・前後への平行移動）と、角変位・角速度・角加速度などの回転運動（ある点や軸を中心に回転する運動）がある（図12-3）。走動作を例にすると、全身はある目標に向かって並進運動をしているが、身体の各部位に焦点をあてると、股関節・膝関節・足関節周りにおいて大腿・下腿・足部は回転している（図12-4）。

　このように、並進運動と回転運動が組み合わさることで、スポーツの動きは生まれる。

図 12-3 物体の並進運動と回転運動

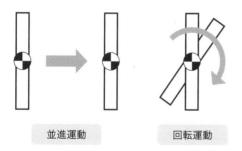

並進運動　　　回転運動

図 12-4 スポーツ動作における並進運動と回転運動

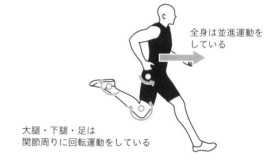

全身は並進運動をしている

大腿・下腿・足は
関節周りに回転運動をしている

2 なぜそのように動いたかを把握する─運動の原因の説明─

　全身または身体各部の加減速を導くことは走動作に限らず、方向転換や打動作など、あらゆるスポーツで求められる。そこで、続いては、身体の動き

方に変化が生じるメカニズムについて考える。

（1）ニュートンの 3 法則

一般に、物体の運動を引き起こす原因になるものは力と呼ばれる[5]。私たちはスポーツを力学的な環境の中で行っており、全身または身体各部に何らかの力が作用することで、動きを変化させることができる。

物体の運動を力学的に考える際、その基礎となる法則はニュートンの 3 法則である。

❶第 1 法則（慣性の法則）

外部から力が加えられない限り、運動している物体は等速度運動を続け、静止している物体はそのまま静止しようとする。

❷第 2 法則（加速度の法則）

質量 m の物体にある力 F が加えられたとき、物体は加えられた力と同じ方向に加速度 a を持つ。一般的に、加速度の法則は下記の式で表される。

$$F = ma$$

❸第 3 法則（作用反作用の法則）

2 つの物体が互いに力を及ぼし合うとき、一方に作用する力は他方に作用する力と大きさが等しく、向きは反対である。

（2）キネティクス

ニュートンの 3 法則をスポーツにあてはめてみる。加速度の法則に従うと、加わった力の方向に加速度は生じるため、移動方向と同じ向きの力が身体に作用すれば、身体は加速し、移動方向とは逆向きの力が身体に作用すれば、身体は減速する（図 12-5）。また、作用・反作用の法則に従うと、身体に作用した力は、選手が地面や用具に加えた力の反作用である。そのため、運動のメカニズムを考えるときには、「どこに力が作用するか」「どれだけ大きな力が作用するか」「どの向きに力が作用するか」を考える必要がある。

図 12-5　スポーツ動作におけるキネティクス的変数

加速する場合

減速する場合

移動方向と同じ向きの力が身体に作用する　　移動方向と逆向きの力が身体に作用する

走速度の増減に関わる前後成分の力のみを図示

図 12-6 　垂直跳びでの身体の動き

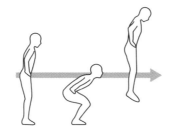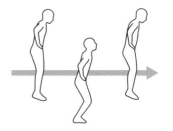

CMJ（カウンタームーブメントジャンプ）　　　　　RJ（リバウンドジャンプ）

図 12-7 　スポーツ動作におけるキネマティクスとキネティクスの関係

キネマティクス的変数（運動の状態）
・走速度が減少した
・右足を地面についたとき左脚が後ろにある　など

キネティクス的変数（運動の原因）
・移動方向とは反対方向の力が作用している
・左股関節を曲げる力（屈曲するトルク）が弱い
〃　　　力の発揮が遅い　　　　　など

　また、身体に作用した力とキネマティクス的変数をもとに、身体の各部位にニュートンの3法則をあてはめると、関節に作用する力やトルク（関節周りに発揮された力）を逆算することができる。垂直跳びを例にあげると、深くしゃがみ込むカウンタームーブメントジャンプでは、股関節を伸展するトルクの貢献が大きいのに対し、接地時間の短いリバウンドジャンプでは、足関節を伸展（底屈）するトルクの貢献が大きい（図 12-6）。このように、「どの関節で・どの向きに・どれだけの力（トルク）が作用したか」といった詳細な運動のメカニズムまで知ることができれば、目的とする運動に必要な体力および技術の要素を理解することができ、選手の課題や目的に応じたトレーニングの選択につながる。

　このような「どれだけ大きな力が作用したか」「どれだけ大きなトルクが関節に作用したか」といった、運動の原因を数値化した物理量は、**キネティクス的変数**と呼ばれる。力・力積・並進運動エネルギーなどは並進運動のメカニズムを説明する変数であり、トルク・角力積・回転運動エネルギーなどは回転運動のメカニズムを説明する変数である（図 12-7）。ただし、キネティクス的変数は直接観察することはできない。そのため、コーチはバイオメカニクスの基本的な知識を有することが望ましい[2]。

＊2
バイオメカニクスを詳しく学びたい方は、以下の図書を薦める。
・阿江通良・藤井範久『スポーツバイオメカニクス20講』朝倉書店　2002年
・宮西智久編『スポーツバイオメカニクス』化学同人　2016年
・金子公宥・福永哲夫編『バイオメカニクス―身体運動の科学的基礎―』杏林書院 2004年

3 バイオメカニクスデータを活用するために

バイオメカニクス関連機器は、動き方の評価を明瞭にできる便利な道具であり、科学技術の進歩に伴って、機器の操作が簡便で直感的になっていることから、現場で機器を使用する機会が増えている。ただし、計測値には必ず誤差が含まれるため、バイオメカニクスデータを活用するためには、誤差や計測原理に留意することが必要である。

1 バイオメカニクスデータを収集する

（1）デジタルビデオカメラ

　私たちが動作を観察・分析する際に最も用いられる方法は、デジタルビデオカメラ（スマートフォンも含む）で動画を撮影することであろう。

　動画は、静止画をパラパラ漫画のように高速で切り替えることで被写体が動いているような仕組みをしている。1 秒間に撮影する写真の数は**フレームレート**と呼ばれ、fps（frames per second）と表記される。スマートフォンの標準的な撮影モードのフレームレートは、30 fps であり、デジタルビデオカメラでは 60 fps の動画も撮影できるものもある。また、120 fps や 240 fps のスローモーション動画を撮影できるカメラも市販されており、野球のバッティングやテニスのストロークなどの高速な動作も、カメラ 1 つで詳細に観察することができる。

（2）GPS（Global Positioning System）

　GPS[3] とは、複数の衛星から発信される電波を受信して、地球上の位置を計測するシステムのことである。運動の際に、ウェアラブル端末（スマートウォッチや専用の受信機）を身につけたり、スマートフォンを保持したりすることにより、観測したウェアラブル端末の動きを選手の動きと見立てることで、選手の移動距離や速度を測定することができる。

　図12-8 は、試合におけるサッカー選手の移動距離を、GPS で計測したものである。サッカーは試合中に、スプリントやジャンプなどの高強度な運動と、ジョギングなどの低強度な運動を状況に応じて不規則に繰り返し行っており、GPS を利用することで、選手が行った運動の強度と量をモニタリングできる。

* 3　GPS
GPS は、正確にはアメリカが開発したシステムであり、同様のシステムは総称してG N S S（G l o b a l Navigation Satellite System）と呼ばれる。本章では、一般的な名称として GPS を用いる。

図 12-8　GPS を用いて計測したサッカーの試合における移動距離

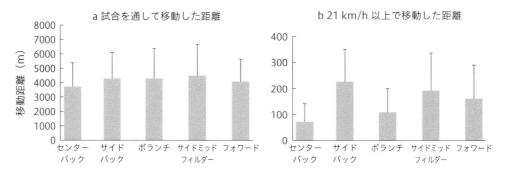

a 試合を通して移動した距離

b 21 km/h 以上で移動した距離

出典　中村大輔・中村真理子・早川直樹「第 31 回オリンピック競技大会（2016 ／リオデジャネイロ）および事前キャンプ中における U23 サッカー男子日本代表チームを対象としたコンディション評価―External load および Internal load の双方を用いた検討―」『Journal of High Performance Sport』第 4 巻　2019 年を一部改変

2 計測時の留意点

（1）デジタルビデオカメラ

❶撮影する位置

　1 台のカメラで得られる写真は、3 次元（立体）を 2 次元（平面）に投影したものであり、カメラの光軸方向（奥行方向）の情報は消失する。**図 12-9** は、体操競技の跳馬をビデオカメラで撮影している場合を図示したものである。この場面では、A ～ C の 3 台のカメラが同じ局面の同じ動作を撮影しているが、肘の角度（腕の曲がり具合）や股関節の角度（脚の開き具合）は、カメラ B でしか正確に見ることはできない。

　このように、デジタルビデオカメラで動作を撮影する際には、目的とする場面の動作に対して、カメラが平行な位置に設置することに留意したい。

図 12-9　跳馬上の選手を撮影する 3 台のカメラ

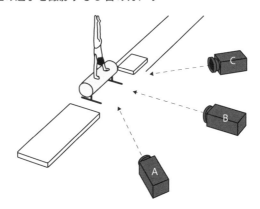

出典　D. V. クヌードソン・C. S. モリソン（阿江通良監訳）『体育・スポーツ指導のための動きの質的分析入門』ナップ　2007 年　pp.199-217 をもとに作成

図 12-10　100 m 走の疾走動作の連続写真

❷フレームレート

　図 12-10 は、撮影した 100 m 走の動画をコマ送りで再生している場面である。最大疾走速度出現時における支持脚の接地時間は 0.1 ～ 0.2 秒程度であるとされる[6]。もし、30 fps で撮影した場合、動画は 1/30 ≒ 0.03 秒間隔の連続写真となり、接地中の走動作は 3 枚ほどしか映っていないため、接地・離地瞬間を特定することは難しくなる。一方、120 fps で撮影した場合、動画は 1/120 ≒ 0.008 秒間隔の連続写真となるため、主要な瞬間の動きを抜き出すことも可能となる。

　このように、高速な動作中のある特定の瞬間に注目する場合には、目的とする動作時間に見合ったフレームレートを選択することに留意したい。

（2）GPS

❶使用する環境

　GPS では、衛星から発信される電波を受信できなければ、位置情報を算出することができない。よって、電波を受信しづらい環境（周辺に高層の建物や競技場の屋根など）を避け、広く開けた屋外で使用することが推奨される。

❷サンプリング周波数

　サンプリング周波数とは、1 秒間に計測されるデータ数のことであり、Hz という単位で表記される。図 12-11 は、1 Hz と 10 Hz で計測した受信

図 12-11　異なるサンプリング周波数の軌跡の例

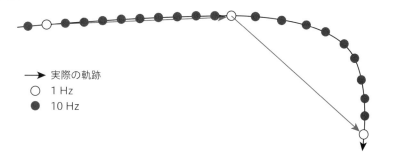

→　実際の軌跡
○　1 Hz
●　10 Hz

出典　ハイパフォーマンススポーツセンター / 国立スポーツ科学センター編『コーチングのためのバイオメカニクス関連機器の活用ガイドライン』2022 年　pp.13–25 を一部改変
https://www.jpnsport.go.jp/hpsc/Portals/0/resources/hpsc/guidebook/bio-guideline.pdf

機の軌跡を示したものである。直線的に移動している場面では、両周波数の軌跡は同じである一方、移動する向きが変わる場面では、10 Hz の軌跡は曲線であるのに対し、1 Hz の軌跡はショートカットをしたような直線になっている。このように、方向転換を伴う運動では、サンプリング周波数によって計測される軌跡が変化し、1 Hz と 5 Hz で移動距離に 10% 程度の差が生じるとされる[7]。そのため、サッカーやラグビーなど高速な方向転換を頻繁に行う競技種目では、移動距離が過小評価されてしまう可能性がある。

このように、方向転換を伴う運動に GPS を用いる場合には、測定したい指標や運動の速さに応じたサンプリング周波数を選択することに留意したい。

引用文献

1 ）日本コーチング学会編『コーチング学への招待』大修館書店　2017 年　pp.68-69
2 ）阿江通良・藤井範久『スポーツバイオメカニクス 20 講』朝倉書店　2013 年　pp.1-6
3 ）同上書
4 ）日本陸上競技連盟編『陸上競技コーチングブック』大修館書店　2022 年　pp.163-176
5 ）阿部龍蔵『力学［新訂版］』サイエンス社　2010 年　p.16
6 ）福田厚治・伊藤章「最高疾走速度と接地期の身体重心の水平速度の減速・加速―接地による減速を減らすことで最高疾走速度は高められるか―」『体育学研究』第 49 巻第 1 号　2004 年　pp.29-39
7 ）Scott MTU, Scott TJ and Kelly VG. The validity and reliability of global positioning systems in team sport : A brief review, *Journal of Strength & Conditioning Research,* 30(5), 2016, pp.1470-1490

学びの確認

①バイオメカニクス（biomechanics）は、生物あるいは生体を意味する（　　　　）と（　　　　）が複合してできた科学であり、生物の（　　　　）や（　　　　）を、力学的な観点から研究する領域である。

②スポーツ動作は、変位・速度・加速度などの（　　　　）運動と、角変位・角速度・角加速度などの（　　　　）運動から構成され、運動の状態を数値化した物理量は（　　　　）的変数と呼ばれ、運動の原因を数値化した物理量は（　　　　）的変数と呼ばれる。

③動画は、静止画をパラパラ漫画のように高速で切り替えることで被写体が動いているような仕組みをしており、1 秒間に撮影する写真の数は（　　　　）と呼ばれる。また、1 台のカメラで得られる写真は、（　　　　）を（　　　　）に変換したものであることから、目的とする場面の動作に対して、カメラを（　　　　）となる位置に設置することに留意する。

④あなたが現在携わっているスポーツの勝敗に影響を及ぼす力学的な要因をあげ、パフォーマンスの構造モデルを自分なりに作成してみよう。

スポーツの醍醐味を広く知ってもらうために コーチがやるべきこと

………………………………………………………… 国立スポーツ科学センター／景行崇文

ここでは、私が研究とコーチングに熱中していた大学院生時代に出会った、印象的な出来事を2つご紹介します。

■ 出来事① "コーチの言うことは信用に足らない"

1つ目は、「ビックデータをスポーツで活用するための勉強会」に参加した際の出来事です。

この勉強会は、「スポーツの政策決定にビッグデータを使えないか」という趣旨のものでした。その中で、ある測定スポーツを対象に、あるオリンピック競技大会の直前4年分の世界大会の成績で構築したデータセットを用いて、オリンピック競技大会決勝での1～3位を予測した結果、オリンピック競技大会での優勝者を的中できたことが発表されていました。ただ、対象とした期間は、誰もが知る著名な選手が活躍していた時期であり、当該スポーツに関わっている者であれば、その著名な選手を優勝候補にあげるほど、自明な結果のように当時の私は感じました。そこで私は、「コーチであれば、今回の結果は予測できます」と、話題提供者にコメントをぶつけました。すると、その返答は、「行政では、予算を割り振らないといけない。その原資は税金であり、税金を使うためには、判断に至る客観的根拠が必要であり、コーチの感覚では弱い」というものでした。これは、コーチの言うことは信用に足らないと、私は読み取ったのでした。

■ 出来事② "GoProを投げる"

私が在籍した大学では当時、大学スポーツを通した人材育成と外部資金の獲得を目指した組織づくりが行われていました。そして、その一環として、大学スポーツの可能性と組織づくりの必要性を学生に伝えるための講義が、オムニバス形式で開かれていました。2つ目は、その講義を聴講した際の出来事

です。

この講義では、准教授でありながら、有名なメディアアーティストであるO氏が講師を務めていました。当時の私は、「陸上競技を普及させるためには、何が必要なのか？」を考えていたこともあり、講義終わりのO氏に「陸上競技、例えば砲丸投げを広く知ってもらうために、あなたならどんな試みをしますか？」と質問しました。すると、その返答は、「僕なら、GoPro★を投げるね」でした。私は、O氏の回答をすぐに理解することができませんでした。

★アウトドアやスポーツに特化したアクションカメラのトップブランド。アクションカメラは小型でありながらも耐久性がある。O氏はアクションカメラの代名詞として「GoPro」を用いていると解釈できる。

■ ノウハウの蓄積と統合

これらの出来事を通して、私は"コーチや選手の知識や感覚を、言語化・データ化し、共有することの必要性"を強く感じています。

出来事①では、選手やコーチであれば共通して持っているであろう感覚や認識は、そのコミュニティでしか通用しないこと、出来事②では、スポーツをする側の人間が考えるスポーツの楽しさと、スポーツを知らない・好きではない人の楽しさは異なること、に気づかされました。すなわち、属性や生い立ちが異なっても理解できる"共通言語"が必要なのであり、パフォーマンス構造やバイオメカニクスデータは、まさにその共通言語としての機能を果たします。

よりよい実践に向け、榎本・森丘[1]は、「根拠に基づいた実践、そして研究の好循環により実践研究を推進すること」と述べています。仮説を立てたコーチングを行い、他のコーチが追従・振り返り可能な形で知識を蓄積することが、スポーツをよりよいものにするでしょう。

引用文献
1) 榎本靖士・森丘保典「特集のねらい　陸上競技における実践研究の活性化」『陸上競技研究紀要』第17号　2022年　pp.6-7

コーチングのための解剖学

なぜこの章を学ぶのですか？

　コーチングで取り扱うあらゆる運動は身体で生まれます。身体の解剖学的な構造の理解をもとに基本的な機能を知ることは、ケガから身体を守りつつ、よりうまく身体を動かし、そして身体の可能性や限界を知るための基本として重要だからです。

第13章の学びのポイントは何ですか？

　本章では、運動器の基本的な構造と機能的なつながりについて学んでいきます。普段から親しんでいる身体はどのような構造を持っていて、それがどのように機能しているのかについて、より深く考え、動きづくりやトレーニングを見つめ直す手がかりにしてみましょう。

＼＼ 考えてみよう ／／

1 身体の解剖学的な構造を理解することは、コーチングの場における動きづくりやトレーニングに対してどのように役立つのだろうか。

2 あなたが日常生活やスポーツ活動の中で、身体の解剖学的な構造を意識するのはどのような場面だろうか。

1 解剖学的構造と運動の記述

　コーチングにおいては、安全性と効果的な指導の両方を確保するために、身体と運動の正確な記述が求められる。関節運動の記述の基本姿勢は、解剖学的正位であり、特別な断りがないかぎりこの姿勢を基準としてすべての動作が記述される。

1 正確な記述の必要性

　コーチングの現場では、映像機器を用いて姿勢や動作などを説明するという機会も多いだろうが、映像のみで選手に理解を促すのは難しい場合もある。そこには言葉による表現（記述）が不可欠で、正確な記述があってはじめてその意図が誤解なく伝わる。電話やメールのやり取りで、その場にない身体や動きを説明し、議論する際、言葉による正確な記述、お互いに共通した用語の必要性をなおさら強く感じるであろう。コーチングの現場における直接のコミュニケーションにおいて身体に関わる情報をやり取りする際も、身振り手振りに正確な言葉が加わることで、よりコミュニケーションの精度は高まり、記憶としての情報定着にも効果的である。共通の用語を用いた正確な記述は、情報の記録を正確にし、情報伝達における誤解を防ぐうえでも重要である。また、効果的な指導とトレーニングプログラムの設計にも役立つ。さらに、個人の進捗を評価し、改善点を特定するなどして成果を最大化するためにも必要である。つまり、コーチングにおいては安全性と効果的な指導の両方を確保するために、正確な記述の知識が不可欠なのであり、その記述の１つが解剖学なのである。

2 身体と運動の記述

　関節運動の記述の基本姿勢は、解剖学的正位（Anatomical Zero Position）という。直立で両足先が正面を向き、腕は下に垂らされ、手のひらが前に向いた姿勢を指す。主に四肢（てあし）の体幹（中枢）に近い側を近位（Proximal）、末梢側を遠位（Distal）とする（図 13-1）。
　身体の基準面には、身体を左右に分ける矢状面、正中面（身体を左右均等に分ける）、前額面（前頭面、冠状面、前後に分ける）、水平面（上下に分ける）がある。また、四肢の筋の付着部を記述する際、一般的にはより近位に

ある側を起始、遠位にある側が**停止**とされる。

　動きの記述では、肢の関節を曲げて角度をつくる動作が**屈曲**であり、その逆の動作が**伸展**である（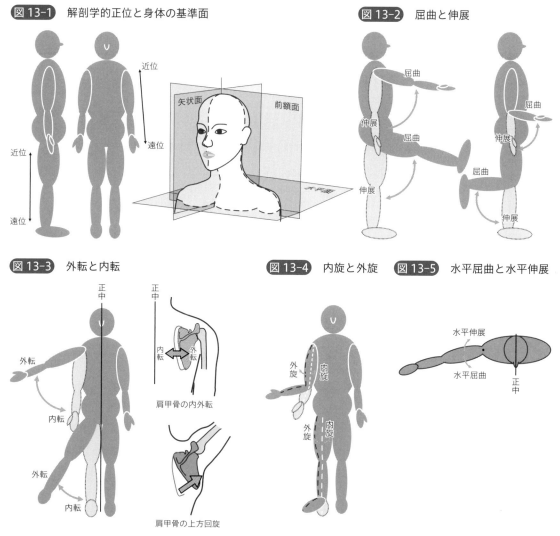図13-2）。例えば、股関節は直立位から膝を前方に挙げて角度をつくる動作が屈曲であり、下ろす動作が伸展である。肩関節も同様に、前方に挙げる動作が屈曲で、逆が伸展となる。肢が正中に向かう動作は、**内転**、正中から離れる動作を**外転**と表す（図13-3）。骨の長軸周りの回旋を表現する記述は、上腕や大腿の前面が内側に向く動作を**内旋**、前面が外側に向く動作を**外旋**という（図13-4）。これらの用語を覚えておくと、外転位や屈曲位などで混乱が少なくなる。肢が挙上位から正中面に向かう動きは**水平屈曲**（水平内転）、正中面から離れていく動きは**水平伸展**（水平外転）と呼ぶ（図13-5）。

図13-1 解剖学的正位と身体の基準面

近位

遠位

近位

遠位

矢状面

前額面

水平面

図13-2 屈曲と伸展

屈曲

伸展

屈曲

屈曲

伸展

伸展

屈曲

伸展

図13-3 外転と内転

正中

正中

外転

内転

外転

内転

内転

外転

肩甲骨の内外転

肩甲骨の上方回旋

図13-4 内旋と外旋

外旋

内旋

外旋

内旋

図13-5 水平屈曲と水平伸展

水平伸展

水平屈曲

正中

出典　大山卞圭悟『アスリートのための解剖学』草思社　2020年　pp.65-72

2 運動器の構造と機能

　下肢三関節では、単関節の伸筋として目立つ大きな筋は、股関節では大殿筋、膝関節では大腿四頭筋の広筋群、足関節ではヒラメ筋である。肩甲骨の運動を行う筋は、頭蓋や頸椎、胸郭などから起こり、胸郭の上を滑る肩甲骨を共同してコントロールする。腰椎の回旋可動域は小さいので「腰をひねる」動作は、回旋可動域が大きな胸椎や、股関節の変位による骨盤の回旋が大きく関わっている。

1 下肢の構造と機能

　下肢全体の骨格に着目すると、下肢は体幹の下端に位置する骨盤に始まり、骨盤から始まる左右の大腿には大腿骨、下腿には脛骨と腓骨が並列している。足部は大小の足根骨、中足骨、指骨から成る（図 13-6）。

（1）下肢の大筋群

　図 13-7 に下肢の皮下に触れられる筋群を示した。図 13-8 には大筋群の配置に関する模式図を示した。下肢の大きな三関節（股関節・膝関節・足関節）にはそれぞれをまたぐ筋がある。さらに、両端がそれぞれ関節をまたぐ

図 13-6　下肢の骨格と足部を構成する骨

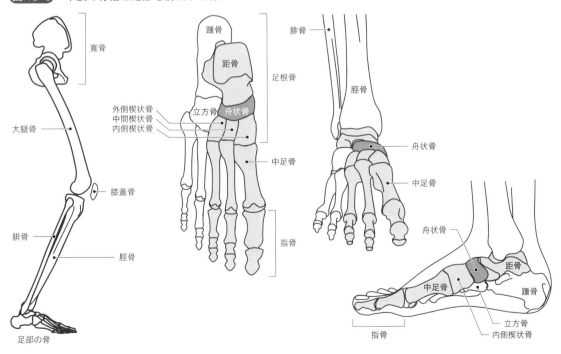

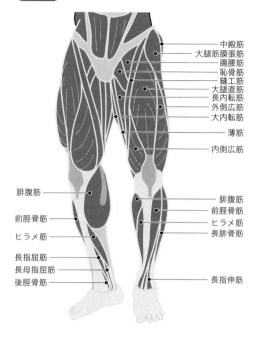

図 13-7　下肢の表在筋群

（左図ラベル上から）
中殿筋
大腿筋膜張筋
腸腰筋
恥骨筋
縫工筋
大腿直筋
長内転筋
外側広筋
大内転筋
薄筋
内側広筋

腓腹筋
前脛骨筋
ヒラメ筋

長指屈筋
長母指屈筋
後脛骨筋

（中央右ラベル）
腓腹筋
前脛骨筋
ヒラメ筋
長腓骨筋

長指伸筋

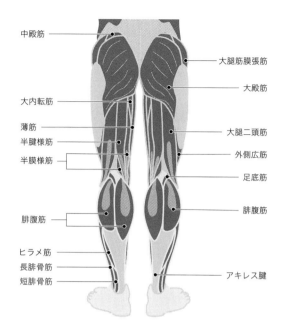

（右図ラベル）
中殿筋
大腿筋膜張筋
大殿筋
大内転筋
薄筋
半腱様筋
半膜様筋
大腿二頭筋
外側広筋
足底筋
腓腹筋
腓腹筋
ヒラメ筋
長腓骨筋
短腓骨筋
アキレス腱

出典　図 13-1 に同じ　pp.8-9 を改変

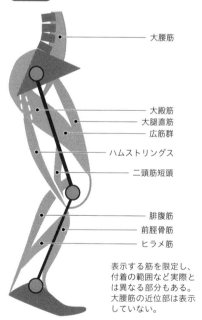

図 13-8　矢状面で見た下肢筋の模式図

大腰筋
大殿筋
大腿直筋
広筋群
ハムストリングス
二頭筋短頭
腓腹筋
前脛骨筋
ヒラメ筋

表示する筋を限定し、付着の範囲など実際とは異なる部分もある。大腰筋の近位部は表示していない。

出典　大山下圭悟「機能解部」日本トレーニング指導者協会編『トレーニング指導者テキスト理論編 3 訂版』大修館書店　2023 年　p.36

二関節筋もある。

　下肢三関節について、「単関節の伸筋」として目立つのは、股関節では大殿筋、膝関節では大腿四頭筋の広筋群（内側広筋、外側広筋、中間広筋）、足関節ではヒラメ筋である。「二関節筋」としては大腿直筋（膝関節伸展＆股関節屈曲）、大腿二頭筋短頭以外のハムストリングス（股関節伸展＆膝関節屈曲）、腓腹筋（足関節底屈＆膝関節屈曲）である。

（2）身体の推進と下肢筋群

　推進の出力の中心となるのは、下肢三関節の伸筋である。例えば、鉛直方向のジャンプでは、これらの筋群が順序よく作用し、下肢全体が伸展される。単一の関節をまたぐ伸筋のパワーを隣り合う関節に伝達するのが二関節筋である。股関節の伸展パワーは大腿直筋によって膝関節へと伝達され、そのパワーはさらに腓腹筋を介して足関節へと流入する（図 13-9）。

　高速の移動を伴う走運動や跳躍運動では、下肢三関節とそれをまたぐ筋群のバネのような振る舞い（Stretch-Shortening Cycle：SSC）と、股関節を中心とした下

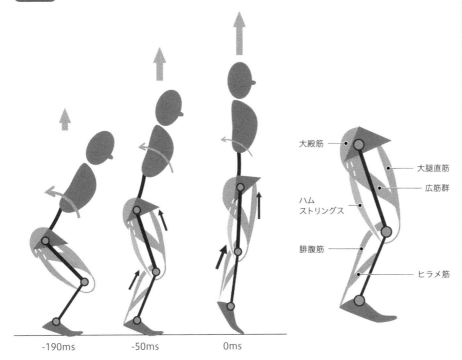

図 13-9　垂直跳びにおける下肢筋活動の模式図

大殿筋
大腿直筋
広筋群
ハム
ストリングス
腓腹筋
ヒラメ筋

-190ms　　-50ms　　0ms

出典　Van Ingen Schenau GJ. From rotation to translation: Constraints on multi-joint movements and the unique action of bi-articular muscles. *Human Movement Science*, 8, 1989, pp.301-337 をもとに筆者作図

肢全体のスウィング動作が重要な役割を果たす。股関節周りのスウィングが有効に推進に作用するためには、膝関節が固定されたままハムストリングスが股関節に作用することが求められるが、このときハムストリングスと単関節の膝関節伸筋とが同時に収縮（共収縮）する場面も見られる。腸腰筋は腸骨と主に腰椎から大腿骨に至る代表的な股関節屈筋であるが、脊柱と体幹の項でとりあげる。

（3）下肢の前額面内の動きと筋群

　前額面内の運動において特に機能的に注目する必要があるのは股関節の外転筋群と内転筋群、足関節の側方バランスに関わる筋群である（図 13-10）。股関節では外転筋として重要な機能を果たす中殿筋がある。中殿筋の機能不全は、支持局面の膝関節が内側に入った姿勢（knee-in）につながり膝関節傷害の原因となったり、片脚支持局面での骨盤の姿勢制御への悪影響につながり、下肢全体の出力を制約する要因になることがある。そのためコーチングの場面でも特に注目されるべき視点である。

　内転筋群は骨盤から始まり、主に大腿骨に停止する複数の筋群によって構成される（図 13-11）。大腿内側の大部分を占め、生理的筋横断面積ではハ

ムストリングスに匹敵する。内転筋群はその名が示すとおり股関節内転の主
働筋であるが、高速の疾走においても屈曲位、伸展位で大きな活動を示す。
前後左右方向に開いた股関節を中間位に戻したり、股関節の内旋に作用する
ことにも注意が必要である。

　足部の側方安定性に関わる筋群としては、内側には後脛骨筋や足趾^{そくし}の屈筋

図 13-10 　中殿筋の構造と作用

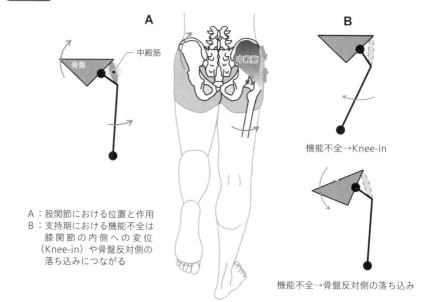

A：股関節における位置と作用
B：支持期における機能不全は
　膝関節の内側への変位
　（Knee-in）や骨盤反対側の
　落ち込みにつながる

機能不全→Knee-in

機能不全→骨盤反対側の落ち込み

出典　**図 13-8** に同じ　p.38

図 13-11 　股関節の内転筋群

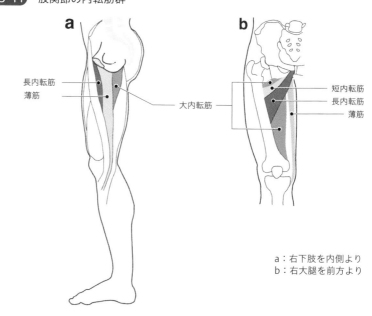

a：右下肢を内側より
b：右大腿を前方より

出典　大山下圭悟「走運動における股関節内転筋群の機能」『陸上競技研究』第 86 巻　pp.2-9　2011 年

群が、外側には腓骨筋群が走行している。

2 上肢の構造と機能

　上肢全体の骨格に着目すると、上肢と体幹（胸郭）は鎖骨でつながっている。肩甲骨は胸郭の上を滑り動くことで、腕の動作範囲を大きく広げている。肩甲骨は肩関節（肩甲上腕関節）で上腕骨とつながっている。上腕骨と肘関節でつながる前腕には、尺骨と橈骨があり、手関節で手とつながっている（図13-12）。

（1）肩甲骨の動きと筋群

　肩を中心とした上肢の動きは、胸郭に対する肩甲骨の運動に、肩甲骨に対する上腕骨の運動が加わることで大きく自由になっている。さらに肘関節、手関節（手首）、手指の動きが微妙なコントロールを可能にしている。肩甲骨の運動は上腕骨の動作範囲に大きな影響を与える。例えば、前に挙上した手先の前方到達点は、「前にならえ」の姿勢から肩を突き出すことでさらに前方に出せるが、この動きは胸郭上で起こる肩甲骨の外転が関与している。さらに、肩関節の外転（側方からの腕挙上）を例にとってみると、肩関節の外転とともに肩甲骨の上方回旋によって腕の動作範囲が大きく広がる。肩甲骨の上方回旋無しでは上腕骨の外転は大きな制限を受け90度にとどまり、肘を肩の高さまで上げるのがやっとである。肩甲骨の動作範囲が不十分であると、肩関節（肩甲上腕関節）に大きな動作範囲が要求され、腱板筋群（棘上筋・棘下筋・小円筋・肩甲下筋）をはじめとする肩関節周辺の安定機構への負担が大きくなる。肩関節の例からもわかるように、大きな動作範囲を獲得したり、特定の関節の負担を減らす動作技術の選択肢は、正しい機能解剖学的な理解から多くのアイデアを得ることができる（図13-13）。

　肩甲骨の運動を行う筋は、頭蓋や頸椎、胸郭などから起こり、胸郭の上を滑る肩甲骨を共同してコントロールする。それぞれの筋の作用が組み合わせられることでどのような運動が起こるかについての理解は、トレーニング種目の選定や、傷害の予防にお

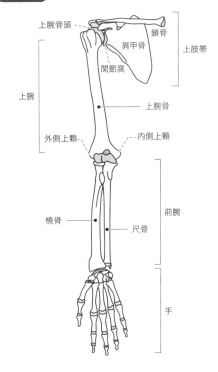

図13-12　上肢の骨（右上肢を前方より見る）

上腕骨頭
鎖骨
肩甲骨
上肢帯
関節窩
上腕
上腕骨
外側上顆
内側上顆
橈骨
尺骨
前腕
手

いても特に重要となってくる。

　頸部と肩の間に位置する僧帽筋は上部、中部、下部に分かれる。上部は肩甲骨の挙上に作用する。上部と下部は共同して、関節窩を上に向ける上方回

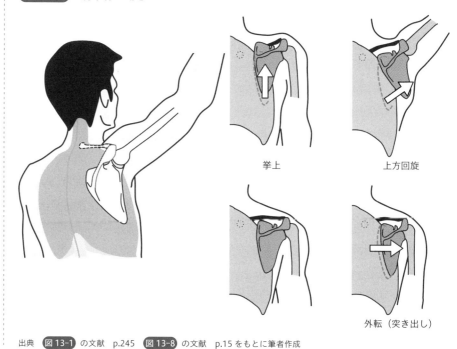

図 13-13　肩甲骨の動き

挙上

上方回旋

外転（突き出し）

出典　図 13-1　の文献　p.245　図 13-8　の文献　p.15 をもとに筆者作成

図 13-14　上肢の表在筋群（模式図）

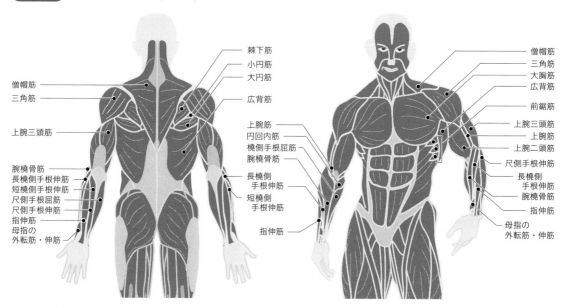

棘下筋
小円筋
大円筋
広背筋

僧帽筋
三角筋

上腕三頭筋

腕橈骨筋
長橈側手根伸筋
短橈側手根伸筋
尺側手根屈筋
尺側手根伸筋
指伸筋
母指の
外転筋・伸筋

上腕筋
円回内筋
橈側手根屈筋
腕橈骨筋

長橈側
手根伸筋
短橈側
手根伸筋

指伸筋

僧帽筋
三角筋
大胸筋
広背筋
前鋸筋
上腕三頭筋
上腕筋
上腕二頭筋
尺側手根伸筋
長橈側
手根伸筋
腕橈骨筋
指伸筋
母指の
外転筋・伸筋

出典　図 13-1　に同じ　pp.8-9 を一部改変

旋に作用する。下部の関与が不十分な場合上方回旋よりも挙上が強調される。中部は左右の肩甲骨の内側縁同士を近づける内転の作用を持っている。すべての部分が強く作用すると胸を張る。大・小菱形筋は肩甲骨の内側縁と脊柱の間に位置し、肩甲骨を内転する。前鋸筋（ぜんきょきん）は、第 1 ～第 9 肋骨に起始し胸郭と肩甲骨の間を通って肩甲骨の内側縁に付着するが、その延長は菱形筋となっている。つまり肩甲骨の内側縁は、前鋸筋と菱形筋がつながったシートの中間に付着していることになる。前鋸筋は肩甲骨の外転や回旋に関わっており、倒立やベンチプレス、頭上にバーベルを差し上げたジャーク姿勢で強く働く様子が観察できる（図 13-14）。

（2）肩関節の大筋群と運動

　肩関節周囲で体表から触れられる筋群は比較的大きな筋群である。肩関節を覆う丸いふくらみは三角筋である。肩甲骨および鎖骨から上腕骨に至り、主に腕の挙上（肩関節の屈曲、外転）を行う。大胸筋は起始の位置から腹部、胸肋部、鎖骨部の 3 部に分けられる。強力な水平内転、内転、屈曲の主働筋であるが、肩内旋の主働筋でもあり、突き押しとともに投げにおいても重要な役割を担っている。脊柱や骨盤、肩甲骨から起始し上腕骨に至る広背筋、肩甲骨から上腕骨に至る大円筋は挙上した腕を引き下ろす内転とともに内旋にも強く作用する（図 13-14）。

（3）肩のインナーマッスル

　三角筋、大胸筋、広背筋、大円筋などの大筋群が、肩関節に対して大きなモーメントアーム（テコの腕）で作用するのに対して、腱板（Rotator Cuff）と呼ばれる筋群（棘上筋・棘下筋・小円筋・肩甲下筋）は、肩関節の関節包と一体化した腱板を形成し関節のごく近くに停止している。腱板筋群はそれぞれの走行、付着に応じた作用を有するが、ダイナミックな動作中も共同して働き、上腕骨を関節窩に引き込んで安定させる。腱板筋群の機能不全は、大筋群の出力を抑制する可能性があり、肩関節障害の原因となることがあるため、上肢を酷使する競技においては特にこの筋群のトレーニングが重視される（図 13-15）。

　肘内側の皮下に触れる上腕骨内側上顆に起始する筋群は、主に手根・指の屈筋と回内筋である。それに対して外側上顆に起始する筋群は主に手根・指の伸筋である。テニスやゴルフなど、打具を多用する種目では、これらの付着部周辺に炎症が生じることがよくある。外側に起始を持つ腕橈骨筋は肘関節の屈筋で手関節はまたがない。手指を握る動作は、主に前腕からの筋群によって行われるが、ヒトの手に特有である母指の対立動作や、手指の内転外

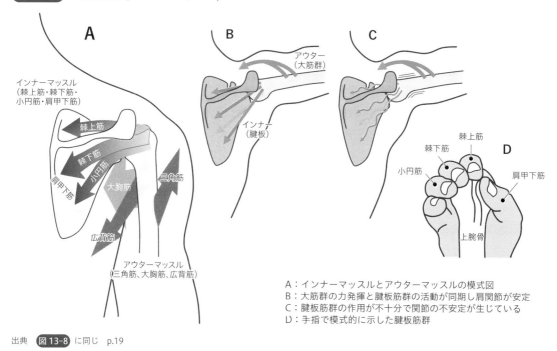

図 13-15 腱板筋群（インナーマッスル）

A：インナーマッスルとアウターマッスルの模式図
B：大筋群の力発揮と腱板筋群の活動が同期し肩関節が安定
C：腱板筋群の作用が不十分で関節の不安定が生じている
D：手指で模式的に示した腱板筋群

出典 **図 13-8** に同じ p.19

転を含む微妙なコントロールには手の内在筋が関与している。

3 体幹・脊柱の構造と機能

（1）脊柱の連結

　脊柱は 7 個の頚椎、12 個の胸椎、5 個の腰椎と、仙骨、尾骨で構成されている。頚椎は前弯、胸椎は後弯、腰椎は前弯しており、脊柱全体としては S 字状にカーブしている。胸椎とそれに関節する肋骨、そして胸骨で構成される骨の「かご」が胸郭である。胸郭の中には心臓や肺とそれに関わる大血管が収められており、呼吸のためにも必要不可欠な構造である。

　形が特殊な第 1、第 2 頚椎を除いて、頚椎、胸椎、腰椎の連結は椎間関節と椎間円板（椎間板）によるつながりによって成り立っている。椎間関節の形状や関節面の向きはそれぞれの椎骨によって異なっており、可動範囲との関連が深い。「腰をひねる」という表現はよく用いられるが、腰椎の回旋可動域は全体でわずか 5 度から 15 度程度とされる。実際には回旋可動域が大きな胸椎や、股関節の変位による骨盤の回旋が大きく関わっている。

　椎間板は椎体への負荷を分散するうえで重要な役割を果たしている。矢状面内の動きを例にとると、脊柱が屈曲位になると椎間板の負担が大きくなり、伸展位になると椎間関節の負担が大きくなる。

（2）体幹の筋群

　脊柱自体の運動に関わる固有背筋いわゆる「背筋」は、大きく外側浅層に位置する脊柱起立筋と脊柱近くに位置する横突棘筋群に分けられる。骨盤から頭蓋へと走る長い筋で構成される脊柱起立筋は、骨盤から分厚い腱膜ではじまり、背中に入るところで腸肋筋、最長筋、棘筋の３つの固まりに分かれる（図13-16）。多裂筋に代表される横突棘筋群は深部に存在し、背側から見ると脊柱起立筋や筋膜に覆われている。いずれの筋群も共同して脊柱の伸展に作用するが、左右一側では側屈や回旋に作用する。脊柱の近くに付着するため、脊柱自体の安定にも深く関わっている。それぞれの運動への関与は、それぞれの筋群の走行によって少しずつ異なる。

　腹筋群は、浅腹筋と深腹筋に分類される。浅腹筋は骨盤と胸郭をつなぎ腹壁を構成する（図13-17）。体幹の前屈に作用する腹直筋、骨盤に対する胸郭の回旋にも関わる内・外腹斜筋、最も深い層にあり脊柱の安定に深く関わる腹横筋によって構成されている。腹横筋を選択的に働かせて腹部を凹ませ

図 13-16　脊柱起立筋と多裂筋

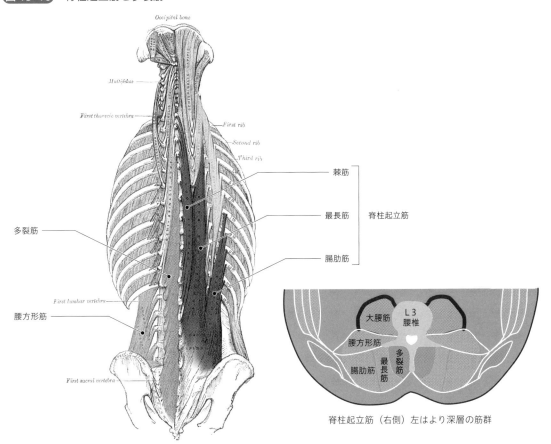

出典　Gray's Anatomy（1928）public domain（左図）に筆者加筆

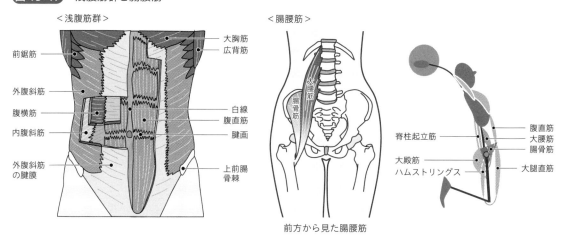

図13-17 浅腹筋群と腸腰筋

＜浅腹筋群＞

前鋸筋
外腹斜筋
腹横筋
内腹斜筋
外腹斜筋
の腱膜

大胸筋
広背筋
白線
腹直筋
腱画
上前腸
骨棘

＜腸腰筋＞

大腰筋
腸骨筋

前方から見た腸腰筋

脊柱起立筋
大殿筋
ハムストリングス

腹直筋
大腰筋
腸骨筋
大腿直筋

出典　Spalteholz, W. Handatlas der Anatonie des Men-schen, Zweiter Band 14. Auflage. S. Hirzel. Leipzig, 1939. を改変（左図）、図13-8
　　　の文献 p.37, p.32（右図）

る動作をドローイン（draw-in）と呼び、体幹安定への腹横筋の積極的な作用を促す。それに対して腹部筋群全体と横隔膜を緊張させて腹腔の内圧を高め、剛性を高めることで体幹の安定を図る動作をブレーシング（bracing）と呼ぶ。

　深腹筋に分類されるのは腸腰筋と腰方形筋である。腸腰筋は腸骨に起始する腸骨筋と、主に腰椎に起始する大腰筋によって構成される強大な股関節屈筋であり、体幹の左右バランスにも関与している。腰方形筋は骨盤と肋骨・腰椎をつなぎ、主に体幹の側屈、胸郭が固定されているときには同側の骨盤を引き上げる作用がある。

（3）姿勢・運動と脊柱への負担

　屈曲位と伸展位の中間では腰椎は生理的な前弯（腹側へ出っ張る湾曲）を示し、靭帯などの支持機構には緩みがある。運動の抵抗が低く、関節の自由度が高い状態である。このような状態が保たれる動作範囲がいわゆるNeutral Zone で、動的な支持機構である筋の関与で安定にコントロールされている（**図13-18**）。この範囲での運動は支持機構への負担も小さく余裕があるため、傷害にもつながりにくい。それに対して、大きな伸展位（左）では椎間関節への負担が高まる Elastic Zone となる。一方で、大きな屈曲位（右）では、椎間板が受ける圧力が大きくなり、背側にある靭帯等の支持機構には緩みがなくなって、負担が大きな Elastic Zone となっている。Elastic Zone 内での運動が日常的に長く持続したり、この範囲に入り込むような大きな変位が頻繁に強制される状況は傷害の発生にもつながる。

　図13-19はスクワット姿勢において、腰部のアーチ（前弯）を保持した場

図 13-18 　腰椎屈伸の Neutral Zone （NZ）と Elastic Zone （EZ）

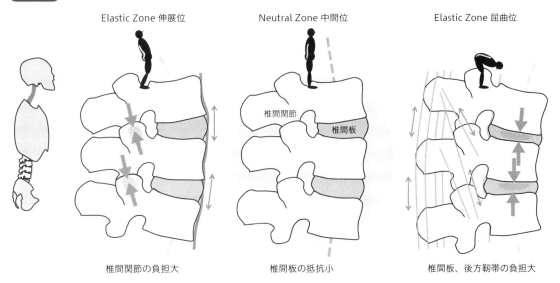

Elastic Zone 伸展位　　　　　　Neutral Zone 中間位　　　　　　Elastic Zone 屈曲位

椎間関節の負担大　　　　　　椎間板の抵抗小　　　　　　椎間板、後方靱帯の負担大

中間位周辺のNZでは抵抗が小さいが、伸展方向のEZでは椎間関節の負担が大きくなり、屈曲方向のEZでは背側の靱帯や椎間板などの負担が大きくなる。

出典　図 13-8 に同じ　p.30 を一部改変

図 13-19 　腰部のアーチを保ったスクワット姿勢（A）と腰部が丸まったスクワット姿勢（B）

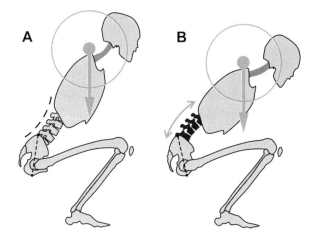

A　　　　　　B

出典　図 13-8 に同じ　p.31 を一部改変

合（A）と、腰部が丸まってしまった場合（B）を比較したものである。腰を丸めることで、単に股関節周りの伸筋群への負荷が大きくなるだけでなく、腰椎椎間の屈曲が大きくなり、椎間板への負担が極端に大きくなったり、椎間の靱帯等への負担も大きくなりやすい。安定して安全なスクワット姿勢は、上半身・体幹への大きな荷重に耐えたり、地面からの反力を上体まで伝達する姿勢で、あらゆる推進を含む着地や方向変換、投などの運動の基礎となるものである。

3 スポーツ動作とキネティックチェーン

　スポーツの場面において、個々の筋が単独で動作を発現することは稀であり、多くの場合複数の関節・筋群が連携することによって動きを生み出している。このような複数の関節と筋群のつながりが動きを生み出す仕組みはキネティックチェーン（Kinetic Chain：運動連鎖）と呼ばれ、その理解によって身体・筋骨格系が生み出す力が、どのように動きに関与しているかをより深く知ることができる。

1 投のキネティックチェーン
―下肢の力を体幹に蓄積し上肢に伝えるシステム―

　スポーツの場面において、個々の筋が単独で動作を発現することは稀であり、多くの場合複数の関節・筋群が連携することによって動きを生み出している。このような複数の関節と筋群のつながりが動きを生み出す仕組みはキネティックチェーン（Kinetic Chain：運動連鎖）とよばれ、その理解によって身体・筋骨格系が生み出す力が、どのように動きに関与しているかをより深く知ることができる。具体例をあげながら学んでいく。

　図 13-20 は、槍投げを例にとって、投げに利用される筋群のキネティックチェーンを模式的に示している。図の投げに向かう局面では、左足のブロッ

図 13-20 槍投げブロック動作の骨盤回旋と体幹筋群のキネティックチェーン（模式図）

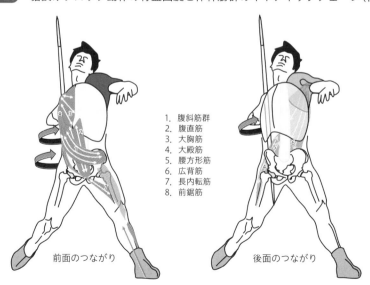

1. 腹斜筋群
2. 腹直筋
3. 大胸筋
4. 大殿筋
5. 腰方形筋
6. 広背筋
7. 長内転筋
8. 前鋸筋

前面のつながり　　　　　後面のつながり

出典　筆者作成

ク動作によって骨盤には上から見て反時計回りの急激な回旋が生じる。それ
に加えて活動しながら引き伸ばされた内転筋が骨盤を回旋方向に引き出す。
骨盤の回旋および前傾は腹部の筋群を伸張し、この力は胸郭の回旋前屈につ
ながる。胸郭の回旋は前鋸筋を介して肩甲骨上肢へと伝わるつながりと、大
胸筋を介して上腕骨に伝わるつながりが考えられる。実際には大殿筋から広
背筋への、背中側でのつながりについても想定することができる。

2　キックのキネティックチェーン
─下肢スウィングを上肢体幹で制御増幅するシステム─

　🔲13-21 はサッカーのインステップキックの姿勢と、考えられる筋の関
与から、蹴り足に向かうキネティックチェーンを模式的に示している。股関
節外旋ぎみで接地している軸脚は同側股関節の進行をブロックすることで骨
盤の回旋の起点となる。それと同時に内転筋やハムストリングスなどの作用
で、骨盤はキック方向に急速に回旋する。ここではキックに先立つ踏み込み
のタイミングで素早く大きく開いた左腕がアンカーポイントとなり、胸郭か
ら上が回転しにくい（固定された）状態である。腹斜筋群は左半身の開きで
伸張されるとともに、固定された胸郭を起点として、骨盤をキックに向かう
回転方向に引き出す力を発揮するだろう。
　このようなキネティックチェーンの想定と理解は、全身運動への解剖学的
な構造の関与を整理し、パフォーマンス向上要因の理解や予想に役立つであ

🔲13-21　インステップキックのキネティックチェーン（模式図）

1. 腹斜筋群
2. 腹直筋
3. 大胸筋
4. 大殿筋
5. 長内転筋
6. 大腿直筋
7. ハムストリングス

出典　筆者作成

ろう。運動の制限や傷害の原因など、パフォーマンス制限要因の検出についても、一部分を詳しく観察することが有効な場合もあるが、動きの全体像を捉えるには、むしろ解剖学的な細部にとらわれすぎずキネティックチェーンのつながりを理解していくことが有効である。

参考文献

大山卞圭悟『アスリートのための解剖学』草思社　2020年

Panjabi MM. The stabilizing system of the spine. Part II. Neutral zone and instability hypothesis. *Journal of Spinal Disorders*, 5, 1992, pp.390-396

日本トレーニング指導者協会編『トレーニング指導者テキスト 理論編 3訂版』大修館書店　2023年

Šavlovskis Jānis. Range of the Motion (ROM) of the Cervical, Thoracic and Lumbar Spine in the Traditional Anatomical Planes. Anatomy Standard. 2022.
https://www.anatomystandard.com/biomechanics/spine/rom-of-spine.html

Van Ingen Schenau GJ. From rotation to translation: Constraints on multi-joint movements and the unique action of bi-articular muscles. *Human Movement Science*, 8, 1989, pp.301-337

Williams KR. The dynamics of running. In Zatsiorsky V (ed.) *Biomechanics in Sport. Performance Enhancement and Injury Prevention.* Blackwell Science. 2000, pp.161-183.

学びの確認

①腕や脚が、身体を左右半分に分ける面＝（　　　　　）に向かう動作が（　　　　　）、正中から離れる動作が（　　　　　）である。

②下肢三関節について、「単関節の伸筋」として目立つ大きな筋は、股関節では（　　　　　）、膝関節では大腿四頭筋の広筋群（　　　　　）、（　　　　　）、（　　　　　）、足関節では（　　　　　）である。

③（　　　　　）の回旋可動域が小さいため、いわゆる「腰のひねり」には回旋可動域が大きな（　　　　　）や、（　　　　　）の変位による骨盤の回旋が大きく関わっている。

④キネティックチェーンとは何か、簡潔に説明してみよう。

なぜ解剖学を学ぶのか？

筑波大学／大山下圭悟

「解剖学は覚えることが多くて難しい」と言われることがあります。確かにそういう側面もあります。「解剖を知らなくてもスポーツはできる」と言われることもあります。確かにそうです。しかし英語の勉強における単語力を想像してみてください。少ない単語でも会話はできますが、単語量が多いことが聞き取り失敗の可能性を低くするとともに、解釈の幅を広げ、誤った解釈の回避につながります。そんな視点で解剖学を見つめ直してみましょう。

■ 自己修復する「からだ」に頼りすぎている!?

解剖学というのは、そこにある身体の構造について学ぶ学問です。構造はそれ自体が機能に直結するため、解剖学を学ぶことで身体の機能についても深く考えることにもつながります。その一方で、身体の構造を詳しく知っていなくても、身体を操って運動するうえでは大きな問題は生じません。これは自動車の詳しい構造を知らなくても運転にはほぼ支障がないこととよく似ています。しかも、ヒトの身体は自動車と異なり、少々の機能不全であれば自己組織的に学習とプログラム改変が行われ、少々の故障であれば自己修復が行われてしまいます。こんなこともあってか、たとえ競技者であっても身体の構造や機能の理解に無頓着な人も多いように感じます。

■ 痛いところがわからない!?

そんな身体に無頓着な競技者に、解剖学的な構造を理解していないことの問題が突然突きつけられるのが、ケガをしたときです。身体に痛い部位があり、何が痛いのか知りたいけれど、そこに何があるかはさっぱりわからないという状況が起こります。家電が突然動かなくなったとき、叩いてみたという経験がある方もおられると思います。それで回復するならばその場はしのげるかもしれませんが、それは根本的な解決にはなりませんし、特に身体に関してはそうはいきません。自動車が故障したときに、構造を知らずに適切な修理ができるでしょうか。構造への理解なしで修理することを想像してみてください。考えただけで恐ろしいです。ヒトの身体についても同じことがいえます。起こったケガに対処したり、競技パフォーマンスを制限している関節の動きを改善しようという場面において、解剖学的な構造や基本的に備わった機能を知らなければ、適切な対処への発想は望めないでしょう。

■ 自分の「からだ」だからこそ関心を

ケガをすれば病院や治療院のお世話になるわけですが、そこで何が行われているのかの理解にも相応の努力が必要です。その努力を怠れば「身体の手入れは人任せ」とならざるを得ません。もうこの時点でスポーツの楽しみやパフォーマンスの向上を支配する大きな要素が競技者の手元から他人の手に移ってしまうわけです。構造について基本的な理解があれば、痛い部位には何があって、今直面する問題がどの程度大きな問題なのか少し理解しやすくなります。その部位の負担を減らし、うまく使うヒントは構造に隠されているのです。したがって、まず構造を知って、そこで生じる力や、そこで生まれる動きについて理解することが、よりよい動きやより安全な動きへの近道なのです。身体の手入れは、人任せの治療に終始する人も多いですが、それでよいのでしょうか。愛の反対語は無関心だといいます。この機会に自分の身体に興味関心を持って、自ら愛を注いでみてはいかがでしょう。そのためにはまず解剖学を学びましょう。

第14章 コーチングのための心理学

なぜこの章を学ぶのですか？

コーチングは、人と人の間で行われる支援などプロセスであるからこそ、人の"こころ"に関する理解を深めることはとても大切なことです。また、こころと身体はつながっているので"こころ"の役割について知ることは、選手へのさまざまなアプローチのヒントになるでしょう。

第14章の学びのポイントは何ですか？

本章では、「選手のやる気」「運動のうまさ」「選手のこころのサポート」についてスポーツ心理学の知見から考えていきます。本章で得た知識は、選手がこころに関する側面で課題を抱えているときの支援に役立つことが期待されます。

＼＼ 考えてみよう ／／

① こころとはヒトのどこ（身体の場所）にあるのだろうか。

② 選手のこころのサポートはどのように行えばよいのだろうか。

1 選手のやる気を高めるコーチングとは

やる気とは動機づけに関連しており、外発的動機づけと内発的動機づけという概念がある。選手のやる気を高めるためにコーチは、選手自身が自分の行動を決定できるように働きかけることが重要であり、リーダーシップ行動に着目することがそのヒントになるであろう。

1 「やる気」とは何か

（1）やる気≒動機づけ

「やる気」という言葉は「物事を積極的に進めようとする目的意識」と広辞苑には書かれている。これに関連する概念として「動機づけ」がある。ヒトは「のどが渇いた、おなかが空いた」などの不安定な状態になると「水や食べ物」など欲求を満たしてくれるものを求める。行動に駆り立てるきっかけとなるものを動機、動因（欲求）[*1] 呼び、その欲求を満たすもの（行動に向ける方向）は目標、誘因[*2] と呼ばれる。そして、その不安定な状態を脱するための行動（過程）は動機づけという言葉で説明される[1]。また、動機づけは目的や目標などある要因によって行動を起こし、それを達成するまで持続させる心理的な過程や機能も意味することから、目標に向けた「心のベクトル」と表現されることもある。つまり、「やる気」と「動機づけ」は心理的な過程を示す言葉としての共通点がある。

（2）やる気の連続性

❶外発的動機づけと内発的動機づけ

動機づけには 2 つの代表的な考え方がある。1 つ目は、外発的動機づけと呼ばれ、「活動と報酬との間に固有の結びつきがなく、報酬を得るために活動が遂行される場合」と定義される[2]。高額な給料や賞金を得るためにプロ選手を目指して取り組むことは外発的動機づけに基づいた行動といえる。2 つ目は、内発的動機づけと呼ばれ、「その活動自体から得られる快や満足のために活動が遂行される場合」と定義される[3]。とにかく泳ぐことが楽しくて水泳教室に通ったり、自ら決めた目標タイムを切ることへの達成感を得るためにトレーニングしたりすることは、内発的動機づけに基づいた行動といえる。

*1　動因
動因は生理的欲求などの身体の内部から引き起こされるものを示す。

*2　誘因
誘因は外部から行動を引き起こす要因。インセンティブとも呼ばれ、外発的動機づけと関連が高い。

❷自己決定理論

　２つの動機づけは対照的なものとして、２分的に位置づけ、外発的動機づけは望ましくないと考えられてきた。しかしながら、両者は対立するものではなく、自己決定の程度によって連続的に捉えられるものであることを示す自己決定理論が提唱された[4]。この理論では、動機づけを自己決定の程度によって分類し、「非動機づけ」→「外発的動機づけ」→「内発的動機づけ」の連続体上に位置づける。さらに、外発的動機づけは自己決定の低い順に外的調整*3 ➡取り入れ的調整*4 ➡同一視的調整*5 ➡統合的調整*6 の４つの段階に分けられる（図 14-1）。スポーツにおける行動は自己決定の連続であるため、さまざまな動機づけが相互に関係する。最初は親に言われて仕方なく始めたサッカー（外的調整）だったが、次第に魅了され、何よりも優先してサッカーをするようになり（統合的調整）、うまくプレーできたときの喜びや満足感からもっとうまくなりたい（内発的動機づけ）と変化していくこともある。しかし一方では、その過程にもコーチに怒られたくないから練習したり（外的調整）、練習をサボると罪悪感があるので練習したり（取り入れ的調整）というような経験もするだろう。このように、スポーツ選手は内発的にも外発的にも動機づけられる場面が多々ある。しかしながら、外発的動機づけのみに頼ってしまうとスポーツの楽しさや有能感を味わうことが難しくなり、選手のやらされている感覚は強くなる。だからこそ、選手のやる気を高め、持続させるには、自己決定の程度に着目することが大切になる。

＊3　外的調整
まったく自己調整がなされない段階。「しなければならない」と義務的な感覚を伴う状態。

＊4　取り入れ的調整
「恥をかきたくないから練習する」といった義務的な感覚はあるものの自己決定はできている状態。

＊5　同一視的調整
「厳しい練習も自分にとって大切だからする」というように課題の価値を自分の価値とみなす状態。

＊6　統合的調整
他にやりたいことがあっても、何の葛藤もなく自然とその行動を優先させてしまう状態。

図 14-1　自己決定理論について

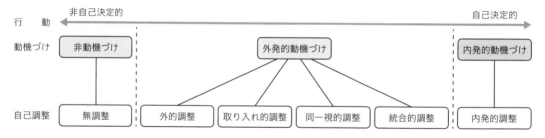

出典　松本裕史「自己決定理論」日本スポーツ心理学会編『スポーツ心理学辞典』大修館書店　2008 年　p.250

2 コーチのリーダーシップ

（1）リーダーシップ

　選手のやる気を高めるコーチングを行うためには、コーチ自身のリーダーシップのスタイルについて考えることは重要である。コーチが選手に対して指示を与え、結果に応じて賞罰を与えるようなリーダーシップは交換型リー

ダーシップと呼ばれ、選手のパフォーマンス向上などの作業成績を高めるには有効であるが、選手の意欲は低下してやる気を維持することは難しい[5]。一方で近年、選手のパフォーマンスの向上だけではなく、選手の内発的動機づけやウェルビーイングと欲求満足などの心理的側面や行動的側面に好ましい影響を与えることを可能とする変革型リーダーシップ[6] が注目されている。リーダーシップ行動の特徴として、次の 4 つがある。①理想化された影響（選手達が一体感を感じて、熱心に見習おうとするカリスマ的な行動）、②鼓舞的動機づけ（リーダーが示すビジョンに対してメンバーが積極的に努力できるように促す行動）、③知的な刺激（メンバーの創造性や気づきを促し、新たな取り組みを推奨する）、④個々への配慮（メンバーの多様性を認め、それに応じて成長を促す行動）である。コーチは、これらの 4 つのリーダーシップ行動がとれているのかと自身の行動を振り返ることが、選手のやる気を高めるコーチングのヒントとなるだろう。

（2）やる気とチームの雰囲気

　コーチなどのリーダーまたは選手たちがつくるチームの空気感、すなわち「雰囲気」は選手たちのやる気にも影響を与える。目標達成に向けた集団の環境は動機づけ雰囲気と呼ばれチームのメンバーの動機づけやパフォーマンスに影響を与えるとされる[7]。チーム全体が学んでいくことや成長することに集中しているような熟達雰囲気であるときは、選手は努力すること、個々の課題を達成することなどがチームの中で強調されていると感じる。一方、個々の能力が評価されて、他者と比較しながら目標達成を目指すことに重きをおかれるような達成雰囲気であるときは、メンバー間で競争することや失敗しないことに集中する。熟達雰囲気はチームに対するまとまり・自信や選手の満足感につながるとされており、達成雰囲気は不安を助長させ、選手のドロップアウトやチーム内の対立増加と関係があるなどの報告がある[8]。つまり、選手のやる気を高めるために、コーチはチームを熟達雰囲気に導くような働きかけが重要となるであろう。しかしながら、スポーツにおいて勝利を目指すような成績雰囲気が必ずしも悪影響を及ぼすわけではない。勝つことを目指すことが、チームの刺激になり動機づけを促すといった報告もある[9]。だからこそ、コーチは選手に合わせて熟達／達成雰囲気のバランスをとることが求められる。

（3）コーチのコミュニケーションスキル

　コーチにとってチームの選手やスタッフと関係性を築くことは重要であり、そのために心がけるべきことは効果的なコミュニケーションである。信頼関

係を構築するために、「相手の伝えたいことを理解する」ことは欠かせない。そのため、コーチが効果的なコミュニケーションをとるには、カウンセリングの基本的態度が参考になる [10]。カウンセラーは、受容（相手の言いたいことをそのまま受け入れる態度）、傾聴（相手の話を注意深く、正確に、真摯に耳を傾ける態度）、共感的理解（他人である自分が、価値観の違う相手とその世界を、相手の立場にたって、理解しようとする態度）でクライエントと接することが望ましい。コーチもこのカウンセリングマインドを持って選手やスタッフと接することで、相互の理解をさらに深められるだろう。しかしながら、コーチはカウンセラーではないの自身のメッセージを発信する場面や選手を動機づけ、鼓舞する場面もある。その際は、自分の言葉選び、声のトーンや声質（言語的コミュニケーション）と身振り、手振り、体の姿勢、表情、視線、相手との距離、服装、髪型（非言語的コミュニケーション）を状況に合わせて調整することが重要である。

2 運動がうまくなるとは

　運動がうまくなることは運動学習と呼ばれ、その過程には①言語 – 認知化、②運動化、③自動化の 3 つの段階がある。また、失敗の経験はフィードバックと調整を繰り返すことで洗練された適切な運動になり、正確性を高めることにつながるため「失敗は成功のもと」といえる。

1 運動がうまくなる 3 つの段階

　人は「できなかった運動」が正確に、迅速に、そして安定して「できる」ようになったときに「うまくなった」と感じる。これは運動学習と呼ばれ熟練パフォーマンスの能力に比較的永続的変化を導く練習や経験に関係した一連の過程であるとされる [11]。うまくなるには 3 つの段階があり、自転車に乗ることを例に説明すると、はじめは「ハンドルを握り、転ばないようにバランスをとりながらも、左右のペダルを交互にこぐ」といった自転車の構造や動作を理解する必要がある。これは①言語 – 認知化の段階であり、運動技能の基本的な知識や動作を理解する過程である。次に自転車に乗りながら進んだり、転んだりを繰り返しながら練習を繰り返す、②運動化の段階がある。そして、ある日転ばずに安定して自転車に乗れるようになる。この段階になると、はじめはハンドルやペダルなどに注意を向けながら自転車に乗ってい

図 14-2　運動学習の 3 段階

言語 - 認知化の段階　➡　運動化の段階　➡　自動化の段階

たのが、ほとんど意識をせずに自転車に乗れるようになる。これを③自動化の段階と呼び、自転車に「うまく」乗れるようになったと感じる段階である。このように、うまくなるには 3 つの段階があり、一度できるようになった運動は比較的永続的にできることが多い（子どもの頃にできるようになったことは、大人になってもできる）。これは、スポーツにおけるスキルの獲得にも同じようにあてはまる。はじめから、正確で早く、そして安定して「できる」ことはないので、コーチはその選手の段階に合わせた練習のオーガナイズやコーチングが必要である。

2　「失敗は成功のもと」は本当なのか

　運動がうまくなっていく過程には、必ず「失敗」がある。「失敗は成功のもと」という言葉があるが、それは正しい理論であるのかについて説明する。人の感覚的な情報の入力から運動を実施する出力に至る過程において、感覚情報がどのように機能しているのかを概念化した**閉回路制御システム**[12] がある（**図 14-3**）。このシステムは目標（獲得したいスキルなど）が決まると、それを達成できたときの望ましい状態が発生する。これが基準となり、比較器[*7] にて現在の状態と望ましい状態が比較される。「失敗」と感じる経験はそこで生じたエラーであり、それを解消するために実行システムおよび効果器システム[*8] にて調整される。実行された出力の情報は比較器へとフィードバックされ誤差が検出される。この循環によって、失敗という出力情報が繰り返しフィードバックおよび調整されることによって適切な運動ができるように洗練されていく。

　また、失敗などの経験は正確性も高められることが**スキーマ理論**[13] によって説明される（**図 14-4**）。ボールを投げることを例にすると、30 m の距離にボールを投げたいという目標があるときに A という力を入れて投げたと

＊7　比較器
目標値と現在値から誤差を計算し、その誤差に基づいて運動を修正する機能。

＊8　実行システムと効果器システム
実行システムではヒトの脳内で刺激同定→反応選択→反応プログラムの処理を行う。効果器システムでは運動プログラムの作成から脊髄→筋へと出力するシステム。

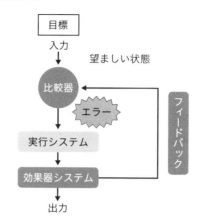

図 14-3 閉回路制御システム

出典　R.A. シュミット（調枝孝治監訳）『運動学習とパフォーマンス 理論と実践へ』大修館書店　1994年　p.49

図 14-4 力の入れ具合と投球距離の関係

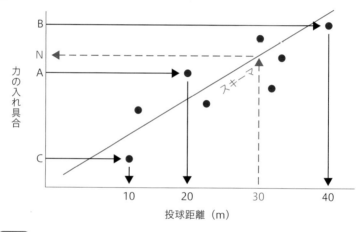

出典　**図 14-3** に同じ

する。それが結果として20mしか投げられなかったとき、「次はもう少し力を加えればよいのか」と理解する。次にBという力で投げたときの距離が40mであったら、力の調整をさらに理解する。このような繰り返し（失敗）によって力の入れ具合と投球距離を関連づけ、両者の間に関数（スキーマ）を形成することができる。一度このスキーマを形成できれば、それに基づいてその動作パターンに最適と思われる力量等を調整して運動を遂行できるようになる。以上、閉回路制御システムとスキーマ理論から「失敗は成功のもと」であることは正しい理論であることが示される。コーチは選手の技術にアプローチする場合は、いかに「失敗」の経験をさせるかが重要であり、その際のフィードバックの方法にも留意する必要がある。

3　選手に対するこころのサポート

　スポーツメンタルトレーニングとスポーツカウンセリングは、選手が心理的な課題に直面した際、選手のこころをサポートする有効なアプローチである。選手に対する望ましいこころのサポートを実施するには、コーチ自ら対応できることと専門家に委ねることの境界を知ることが大切である。

1　スポーツメンタルトレーニング

　高いパフォーマンスを発揮するためには、身体的な側面だけではなく心理的側面においても強化および支援することは必要である。心の強化および支援を行う手段の 1 つにスポーツメンタルトレーニング（Sports Mental Training：以下「SMT」）がある。SMT では心理的スキル[14] の獲得と促進を目指す。その心理的スキルは、ファンデーションスキル（決断力、自己への気づき、自尊感情、自信）、パフォーマンススキル（身体的最適覚醒、心理的最適覚醒、最適な注意）、ファシリテーションスキル（対人スキル、自己管理）の 3 つに分類されており、それらを高める方法に心理技法（目標設定、イメージ、リラクセーション、思考・注意のコントロールなど）がある。基本的な流れとしては（図14-5）、試合に向けた目標を設定、現在の自

図14-5　基本的な SMT の流れ

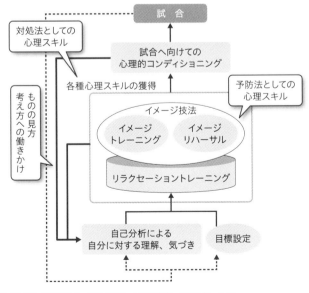

出典　荒木雅信編『これから学ぶスポーツ心理学』大修館書店　2018 年　p.84

己について分析を行うことで自分に必要なスキルを考える。そして、試合の場面でさまざまな状況に対処するための心理的スキルや大事な場面でパフォーマンスを落とすことを予防するための心理的スキルをトレーニングする。これらのスキルの獲得は身体的なトレーニングなどと同様に繰り返し行うことが重要である。また、試合に向けて心も調整（心理的コンディショニング）していくことも SMT では取り組む。これらの取り組みを通したうえで試合を迎え、試合での結果や経験を振り返ることで、自分に必要な心理的課題を確認して、心理的スキルの獲得に取り組むといった一連の流れとなる。SMT の実践に関しては、スポーツメンタルトレーニング指導士（SMT 指導士）*9 と呼ばれる専門家に依頼することで高度な心理サポートが可能となる。

2 スポーツカウンセリング

　選手へのこころのサポートにおいてスポーツカウンセリング（Sports Counseling：以下「SC」）が実施されることも多い。SMT は「技法指導を中心とした教育的活動」であり、SC は「傾聴を中心とした自己方向付けの支援活動」であるとされる（図 14-6）[15]。SC は通常のカウンセリングと同様に選手や指導者が抱える悩みや問題は成長するためのキッカケ（芽）であると考える。悩みや問題を抱えた選手は、心の世界に寄り添うカウンセラーに支えられて成長が促進して結果的に問題が解決していく[16]。しかしながら、SC の場面で問題をアドバイスや指導によって解決しようとすると、かえって問題を悪化させる危険性があるので注意深い配慮が必要である。また、SC の対象となるのは、スランプ、運動部への不適応、食行動の問題、バーンアウトなどさまざまである。特にバーンアウトは日本語で「燃え尽き」と訳され、「長い間の目標への献身が十分に報いられなかった時に生じる情緒

図 14-6　スポーツメンタルトレーニングとスポーツカウンセリングの相違点

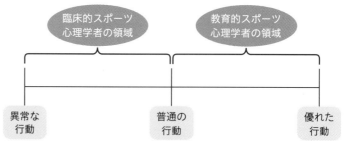

出典　R. マートン（猪股公宏監訳）『メンタル・トレーニング』大修館書店　1991 年　p.77

的・身体的消耗」と定義され [17]、パフォーマンスの停滞、無気力や抑うつなどの状態を引き起こす。その背景には、競技開始年齢の早期化や心理的ストレスの増加など競技スポーツの高度化も伴う影響などがある。このような問題にうまく対応できないと、競技継続の困難やチームからの離脱を招く。バーンアウトの発生プロセスに成功体験→熱中→停滞→固執→消耗 [*10] といった大まかな流れがあり、過去に活躍した経験がある選手や完璧主義、几帳面、執着気質がある選手などはバーンアウトに陥りやすい傾向がある [18]。コーチ自身が SC を実施するにはさまざまな問題があるため、専門家に依頼することが望ましい。しかし、傾聴をベースとしたカウンセリングマインドを持って選手に寄り添うコーチング行動は選手との関係性を築くうえでも重要である。

*10
過去に活躍して高いモチベーションで練習などできていたが、何らかの理由（ケガなど）で競技ができないなどの停滞を経験。それを克服しようとさらに取り組むが「報われない」状況が続くことで心身ともに消耗していく。

引用文献

1 ）速水敏彦『自己形成の心理―自律的動機づけ―』金子書房　1998 年
2 ）Murray EJ. *Motivation and emotion.* Prentice Hall, 1964.
3 ）同上書
4 ）Ryan RM and Deci EL. *Self-determination theory: Basic Psychological Needs in Motivation Development and Wellness.* Guilford Press, 2017.
5 ）夏原隆之・中山雅雄・川北準人・荒木香織・市村操一「スポーツコーチングにおける変革型リーダーシップの有効性に関する研究の展望」『体育学研究』第 67 巻　2022 年　pp.379-396
6 ）Bass BM and Riggio RE. *Transformational leadership 2nd ed.* Psychology Press, 2006.
7 ）小菅萌「スポーツにおける集団」荒木雅信編『これから学ぶスポーツ心理学』大修館書店　2018 年　pp.50-58
8 ）Duda JL and Balaguer I. Coach-created motivational climate. In Jowett S and Lavalee D（eds.）*Social Psychology in Sports.* Champaign, IL. Human Kinetics, 2007. pp.117-130
9 ）Vealey RS. *Coaching for the inner edge.* Fitness Information Technology. 2005.
10）西田保「メンタルトレーニングを支える理論」日本スポーツ心理学会編『スポーツメンタルトレーニング教本』大修館書店　2016 年　pp.12-16
11）R. A. シュミット（調枝孝治監訳）『運動学習とパフォーマンス　理論と実践へ』大修館書店　1994 年
12）前掲書 10）
13）Schmidt RA. A schema theory of discrete motor skill learning. *Psychological review,* 82（4）, 1975, pp.225-260
14）Vealey RS. Future directions in psychological skills training. *The Sport Psychologist,* 2（4）, 1988, pp.318-336
15）菅生貴之「スポーツ選手の心理サポート」荒木雅信編『これから学ぶスポーツ心理学』大修館書店　2018 年　pp.74-79
16）鈴木荘「スポーツカウンセリング」中込四郎・伊藤豊彦・山本裕二編著『よくわかるスポーツ心理学』ミネルヴァ書房　2012 年　pp.172-175
17）Freudenberger HJ. Staff burn-out. *Journal of Social issues,* 30（1）, 1974, pp.159-165
18）中込四郎「バーンアウトの発生機序」中込四郎・伊藤豊彦・山本裕二編著『よくわかるスポーツ心理学』ミネルヴァ書房　2012 年　pp.186-187

①「やる気」とは（　　　　　　　　）と関連しており心理的な過程を示す言葉としての共通点がある。（　　　　　　）には（　　　　　　　　　　）と（　　　　　　　）があり、両者は対立するものではなく、自己決定の程度によって連続的に捉えられるものであることを示す（　　　　　　　　）理論によって説明される。

②運動がうまくなっていく過程には、運動技能の基本的な知識や動作を理解する（　　　　　　　　　）の段階、練習を繰り返す（　　　　　　　）の段階、ほとんど意識をせずにできるようになる（　　　　　　）の段階がある。このように、うまくなるには３つの段階があり、一度できるようになった運動は（　　　　　　　　　　）にできることが多い。

③スポーツメンタルトレーニング（Sports Mental Training：SMT）では（　　　　　　　　　）の獲得と促進を目指す。SMT の実践に関しては、（　　　　　　　　　）と呼ばれる専門家に依頼することで高度な心理サポートが可能となる。SC は（　　　　　）を中心とした自己方向付けの支援活動であり心の世界に寄り添うカウンセラーに支えられて心理的問題を解決していく。

④選手のやる気を高めるためにはどのようなコーチングをしたらよいだろうか。

column

うまい選手は「考えず」にプレーしている？

大阪公立大学／松竹貴大

「Don't think.」と「アスリート脳」

「Don't think. FEEL!」香港の伝説的アクションスターであるブルース・リーの出演する映画『燃えよドラゴン』での有名なセリフをご存じでしょうか。この後に続く言葉もとても含蓄に富んだ表現がされているので是非ご覧になってください。さて、本コラムではこの「Don't think.」と「アスリートの脳」に焦点をあてたいと思います。野球のバッターは18 m先のピッチャーが投げる時速約160 kmの球を打つ際には、約0.4秒の間で知覚、認知・判断、運動の実行を行わなければなりません。つまり、考えて（ボールを知覚して認知する）スイングをするのでは間に合わない場合が多いです。では、熟練した選手はどのようにしてバッティング行動を行っているのでしょうか。

ポストディクション

アスリートは長期的なトレーニングなどによって特定の場面で自動化された動きができるようになります。すなわち、アスリートは自覚的な意識や認識を伴う反応だけではなく、必要に応じて非意識的な反応も行っています。この内容に関連して、『マインド・タイム—脳と意識の時間—』の著者であるベンジャミン・リベットは「トップレベルのアスリートたちは概して、意識的な心に妨げられることなく、彼らの無意識の心に主導権を委ねることができる」と述べています。また、ヒトの脳には後付けで自分の行動や認識の意味を書き換え、再構成する機能があることが明らかにされました（これはポストディクションと呼ばれる）。つまり、スポーツの場面でアスリートが経験する非意識的反応は、身体の反応から行動の意味を認識する「ポストディクション」に近い体験である可能性もあります。

研究で明らかにされたアスリート脳の秘密

これまでの研究において、人の視機能や視野のような「ハードウェア」よりも、脳内での情報処理をおこなう「ソフトウェア」の方がアスリートのパフォーマンスにおいては重要であることが報告されています。つまり、トップレベルの選手はテクニックやフィジカルだけではなく、「脳」というヒトの行動を操作する情報システムにも一般人との違いがあり、何か秘密が隠されているのかもしれません。アスリート脳を解明する研究の1つにサッカーのブラジル代表のネイマール・ダ・シウバ・サントス・ジュニオール選手（以下、ネイマール選手）の脳を調べたものがあります[1]。この研究では、音に合わせて右足首の旋回運動を行うという運動を実施したときの脳活動をfMRIと呼ばれる機器にて測定しました。ネイマール選手とプロサッカー選手3名、アマチュアサッカー選手1名、水泳選手2名を比較した結果、ネイマール選手の運動野における脳活動は他の実験参加者7名の中で最も小さいことがわかりました。これは、数少ない神経リソースで効率的に運動をしていることを示しています。このような熟練者が運動課題実施中に運動野の活動が小さくなるという現象は、プロピアニストを対象とした研究でも同様の報告がされており、運動や動きが熟練して熟達した段階になるにつれて、その動きに用いられる運動野における活動の割合が減っていくという事でした。こうしたアスリート脳には特異性があり、それが高いパフォーマンスを支えているのかもしれません。

引用文献
1) Naito E and Hirose S. Efficient foot motor control by Neymar's brain. *Frontiers in human neuroscience*, 8, 2014, p.594

コーチングと組織マネジメント

なぜこの章を学ぶのですか？

　スポーツのコーチングでは、競技力向上のためのトレーニング指導だけでなく、チームという組織を適切にマネジメントしていく必要があります。コーチングのために必要なマネジメント業務について学ぶことはとても大切です。

第15章の学びのポイントは何ですか？

　本章では、組織形態、物品管理、財務管理、リスクマネジメント等のコーチングにおけるマネジメントについてみていきます。本章で学ぶ内容は、実際にコーチングを行ううえで利用できる実用的な知見となることが期待できます。

＼ 考えてみよう ／

① コーチが行うべきマネジメントとは何だろうか。

② あなたがコーチに任命されたら、どのようなマネジメントを行うだろうか。

1 コーチングとマネジメント

コーチは、選手に対しての競技力向上のための指導だけではなく、チームや競技団体といった組織の一員として、組織の目的・目標を達成するために適切なマネジメントを行うことが求められる。

1 マネジメントとは

「マネジメント」と聞いて、みなさんは何を思い浮かべるだろうか。スポーツでマネジメントといえば、『もしドラ』[*1] が有名なところだろう。『もしドラ』では、高校野球部の女子マネージャーが、経営の父と呼ばれるピーター・F・ドラッカーの著書『マネジメント』を読み、弱小野球部を改革していく姿が描かれている。主人公である女子マネージャーのみなみは、マネジメントの手法を活用しながら目標設定や人員配置、練習方法の改善などに取り組み、その結果チームは念願の甲子園出場を達成することになる。

マネジメントとは、組織（スポーツでは個々のチームや競技団体など）の目的・目標を達成するために、人材（ヒト）、設備（モノ）・資金（カネ）などを管理し、運営上の効果を最適化することをいう。マネジメントは「経営」や「管理」を意味するビジネス用語として捉えられる印象があるが、スポーツのコーチングにおいても非常に重要な概念である。マネジメントは『もしドラ』のように、部活動やクラブというチームであっても実際に行われていることであり、大きな企業や組織だけで行われるものではなく、スポーツのコーチが身につけるべき知識および技能であるといえる。

＊1　もしドラ
『もし高校野球の女子マネージャーがドラッガーの「マネジメント」を読んだら』（岩崎夏海著　ダイヤモンド社 2009 年）の通称。

2 スポーツにおけるマネジメント

スポーツにおけるマネジメントの対象は、第 7 章で述べたような選手の管理のほかに、スポーツチーム、各種競技団体・連盟、学校体育経営、部活動、地域スポーツ、企業スポーツなどの組織の運営など多岐にわたる。

組織はそれぞれに目的・目標が異なるため、マネジメントの方向性も異なってくる。例えば、勝利が目的となるスポーツチームでは、チームの競技力向上のための戦略が必要になり、競技団体や地域スポーツでは、スポーツの普及や会員の満足度が重視され、企業スポーツではスポンサーやファンの獲得

によって利益を求めていくことも大切になる。このように、それぞれのスポーツ組織の目的・目標を効果的に達成するためのマネジメントが必要になる。

ここでは、多くの読者が所属した経験がある「部活動」という組織を例に、コーチが関わるチームのマネジメントについて述べていく。

3 コーチにとってのマネジメントの大切さ

コーチはトレーニング指導者のみにとどまらず、組織全体の一員としての責務を担っている。現代の社会では、すべてのスポーツ活動（みる・する・支える）に対して、法令遵守、公正さ、人権尊重、安全などが強く求められている。高い競技成績を達成したとしても、組織に所属する選手やスタッフが社会的常識や倫理に反すると厳しく非難される。学校運動部の部員や指導者、スタッフ等による暴力やハラスメント、薬物使用、犯罪行為等が社会的に注目され、厳しい処分を受けていることからもわかるように、スポーツの成功は競技成績だけでなく、ガバナンスとコンプライアンスの遵守、組織の透明性、社会貢献等も含むものとなっている。そのため、リスク管理や効果的なマネジメントが不可欠である。コーチは競技力向上だけでなく、組織全体の運営を通じて社会的責任を果たし、選手たちに模範を示す役割を担っている。

「アスリート・センタード」である一方で、選手・団体を取り巻くステークホルダーやアントラージュ[*2]との関係調整も必要になり、選手に最も近い立場であるコーチの役割は大きくなる。実際に青柳ほか[1]の調査では、公立中学校および高等学校で部活動を指導する教員の部活動に関連する業務時間について、「実際に部活動に参加している時間」が全体の約6割程度であるのに対して、「練習や試合以外のマネジメントに関連する時間」は全体の約3割程度であったことが示されている[*3]。また、村木[2]は、「コーチには、ティームの上級マネジャーとしての対人関係、情報関係、意思決定の役割・機能がむしろ満ちあふれており、場合によっては狭義の意味でのコーチングが凌駕されることも少なくない」と述べている。このように、コーチングにおけるマネジメント業務は、効果的なコーチングを行ううえで非常に重要な活動であるといえる。

＊2 ステークホルダーとアントラージュ
ステークホルダーとは組織の利害関係者のことであり、スポーツ組織のステークホルダーは、ファンや顧客、アスリート、保護者、自治体、取引先、メディア、スポンサーなど多岐にわたる。
またアントラージュとは、アスリートを取り巻く関係者であり、例としてマネージャーや代理人、コーチ、教員、トレーナー、ドクター、スポーツ科学者、弁護士や家族などが含まれる。

＊3
この研究では、公立中学校または高等学校において運動部活動の顧問を担当した経験がある教員361名を対象にアンケート調査を行い、学校運動部顧問が運動部活動を指導・運営するうえで、どのような業務を行い、どの程度の時間的負担と精神的負担があるかを調査している。

2 組織マネジメントの実際

　チームのマネジメント業務は多岐にわたることから、コーチはチームや組織の目的・目標を達成するために、PDCA サイクルを用いて、ヒト・モノ・カネといった資源を適切に管理し、組織をマネジメントしていくことが求められる。

1 組織運営の多種多様な業務

　では、コーチはコーチングのために実際にどのようなマネジメント業務を行っているのであろうか。マートン[3] は、コーチングにおけるマネジメント業務を以下の 7 つのカテゴリーに分類している（図 15-1）。

❶ポリシー（方針）

　どのようなチームを目指すのか、チームの目的やビジョン、チームの編成方針やルール、選手の行動指針などを作成し、チームの状況に応じて修正していく。

❷情報

　コーチングを行うためのさまざまな情報を収集、管理する（表 15-1）。

❸パーソナル（個人）

　チームの方針をもとに、必要なスタッフや選手の編成や行動の管理を行う。

図 15-1　コーチングにおけるマネジメント業務 7 つのカテゴリー

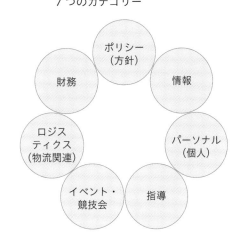

表 15-1　コーチングで収集・管理する情報の例

情報	具体的な情報内容
選手情報	連絡先、競技歴、ケガや病気等の医療歴、体力・技術・戦術等の評価 等
スタッフ情報	連絡先、職歴、資格 等
練習・トレーニング情報	年間計画、日々のトレーニング計画、フィジカルトレーニング・コンディショニング計画
イベント情報	ミーティングの議題や日程、スタッフミーティングの議題、その他イベントの計画
参考資料	ルールブック、トレーニングに関する資料、人格形成に関する記事
成績や表彰に関する記録	新聞記事、選手賞、スタッフ賞
用具や施設の使用に関する記録	用具記録、施設記録、物品記録、交通手段の記録
財務記録	収入、支出、領収書 等
管理と方針	国、県、市町村等の方針、チーム方針、リスク管理計画、保険記録、事故・疾病記録
競技会の記録	スケジュール、相手チームの偵察記録、競技会後の評価、チーム成績等 等

出典　R. マートン（大森俊夫・山田茂監訳）『スポーツ・コーチング学』西村書店　2013 年　pp.301-303 をもとに筆者作成

図 15-2 競技会でのマネジメントの一例

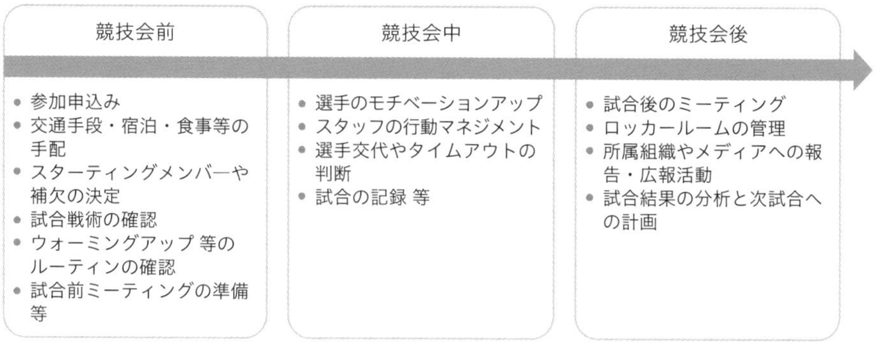

競技会前	競技会中	競技会後
● 参加申込み ● 交通手段・宿泊・食事等の手配 ● スターティングメンバーや補欠の決定 ● 試合戦術の確認 ● ウォーミングアップ 等のルーティンの確認 ● 試合前ミーティングの準備 等	● 選手のモチベーションアップ ● スタッフの行動マネジメント ● 選手交代やタイムアウトの判断 ● 試合の記録 等	● 試合後のミーティング ● ロッカールームの管理 ● 所属組織やメディアへの報告・広報活動 ● 試合結果の分析と次試合への計画

❹指導

競技力向上のための技術、戦術、体力等のトレーニング指導の計画や管理を行う（詳細は第7章、第10～14章を参照）。

❺イベント・競技会

さまざまなミーティング等の各種イベントや競技会の計画や管理を行う。イベントの例として、スタッフミーティング、チームミーティング、保護者とのミーティング、ユニフォームや用具の配布や回収、激励会等がある。競技会では、競技会前、競技会中、競技会後のそれぞれにマネジメント活動が必要である（図 15-2）。

❻ロジスティクス（物流関連）

練習や試合を行うための施設や、ユニフォームや用具類等の物品の手配と管理を行う。

❼財務

経費の調達や管理を行う。予算計画を作成し、収入の確保や支出の記録等を行う。

これらの分類は、コーチングにおけるマネジメント業務を整理し、スポーツ組織のマネジメント計画を立案する手がかりとなると考えられる。

2 業務を行う手法―PDCA サイクル―

マネジメント業務を行う際には、まず業務を遂行するための適切な計画を立案することが大切である。次に、立案された計画を実践し、計画の進捗や成果を定期的に評価しながら、必要に応じて計画の改善を行い、業務を遂行していく。この一連の計画（Plan）、実行（Do）、評価（Check）、改善（Action）というサイクルは、PDCA サイクルと呼ばれ（図 15-3）、管理・運営業務

図 15-3　学校部活動の財務管理の PDCA サイクル

を効果的に実践するうえで基本となる。PDCA サイクルでは、業務に関する計画の立案だけでなく、計画の進捗度合いや成果を適切に評価しながら、業務を適切に改善し成果を得ていくことがより重要となる。

　学校部活動の財務管理を例に考えてみる（**図 15-3**）。「計画」の段階では、チームの年間予算計画を立案する。前年度までの活動等を参考に、チームの目的・目標を達成するために必要な支出を見積もる。収入面では、部員からの部費や学校からの補助金などを検討する。「実行」は、計画をもとにした実際の活動や支出である。部費や補助金を収集し、用具の購入や大会への参加などの予算を遂行していく。また、「評価」では、定期的に支出状況や残りの資金状況を評価する。予算に対する実績を確認し、予算の達成度を確認する。この段階で、計画とのズレや予算不足などの問題が生じることになる。「改善」では、評価の結果をもとに、必要な改善策を考え実施する。例えば、練習用具が壊れて新しいものを購入する必要がある場合、予算の再調整や部費の追加徴収などの対策を検討する。この段階で、問題を解決し、計画を改善していく。

　このように、実際のマネジメント業務では、計画、実行、評価、改善のPDCA サイクルを適切に循環させることで、財務管理だけでなく、さまざまなマネジメント業務を効果的に遂行し、組織の運営を改善することが可能となる。

3　ヒト・モノ・カネのマネジメント―学校部活動を例に―

（1）チームの組織形態：「ヒト」のマネジメント

　チームの組織形態の整備は、「ヒト」のマネジメント[*4] でもある。適材適所の人員配置や役割分担により業務を効率化するとともに、リーダーシップ

＊4
コーチングに限らず、一般的なマネジメントの対象としてヒト（人材）・モノ（設備、物品）・カネ（資金）があげられる。先述したマネジメント業務の分類においても、これらは「個人」「ロジスティクス」「財務」として扱われている。

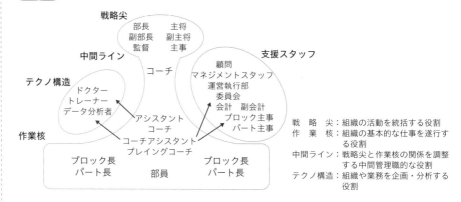

図 15-4 大学陸上競技部における組織形態モデルの例

戦略尖

部長　主将
副部長　副主将
監督　主事

中間ライン

支援スタッフ

顧問
マネジメントスタッフ
運営執行部
委員会
会計　副会計
ブロック主事
パート主事

コーチ

テクノ構造

ドクター
トレーナー
データ分析者

作業核

アシスタント
コーチ
コーチアシスタント
プレイングコーチ

ブロック長
パート長

部員

ブロック長
パート長

戦　略　尖：組織の活動を統括する役割
作　業　核：組織の基本的な仕事を遂行する役割
中間ライン：戦略尖と作業核の関係を調整する中間管理職的な役割
テクノ構造：組織や業務を企画・分析する役割

強化や選手の成長支援を通して、チームの連携とモチベーションの維持・向上を促し、チームのパフォーマンスを最大限に引き出すために重要な要素になる。しかしながら、コーチ1人でチームのマネジメント業務のすべてを担うことは、どんな組織であっても困難であろう。中学校・高校の運動部のように、指導者と選手（部員）、マネージャーだけのチームであっても、例えばキャプテンや副キャプテンを任命したり、学年、レギュラー、ポジションなどで組織化し、個々に役割を与えることでマネジメントを行いやすくしていく。大規模なチームになると組織形態はより複雑になることから、適切な役割や人員配置、意思決定や情報伝達のルートを確立することで、効率的なマネジメントが可能になる。

図 15-4 は、国内強豪大学陸上競技部の組織形態を示したものである [4]。このチームはスタッフを含めると250人程度のチームであるが、チームを運営するトップ（戦略尖）に、部員の代表として主将や主事、管理側（教員）の代表として部長や監督が置かれ、コーチング現場では種目ごとのコーチ（中間ライン）が配置される。部員（選手）は種目ごとにブロックやパートに分かれ、ブロックやパートの中にもブロック長やパート長、マネージャーの役割がある。さらに、運営のスタッフ（支援スタッフ）として、顧問やマネジメントスタッフ、マネージャー等がおり、より専門的なスタッフ（テクノ構造）としてドクターやトレーナー、データ分析者等が協力する組織形態となっている。

（2）用具・施設の管理：「モノ」のマネジメント

「モノ」のマネジメントは、試合や練習といったスポーツ活動に直接影響を与えるものであり、コーチングにおいて重要な活動である。なぜならば、用具や設備を適切に選択、配置、メンテナンスする「モノ」のマネジメントによって、安全で快適なスポーツ環境が整い、試合や練習を効率的に運営で

表 15-2　試合や練習で必要なモノ

試合で必要なモノ

- ユニフォーム、ラケットやバットなどの競技に必要な用具
- 横断幕や部旗等のチームを代表する用具
- ドリンクボトルやトレーナーベッド、テーピング、タオルなど選手のコンディショニングのための用具 等

練習で必要なモノ

試合に必要な用具に加えて、
- 筋力トレーニングに必要なダンベルやチューブ等の器具、コーン等の練習に必要な器具
- ストップウォッチやメジャー、記録用紙等のトレーニング中の測定や記録に関する用具
- トンボやモップなど施設のメンテナンスに必要な用具

き、選手のコンディショニングやパフォーマンス向上にもつながるからである。

表 15-2 は、試合や練習で必要な用具等の例を示したものである。チームスタッフは、これらの用具について適切に管理し、パフォーマンスの維持と事故防止のためのメンテナンスや、新たな用具の購入等も行う。また、練習施設の管理やメンテナンスも必要である。学校のグラウンドや体育館、トレーニングジム等を複数の運動部が共同で利用する場合、利用時間や場所の調整作業が必要になる。さらに、学校やチームで占有していない地域の施設を利用する場合には、利用スケジュールの調整や利用料の支出等の管理も必要になる。

（3）財務管理：「カネ」のマネジメント

スポーツやコーチングを行うにはさまざまな形で経費が発生する。代表的な例として、ユニフォームのほか、試合や練習に必要な物品の費用、試合や練習のための施設の利用料、競技会への出場料や交通費や宿泊費、スタッフの報酬等である。このような必要経費のための資金を調達し、財務管理を行

表 15-3　大学陸上競技部における年間予算の例

収入			支出		
項目	金額（円）	摘要	項目	金額（円）	摘要
前年度繰越金	340,000		競技場使用料	480,000	月 30,000-50,000 円
部費	560,000	年間 15,000 円	コンディションアプリ	170,000	月額 15,000 円　部員のコンディション把握に利用
大学からの補助金	900,000	競技場使用料を含む	交通費	430,000	遠征時のバス代、ガソリン代、高速代 等
その他	110,000		物品費	50,000	トレーニングに必要な用具、テーピング 等
合計	1,910,000		大会出場料	220,000	公式戦のエントリー料
			部員への補助金	220,000	遠征時の交通費等を補助
			通信費	45,000	郵送料、切手代 等
			その他	60,000	雑費
			予備費	235,000	
			合計	1,675,000	

うこともコーチングにおける重要なマネジメント業務である。表15-3 は大学運動部における財務の例である。当該運動部は部員 40 名程度のクラブであり、年間の予算は 170 万円程度となっている。主な収入は大学からの補助金と部員から徴収する部費であり、主な支出として施設利用料、交通費、物品費、競技会出場料、選手のコンディション管理のためのアプリ利用料、通信費等がある。小規模なチームでも数十万円、大規模なチームでは数百万から数千万円の資金が動く。そのため、正確な財務管理と透明性が重視される。コーチはスタッフと協力してこれらの財務を管理し、選手やスタッフ、保護者にも明快な説明を行う責務がある。これらの取り組みが組織の信頼性を高め、持続可能な運営の基盤となる。

3 リスクマネジメント

リスクマネジメントは、事故等の組織を取り巻くさまざまなリスクを予防するための対応や、事故等が発生した際の対応を適切に行うマネジメント活動である。コーチは、アスリートや組織をさまざまなリスクから守るために、適切なリスクマネジメントを行う必要がある。

1 リスクマネジメントとは

＊5
2012 年に起きた大阪の桜宮高校暴力事件。（島沢優子『桜宮高校バスケット部体罰事件の真実―そして少年は死ぬことに決めた―』朝日新聞出版 2014 年）高校のバスケットボール部の部員が、顧問からの過酷な暴力とハラスメントを苦に自死するに至った。この事件は、暴行やハラスメントの内容が非常に深刻であったため社会問題となり、スポーツ界全体が大きく批判され、スポーツ指導者養成の見直しが行われるきっかけとなった。（文部科学省「スポーツ指導における暴力根絶へ向けて―文部科学大臣メッセージ―」2013 年）

　リスクマネジメントとは、事故等の組織を取り巻くさまざまな危険（リスク）を予防するための対応（事前対応）、事故等が発生したとき最悪の事態に至らないための対応（事後対応）を適切に行うマネジメント活動である[5]。表15-4 は、コーチングにおけるリスクを示したものである。コーチングにおけるリスクマネジメントでは、これらのリスクに対して事前行動としての予防と事故が発生した場合の対応について準備していくことが必要である。

　リスクマネジメントの具体的なプロセスとして、まず想定されるリスクを具体的に洗い出す必要がある。表15-4 の 6 つのリスクの分類を手がかりに、起こりうるリスクを把握する。このとき、これまでの事故や問題についての事例を調査するとともに、特に重大なリスクについて把握することも大切である。次に、リスクへの対応として、①回避（やらない、やめる）、②予防（事故や問題が起こりにくくする）、③損害の低減（事故や問題が起きた場合の損害を小さくする）、④リスクの分離（バックアップや二重化）がある。また、プレイヤーやスタッフに対してリスクへの対応を共有するとともに、具体的なガイドラインを作成したり、リスクマネジメントについての研修を実施し

表 15-4 　コーチングにおけるリスク

リスクの種類	具体的な内容
①活動時のリスク	衝突やケガ等の事故
②施設・用具管理のリスク	用具落下、ケガ、盗難 等
③人・組織のリスク	スタッフによる不祥事、ハラスメント、スタッフの引抜き 等
④情報のリスク	個人情報の漏洩 等
⑤活動環境のリスク	騒音や夜間照明等の近隣住民との関係問題 等
⑥経営面のリスク	資金の不足 等

出典　日本体育協会「スポーツリスクマネジメントの実践―スポーツ事故の防止と法的責任―」2015 年　pp.11-16
　　　をもとに筆者作成

たりすることも必要である。さらに、問題が発生した場合、速やかな事実関係の確認と再発防止のための対応を徹底する必要がある。

　コーチングにおけるリスクマネジメントにおいて、事故の予防とともに重要なものとして、暴力・ハラスメントの根絶があげられる。スポーツにおける不適切な指導はたびたび社会問題となり*5*6*7、わが国のスポーツ指導全体が、国際社会から厳しい批判を受けるに至っている*8。コーチは、身体的暴力（殴る、蹴る、物を投げつける）、精神的暴力（無視、人格や尊厳の否定）、性暴力、セクシャルハラスメント等を決して行わないことは当然であるが、自分以外のコーチのそうした行為も決して許してはならない。そのために、組織長等による暴力やハラスメントを決して許さないという態度表明、防止のためのガイドラインの作成と周知、研修の実施、体制づくりなどを行うとともに、万が一、不適切な指導が起こってしまった場合、速やかな事実確認と再発防止に向けた対応を行う必要がある[6]。

2 事故への対応

　実際に事故等が発生したら、ケガ人の有無やケガや症状の程度を確かめ、救急車の手配や AED（自動体外式除細動器）の使用等の応急処置を早急に行う。そのうえで、情報（いつ、どこで、だれが、何を、なぜ）を収集し、ケガ人の保護者や家族、組織の代表者（学校ならば部門長や校長、教頭等、クラブチームならば担当者やクラブの代表者等）へ連絡する。重大な事故については、マスコミ等への広報対応のほか、第三者のチェックや相談機関の紹介が必要になる場合がある。また、被害者には、法的な対応や心身のケアを適切に行わなければならない。さらに、被害の拡大や再発防止のために、事故が発生した原因を徹底的に究明するとともに、事故の原因となる施設や用具の使用停止、再発防止のためのマニュアル作成や研修会の実施等が必要になる[7]。

＊6
2018 年にアメリカンフットボールの試合で、日本大学の選手が危険なタックルで関西学院大学の選手を負傷させた事件。危険なプレイが指導者の指示であったのか、指導者のハラスメントがあったのか等、部や大学の対応への批判を含めて、大きな社会問題となった。

＊7
2022 年に熊本の秀岳館高校のサッカー部で起きた不適切指導の事件。指導者が部員を暴行する動画が SNS で拡散された。その後、報道に対し、被害者である部員が SNS で実名を名乗り謝罪する動画が公開されたが、その謝罪動画も指導者のハラスメントによって行われた不適切な指導であったことが発覚し、社会的な批判の対象となった。

＊8　数え切れないほど叩かれて
2020 年 7 月、国際的な人権 NGO である Human Rights Watch（HRW）が、日本のスポーツにおいて子どもへの虐待がなくなっていない現状と、暴力やハラスメントをなくすための提言として公表した。日本のスポーツ経験者にインタビューを行い、日本のスポーツ指導の実態を告発した。日本は国際的な批判を受け、日本コーチング学会をはじめ各学会等で対応が行われている。
（Human Rights Watch「数えきれないほど叩かれて」2020 年 https://www.hrw.org/ja/report/2020/07/20/375777）

4 これからのスポーツ組織のマネジメント

近年では、学校部活動の地域移行や大学スポーツ協会 UNIVAS の設立、外部資金獲得のためのさまざまな取り組み等、スポーツ組織を取り巻く状況は急速に変化しており、コーチは、こうした変化に対応し、社会への貢献を重視した適切なマネジメントを行うことが求められる。

1 これからの組織マネジメント

近年では、国内のスポーツ組織やそのマネジメントにもさまざまな変化が起こっている。公立の中学校・高校では、部活動の地域移行が 2023 年度から段階的に開始されている。また、大学スポーツでは、大学スポーツを横断的に統括することを目的に、全米大学体育協会（NCAA）[*9] をモデルとした一般社団法人大学スポーツ協会（Japan Association for University Athletics and Sport、通称、UNIVAS（ユニバス））が 2019 年に設立され、大学生アスリートのさまざまな支援や、観戦者数の増加等の大学スポーツの振興、スポーツに関する研究の運動部活動への導入や産学官の連携等を推進することが目指されている。さらに、スポンサー獲得やグッズ販売などで学外からの資金を確保し、学生の負担軽減やチームの活性化を図ることを目的に、大学運動部を法人化する取り組みが行われている[*10]。ほかにも、箱根駅伝では 2021 年から出場校のユニフォームにスポンサーのロゴを入れることが可能になったことや、運動部強化のためにクラウドファンディングが行われるなど、スポーツ組織を取り巻く状況やマネジメントのあり方は大きく変化している。このような大学運動部の活動以外にも、SDGs やスポーツインテグリティの保全・強化など、スポーツチーム、競技団体のこうした取り組みは今後加速していくと考えられ、コーチは、スポーツ組織を取り巻く状況の変化に対応するとともに、ガバナンス・コンプライアンスの遵守、組織の透明性、社会への貢献等を重視した適切なマネジメントを行うことがより一層求められる。

2 スポーツ振興に向けて

先述したようなスポーツ組織を取り巻く近年の状況の変化の中でコーチの役割も変わりつつある。コーチは、競技力向上のための指導だけでなく、チー

*9 全米大学体育協会(National Collegiate Athletic Association：NCAA)
米国の大学の競技スポーツ活動の統括組織。1000 校を超える大学と約 50 万人の大学生アスリートが加盟し、さまざまな競技スポーツの大学選手権を開催している。加盟校の活動（奨学金、選手の勧誘、学業成績等）への規則を厳格に適用しつつ、アメリカンフットボール等の人気スポーツのテレビ放映権により大きな収益をあげている。

*10 大学運動部の法人化
京都大学アメリカンフットボール部や慶応義塾大学ラグビー部、中央大学バスケットボール部等がチームを法人化しており、今後の活動動向が注目されている。

ムや競技団体のマネジメントにも注力する必要がある。これは、スポーツが社会全体に与える影響を考えるうえで重要である。そうしたスポーツと社会の関わりを通して、コーチングによるアスリートの人間力の育成や、アスリートのキャリア形成につながることが期待できる。アスリートの活躍が観る者に感動を与えても、指導者や競技団体の暴力問題や犯罪行為といった不祥事が問題となれば、スポーツの価値を低下させることにつながってしまう。アスリートやスポーツの社会的価値を高め、スポーツ振興を促進するためにも、コーチは、スポーツ組織を健全にマネジメントしなければならない。

　スポーツ組織の健全なマネジメントを実践するために、近年では組織のスポーツに対する考えや責務を示すスポーツ憲章を制定する取り組みが行われている[*11]。スポーツにおけるコンプライアンスやマネジメントが社会的に重視される潮流に鑑みるに、今後このような取り組みはより活発になっていくと考えられる。

*11
中央大学では、「中央大学スポーツ憲章」を制定し、スポーツを行う学生への支援、人材の育成、環境整備、責務等に対する大学の考えを明確に示している。（CHUO スポーツセンター「中央大学スポーツ憲章」2023 年 https://www.chuo-u.ac.jp/activities/csc/charter/）

〜〜 引用文献

1 ）青柳健隆・石井香織・柴田愛・荒井弘和・岡浩一朗「運動部活動顧問の時間的・精神的・経済的負担の定量化」『スポーツ産業学研究』第 27 巻第 3 号　2017 年　pp.299-309
2 ）村木征人「スポーツ・ティームの組織形態とコーチの役割―日本の大学運動部における諸問題に関連して―」『筑波大学運動学研究』1995 年　pp.29-43
3 ）R. マートン（大森俊夫・山田茂訳）『スポーツ・コーチング学』西村書店　2013 年
4 ）山元康平・大山卞圭悟・木越清信・尾縣貢「大学陸上競技部の組織形態およびチームマネジメントの実態―国内強豪大学を事例に―」『陸上競技研究』第 116 号　2019 年　pp.31-41
5 ）日本体育協会「スポーツリスクマネジメントの実践―スポーツ事故の防止と法的責任―」2015 年
6 ）平野裕一・土屋裕睦・荒井弘和『グッドコーチになるためのココロエ』培風館　2019 年　pp.178-186
7 ）前掲書 5 ）

「学びの確認 ――――

①「マネジメント」とは、組織の（　　　　　　　）を達成するために、人材（　　　　）、設備（　　　　）・資金（　　　　）などの資源を管理し、運営上の効果を最適化することをいう。

②コーチングにおける「リスクマネジメント」として、リスクを予防するための対応（　　　　　　）、事故等が発生したとき最悪の事態に至らないための対応（　　　　）がある。

③大学スポーツを横断的に統括することを目的に、2019 年に一般社団法人大学スポーツ協会、通称、（　　　　　　　）が設立された。

④あなたがコーチになった場合のチームのマネジメントについて、具体的なマネジメント計画を作成してみよう。

大学運動部におけるチームマネジメントの実際

福井工業大学／山元康平

本章で述べたように、コーチングにおけるマネジメントは、スポーツの技術指導やトレーニング指導と同様に非常に重要である。しかし、これまでのスポーツのコーチングに関する書籍や講義では、コーチングにおけるマネジメントについて具体的に説明されていない場合が多い。ここでは、筆者が大学陸上競技部のコーチとして活動する中で、チームのパフォーマンス向上に効果があったと感じているマネジメント行動について紹介する[1]。

1. チームスローガン・方針

1年間のチームのスローガンと、より具体的な部員の行動方針を、部員が話し合って決定するようにしている。スローガンと方針は毎日練習時に部員が手書きで練習場に掲示するようにしている。スローガンはチームのモチベーションを高めること、方針は、チームのルールやモラルを醸成することに効果的に作用している。

2. トレーニング資料の明示

コーチは選手のパフォーマンス向上を目指し、日々のトレーニングプログラム作成に頭を悩ませている。トレーニングプログラムは、部員にはデータ

図1 ホワイトボードに明示したトレーニングプログラム

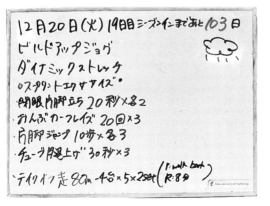

図2 トレーニング資料

ウエイトトレーニングの負荷目安（ハングパワークリーン）

氏名	1RM	3RM (93%)	5RM (87%)	8RM (80%)
A	120	110	104	96
B	90	83	78	72
C	90	83	78	72
D	112.5	104	98	90
E	105	97	91	84

やプリントで配布するが、部員はトレーニング計画を把握していないことが意外と多い。また、設定タイムや目標挙上重量等も明示することで、トレーニングの目標や評価に活用できる。これらの内容をホワイトボードやプリント資料によって常に明示することで、日々のトレーニングの質を高めるようにしている。

3. トレーニング記録の管理

トレーニングの内容やタイム等を記録することは、トレーニングの省察や計画立案のために重要である。近年では、トレーニング記録やコンディションの把握のためにアプリ等が用いられる場合も多いが、入力忘れやアスリートへのストレス等で、記録の管理を継続できない場合が多い。そのため本チームでは、部員が毎日練習終了後にトレーニング日誌を記入し

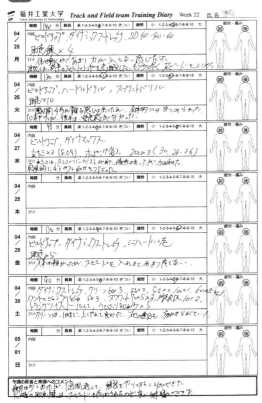

図3 トレーニング日誌

提出するとともに、マネージャーがトレーニング記録を管理することで、部員のトレーニングの進捗状況やコンディショニング把握を行うようにしている。

┃ 4．SNS を活用した情報共有と発信

通信アプリや SNS を活用し、チーム内での連絡のほか、トレーニングや試合の映像や各種の情報共有、試合結果の反省報告等を行っている。また、チーム外へ情報発信を行うことで、入部希望者の募集や地元の人たちからの応援等、アントラージュの形成につながっている。

これらのマネジメントをコーチと部員が協力して積極的に行うことで、チームのパフォーマンス向上に大きく貢献するとともに、部員たちにとっては組織マネジメントや科学的なスポーツ実践についてより深い学びの機会を経験することが期待できる。

引用文献
1) 山元康平・内藤景「続・私の考えるコーチング論―地方大学陸上競技部のチームマネジメントとコーチング―」『コーチング学研究』第 37 巻増刊号　2023 年　pp.51-56

図4 計測結果の管理記録

福井工業大学陸上競技部トラック＆フィールドブロック　CTフィードバック

氏名　　　　　　　　　　　　　　　　　　　　　　　　　　　　　　　　　　　　2023年4月

	形態		筋力						ジャンプ・パワー																スピード				無酸素パワー/持久力				
	体重(kg)	体脂肪率(%)	順位	クリーン1RM(kg)	順位	ベンチプレス1RM(kg)	順位	SJ(cm)	順位	CMJ(cm)	順位	DJ30cm Index	順位	DJ30cm接地時間(秒)	順位	DJ30cm跳躍高(cm)	順位	DJ45cm Index	順位	DJ45cm接地時間(秒)	順位	DJ45cm跳躍高(cm)	順位	立五段跳(m)	順位	30mSTD 10m(秒)	順位	30mSTD 30m(秒)	順位	無酸素パワー(w/kg)	順位	60秒ウインゲート(w/kg)	順位	フロント懸垂(回)
2023年4月	78.7	12.1	1	120.0	2	110.0	2	59.5		66.4	2	3.506	5	0.140	3	49.1	12	2.706	14	0.163	8	44.1	2	15.02	2	1.62	1	3.75	6	16.1	8	6.44	4	21
2023年2月	80.4	12.8	1	120.0	2	110.00	2	58.3		63.3	3	3.647	3	0.145	2	52.9	6	2.910	10	0.166	2	48.3	1	15.45	2	1.64	1	3.79	2	16.6	5	6.60	3	21
2022年11月	82.0	12.9	2	115.0	2	110.00	2	57.8		61.1	6	3.362	6	0.146	2	49.1	8	2.823	11	0.141	11	39.8	3	14.78	4	1.65	1	3.79		16.1	9	6.21	5	15
2022年4月	76.7	9.7	2	120.0				58.5		64.6	16	3.569		0.155	1	55.3	4	3.435	3	0.142		48.8	2	15.58	1	1.65		3.80	5	16.7				
2022年2月	78.1	11.5	2	115.0				57.5		63.2	4	3.407	5	0.136	4	46.3	5	3.058	11	0.157	3	48.0	6	14.23	2	1.68		3.84	4	16.6				
2021年11月	82.2	12.7		115.0				56.0		60.5		2.920		0.174		50.8		2.803		0.168		47.1		14.79		1.65		3.77		15.0				
2021年4月	79.8	12.3		90.0				50.3		52.7		3.038		0.152		46.2		2.540		0.137		34.8		14.36		1.65		3.86		15.5				
2021年4月	78.6	13.1		95.0				49.9		51.1		2.892		0.142		41.1		3.338		0.137		45.7		13.69		1.70		3.94		14.3				
2020年11月	80.8	13.8		85.0				49.2		51.4		2.636		0.133		35.1		2.525		0.142		35.9		14.17		1.68		3.86		14.1				
自己最高			2	120.0	2	110.00	2	58.5		64.6	2	3.569	3	0.155	1	55.3	3	3.502	2	0.149	2	52.9	2	15.58	1	1.64		3.77	5	16.7	9	6.21	3	19

2022 11月 チーム内順位（棒グラフ：クリーン、ベンチ、SJ、CMJ、DJ30、DJ45、立五段跳、STD10m、STD30m、無酸素、60秒バイク、懸垂）

自己最高 チーム内順位（棒グラフ：クリーン、ベンチ、SJ、CMJ、DJ30、DJ45、立五段跳、STD10m、STD30m、無酸素、60秒バイク、懸垂）

【コメント】

学びの確認（解答）

第1章
①主体的、思考力、ティーチング
②実践知、理論知
③センタード、競技力、人間力

第2章
①勝利、卓越性、健康増進、心身
②学校、企業、プロ
③共通言語、評価、政策、認定

第3章
①安全・安心、暴力、差別的指導
②学校教育法11条、身体に対する侵害、肉体的苦痛
③理論知、実践知

第4章
①ジェンダー、生物学的、変化
②分離、女性、優れている
③ジェンダー観、再生産、男女の区分

第5章
①キャリア・トランジョン、標準的なトランジョン、非標準的なトランジョン
②ロールモデル、メンター
③競技に専念させる

第6章
①単一、単独、総合型地域スポーツクラブ
②実技指導、組織指導
③マネジメント

第7章
①ピリオダイゼーション、マクロサイクル、メゾサイクル、ミクロサイクル
②刺激－疲労－回復－適応理論、フィットネス－疲労理論
③指導行動、育成行動

第8章
①暦年齢、生物学的
②楽しさと喜び、友だち
③発育発達

第9章
①エストロゲン、プロゲステロン
②利用可能エネルギー不足、視床下部性無月経、骨粗しょう症
③赤血球、ヘモグロビン

第10章
①インテリジェンス
②収集、加工、分析・評価、提供
③メッセージ、ターゲット、コンテンツ

第11章
①取り込む、運ぶ、使う
②有、有
③ミトコンドリア、ピルビン、無酸素性

第12章
①生物、力学、動き方、動くメカニズム
②並進、回転、キネマティクス、キネティクス
③フレームレート、3次元、2次元、平行

第13章
①正中、内転、外転
②大殿筋、内側広筋、外側広筋、中間広筋、ヒラメ筋
③腰椎、胸椎、股関節

第14章
①動機づけ、動機づけ、外発的動機づけ　内発的動機づけ、自己決定
②言語－認知化、運動化、自動化、比較的永続的
③心理的スキル、SMT指導士、傾聴

第15章
①目的・目標、ヒト、モノ、カネ
②事前対応、事後対応
③UNIVAS

索 引

コーチング概論

2024 年 3 月 15 日　初版第 1 刷発行

編　著　者　　尾縣貢・広瀬健一
発　行　者　　竹鼻均之
発　行　所　　株式会社みらい
　　　　　　　〒500-8137　岐阜市東興町40 第 5 澤田ビル
　　　　　　　TEL 058-247-1227（代）
　　　　　　　FAX 058-247-1218
　　　　　　　https://www.mirai-inc.jp
装丁・本文デザイン　　小久保しずか
印刷・製本　　株式会社　太洋社

ISBN978-4-86015-623-7　C3075　Printed in Japan
乱丁本・落丁本はお取り替え致します。